创造之路

俞敏洪 著

北京联合出版公司
Beijing United Publishing Co.,Ltd.

目录 CONTENTS

对话阎焱
成长为勤奋、好奇而有作为的人　1

对话梁建章
中国人口的危机与战略　23

对话施一公
自我突围，向理想前行　43

对话姚洋
用经济学思维指导人生和事业　67

对话郭为
保持好奇心是人在数字化时代发展的法宝　93

对话白玛多吉
世间所有的喜悦都来自希望他人快乐　119

对话张维迎
从黄土地走出的仰望星空的人　135

对话王石
在挑战中塑造有质量的人生　163

对话刘永好
每一次失败，都是下一次的跳板　189

对话于晓
人生的道路并非从一而终　213

对话张朝阳
永远折腾，永远年轻　239

对话周鸿祎
莫以成败论英雄　273

对话周鸿祎
好奇心驱动人生热爱　297

对话张福锁
在广袤的中国大地上，总有一些人在奋斗　319

后记　337

对话阎焱

成长为勤奋、好奇而有作为的人
对谈于 2023 年 9 月 18 日

阎焱

　　中国知名企业家和风险投资家。1957年出生于安徽安庆，1984年考入北京大学社会学系，师从费孝通先生，攻读研究生，1986年获得北京大学社会及经济学硕士学位，1986年考入美国普林斯顿大学攻读国际经济政治学博士学位，2001年成立软银亚洲信息基础投资基金（后更名为"赛富投资基金"）。

前言：2023年的秋天，我前往安徽省安庆市开启文旅的宣传直播。在那里，我与老朋友阎焱做了一场对谈。阎焱作为安庆人，不仅对安庆有着深厚的感情，身上也能明显地体现出安庆人的那种文人气质。所以我特别邀请他与我一起聊聊安庆，聊聊人生。

——对谈开始——

1. "不学无术"的青年时光

俞敏洪： 今天我跟我身旁这位看上去慈眉善目、实际上思虑深邃的阎焱老师对谈。阎焱老师是赛富投资基金创始人，也是我北大的师兄，他是1984年到北大社会学系读硕士研究生的，我是1980年进的北大。他进北大的时候，我马上要从北大毕业，如果不是病休一年，我已经从北大毕业了。他上大学的时间比我早，1977年就考上了南京航空学院（今南京航空航天大学），相当于高考恢复的第一年就考上了大学，考得非常不错。

毕业以后，阎焱觉得要进一步丰富自己的思想，要用思想改变社会，于是像鲁迅弃医从文一样，他弃掉了本科的专业，考上了北大的社会学硕士研究生。1986年毕业以后，他又考上了美国普林斯顿大学国际经济政治学专业的硕博连读。尽管因为某些特殊原因，他没有拿到博士学位，但他确实做了非常好的学业准备、专业训练，具有了丰富的知识储备。

从美国普林斯顿大学毕业以后，阎焱在世界银行工作了一段时间，又到美国著名投资保险集团 AIG（美国国际集团）工作了几年，对世界有了充分的认知和了解，后来有感于中国的发展和机遇，回到中国成立了赛富投资基金。在过去二十多年中，你应该投资了上百家中国公司吧？

阎焱：四百多家。

俞敏洪：尽管也有投资失败的案例，但阎焱的投资水平确实比较不错，他支持了大量公司的发展，帮助它们从小公司变成大公司再变成上市公司，通过投资为中国经济的繁荣做了很大的贡献。

除了投资，阎焱也算是一位思想家。他特立独行，平时很喜欢思考、探讨、漫谈，跟我的关系一直不错。尽管现在社会对资本投资有各种不同的看法，但我们深刻地认为，一个市场或者经济体中，如果没有投资的加持，企业很难以最快的速度成长起来并反哺社会，为社会的经济繁荣做贡献。

现在阎焱跟我一样，垂垂老矣，但是老骥伏枥，壮心不已，或者说老当益壮，宁移白首之心。今天我们就放松地聊聊个人发展，也给现代一些年轻人提供我们个人发展的样本，也许有些方面大家可以稍微学一学。你是在安庆出生、长大的吧？

阎焱：我生在安庆，长在安庆。我小时候在安庆一中读书，它当时叫 916 中学，是毛泽东主席 1957 年 9 月 16 号视察过的唯一一个中学，所以"文革"的时候就更名为 916 中学了。

俞敏洪：你是 1957 年出生的，比我年长几岁，在高考恢复的第一年，你就考上了那么好的大学。你的父母是做什么的？他们对你的成长有什么影响？你的兄弟姐妹对你的成长又有怎样的影响？

阎焱：我父母亲都是离休干部，算是老干部。我父亲是河北人，我母亲是皖南人。

俞敏洪：正宗红二代。

阎焱：严格意义上算。我父亲是从北方来的，所以有股北方人的豪爽。我们家有五个男孩，我是老四，从小就天天打架，但我父亲是经历过战争的人，他对打架司空见惯了，所以他不太管。在经历了这么多以后，如今回想起来，父亲并没有给过我们什么教诲，我觉得最重要的是给了我们自由，给了我们发展的自由，给了我们选择的自由。

俞敏洪：从你的例子可以看出，孩子稍微调皮一点，甚至哪怕是跟别的孩子偶尔有点冲突并不可怕，家长反而可以借机培养孩子一种相对豪放的个性，给孩子更加自由的成长环境。这对孩子的成长是有好处的，对不对？

阎焱：是这样的。我觉得可能老革命在战场上见惯了死伤，所以对孩子打架打破了皮、磕破了头不当回事。

俞敏洪：你父母怎么到了安庆呢？

阎焱：南下。他们跟部队南下以后就到了地方。

俞敏洪：他们在那个特殊年代受到冲击了吗？

阎焱：肯定受到冲击了。

俞敏洪：这种冲击对你们的成长有什么影响呢？

阎焱：特别好。父母不在，没人管我们了。我们家兄弟五个，呼啸而来，呼啸而去。

俞敏洪：五个兄弟，有几个上大学？

阎焱：1977年我们家有三人考上了大学。

俞敏洪：1977年有500多万人参加高考，总共录取27万人，你们家就好几个考上。

阎焱：对，我们家不太讲究学习，我们基本是靠"小聪明"。

俞敏洪：你是怎样在恢复高考的第一年就考上大学的呢？肯定得爱学习才行。我是1978年参加高考的，我觉得1978年的高考题目就已经挺难的了，1977的考题应该也不容易，尽管那时候出题不像现在这么讲究科学性。

阎焱：我中学时一直在专业的体育运动队，没怎么学习。但我们那个时代有一个好处，整个安庆地区文风很盛。这是一个历史传统，大家都觉得学习文学、数学是最基本的，所以从小的家教和周围的环境都比较适于学习，而且我比较会考试。

俞敏洪：这也是一种能力，你今天依然是"不学无术"，就是会考试，在美国读到博士。（笑）

阎焱：我其实读了很多书。我记得那是十一二岁的时候，学校停课了，没人管，我们几个小孩就偷偷进到图书馆，看了很多"禁书"，那个年代大家都读俄罗斯文学，比如《钢铁是怎样炼成的》，法国文学等西方文学都属于"禁书"，我那时候喜欢看《约翰·克利斯朵夫》和《红与黑》。

5

我从半地下室的窗户钻进去，能在图书馆里看一天书。有一次，窗户被人从外面关上，我出不来了，猛敲窗户才被救了出来。那时候给了我们这样的环境，没人管，所以在图书馆里可以看很多别人没法看到的书。而且人小的时候，越是"禁书"越愿意看，看到全身哆嗦，生怕被别人看见、抓住。

俞敏洪： 今天你身上还有"流氓气"。（笑）

阎焱： 此言甚矣。但我想说，至少从我的成长来看，安庆这个地方，文风很盛，注重学习。安庆在交通上是一个死角，所以我们从小受的教育就是要远走高飞，离开这个小地方。

俞敏洪： 当时除了长江里每天会来一班轮船，人们就没有其他出去的途径了。往北都是山，往南是大江，也没有桥。

阎焱： 那时候安庆不通火车，我们出去的唯一途径就是小火轮，到南京要坐一天一夜的时间，现在坐汽车三个小时就到了。所以，从小老师、家长就告诉我们，好好读书，走出去。我记得我很小的时候，老师就告诉我，要坐飞机。

俞敏洪： 那时候你都不知道飞机是什么样子。

阎焱： 所以我考大学的时候，第一志愿是要当飞行员，报了南京航空学院。结果去了以后才知道，我的专业不是开飞机，而是造飞机。

俞敏洪： 你到南京航空学院学的什么专业？是理工科吧？

阎焱： 我当时在飞机系，学习飞机设计，属于理工科。

俞敏洪： 尽管你后来转向了文科，你身上理工科的"基因"还是比较浓的。1978年、1979年的时候，中国有顶级的飞机设计专家给你们上课吗？

阎焱： 没有。

俞敏洪： 今天中国的飞机设计依然在努力和成长之中。

阎焱： 我们那个时代没有飞机设计师，中国那时候没有自己设计的飞机，所以也谈不上有自己的飞机设计师。

俞敏洪： 你在南京航空学院的四年学到了什么？有怎样的收获？

阎焱： 我觉得理工科的基础课是非常重要的，数学、物理，还是非常坚实的，我记得我物理基本能考满分。另外，我的思维比较严谨，逻辑性比较强。

俞敏洪： 平时跟你交流，我的确能发现你思维上严谨的一面，但也有自由的一面。严谨的一面，你认为跟你学四年理工科有比较大的关系吗？

阎焱： 有相当大的关系。解决问题的时候，我会很自然地把一个大问题量化分解为小问题来解决，动手能力和解决问题的能力比较强，但也有一些负面的体会。我大学毕业后，在工厂里工作了三年，做主管工程师。那时候年轻，我们都想改变世界，但其实没有多少人听自己说话。真的要想改变世界，就要学文科，要当官。当时社会学系刚刚复兴，我也不懂什么叫社会学，就考了北大的社会学系，想学社会管理。那年北大只招四个人。

俞敏洪： 想通过学社会管理改变社会、改变世界。

阎焱： 我们1977级的同学都非常想为中国现代化做贡献。

俞敏洪： 你当时考北大社会学系考了几年？

阎焱： 我一年就考上了。那年北大的数学考题特别难，最后录取的四个人全是学理工科的。

俞敏洪： 因为社会学有量化统计，所以要考数学。

阎焱： 考题非常难，那年我们用的是清华计算机系数学题的备考卷。

俞敏洪： 我还以为你是因为崇拜马寅初、费孝通才考了北大社会学系呢。

阎焱： 那时候不懂，我后来经常开玩笑，我在北大读了两三年，主要是研究两性关系。

俞敏洪： 两性关系是社会关系很大的一部分。

阎焱： 对，费先生写了一本书《生育制度》，所以我现在投资的公司中，如果创业者有两性问题的困扰，我都给予免费咨询，我可是科班出身。

2. 自律、专业、勤奋、好奇心

俞敏洪： 你在北大待了三年吗？

阎焱： 两年多，没有毕业就走了，当时已经申请出国了。

俞敏洪： 你当时怎么会有想出国的想法呢？我1986年在北大的时候，还没有出国的想法。

阎焱： 那时候大家都在考试，还有考托福的。我都不知道什么是托福，看大家都在考，我也考了一下，考了607分。

俞敏洪： 在当时的中国，这已经是顶级水平了。在1986年或者1987年的时候，我做了一套托福题，才考了580分，我还是学的英语专业，但我从来没有学过托福，直接裸考的。后来我学了托福以后再去考，考了657分。

阎焱： 托福有很多选择题，可能我蒙对的比较多。

俞敏洪： 你出国这么早，是因为有亲戚朋友在国外吗？

阎焱： 没有，当时普林斯顿大学有一个教授，叫罗杰·米歇尔（Rodger Michel），他在北大给我们讲课，讲社会分层，讲社会动力，我是他的学生。他鼓励我说："你应该去申请，我可以推荐你。"我就去申请了，申请到了硕博连读，还拿到四年全额奖学金，就出去了。

俞敏洪： 你算醒悟得比较早的。我发现你对西方文化和到西方学习的重要性，理解比我深刻。作为一个农村孩子，我能走进北大就特别心满意足了。1985年我留在了北大当老师，觉得这辈子就这样了。在北大当个老师，去食堂吃个饭，没事到未名湖边散散步，除此之外，我就没有其他想法了。

直到1986年、1987年前后，我发现周围的朋友都走了，徐小平走了，王强也走了。到了1987年、1988年的时候，我的五十个大学同学，走了接近四十个，我才醒悟了，还是要出国学习的。所以我1988年才开始学习托福、GRE（留学研究生入学考试），然后去考试。再后来，我的出国被耽误了。

所以，20世纪80年代是中国大学生比较活跃也比较欣欣向荣的年代。从考入南京航空学院，到考入北大社会学系，再到1986年出国，差不多十年的时间。你觉得这十年在你身上留下了什么印记？给你带来了什么样的好处？

阎焱： 我感觉那个时代可能是中国思想解放最活跃的年代。我是1986年出国的，**我出国不是想留在国外，而是想出国读完书以后再回来挑重担。**

俞敏洪： 人与人不一样，有人出去以后就说"我哪怕是打工，一个小时5美元，也比你在国内强多了"。

阎焱： 我那时候不是这样想的。我其实没有很早就动留学的念头，而是在北大读书的时候。当时有很多国外教授来讲课，还有一些留学的同学回来讲课，对我们来讲是开启了一个新天地。**那时候，我们觉得中国要走现代化道路，要和世界融合，出去读书以后，我们希望能回来挑更重的担子，改变中国。我们那一代人，大部分应该都是这样想的。**

俞敏洪： 家国情怀非常浓厚。

阎焱： 我们从小到大受的是"修身、齐家、治国、平天下"这套东西的熏陶，这对我们那代人的影响是很大的。之所以去了美国，也是想回国做点什么。当然，后来碰上了特殊的历史时期，之后又进了世界银行，我就留在美国了。后来我还是回来了，不过那时候可能就没有所谓的政治理想了，更多是想做投资。

这些年来，我觉得也挺好的。过去想写书，想通过写东西来改变社会，影响人民。后来看到自己投资的大大小小的企业加起来大约有几十万雇员，由于我们的投资，他们每个人的生活都变得更好了。

我记得有一年我颈椎不好，在杭州疗养，当时我在投资高速公路，我们公司的人说带我去看看我们投资的高速公路，我就去看了。中午我们到了农民家里，公司的人介绍说"这是我们的投资人，是他投资建的这条高速公路"，结果那个农民一定要留我们吃中午饭，特别真诚，我就留下来了。他杀了鸡，还拿猪肉、腊肉给我们炒着吃，他说："高速公路修到我们这儿来了，我种的菜可以拿到杭州去卖，我一年的收入增加了3倍。"所以他的生活真的变好了。

当看到自己的投资能够真正改变一大群人的生活的时候，我还挺有满足感的。过去写一篇文章，写一本书，全世界恐怕只有二十个人会读，但通过投资，我们改变了几十万人的生活。**我觉得我们通过自己的行为，通过投资，真正改变了中国，改变了一代人的生活，这是很伟大的一件事。**

俞敏洪：你从普林斯顿大学毕业以后，在世界银行、AIG待了多久？

阎焱：十五年。

俞敏洪：你把最好的青春和才华，都贡献在世界级公司的工作上了。这十五年给你带来的最大收获是什么呢？

阎焱：我觉得这些工作很好地塑造了我的专业性和职业道德，比如要做一件事情，我一定尽我100%的努力把它做好。

俞敏洪：这就是这些公司做事的氛围吗？

阎焱：对，**责任心、专业性**，这可能对我的人生，包括后来做的事情都有影响。尤其在做金融、投资时，一定要有自律性，因为做金融、投资处处是陷阱，如果不自律，特别容易陷进去。

俞敏洪：要么到处都是钱，要么到处都是漏洞。

阎焱：所以这些年来，我感触很深。**任何一个人、一个行业、一个国家，如果想成功，就一定要有自律的精神。所谓成功就是你要做得比一般水平好，而且要好很多。**这些年，我经常看到很多人一兴高采烈就失去控制，做出一些非常不可思议的事情。这些人估计是不太可能成功的，成功的人都有自律的精神。

俞敏洪：你算是一个成功的人，既然聊到这个话题，你讲一讲一个人，包括现在的年轻人，如果想要取得成功，应该做到哪几点？比如你说的自律、责任心，这都是一个人应该有的。除此以外，你觉得一个人要想成功，还应该有哪些特点和特征？

阎焱：特别简单，一个人要想成功，必须比别人更努力工作，一定要勤奋，哪怕你再聪明，不勤奋也很难成功。

俞敏洪：但光是努力也不行啊！

阎焱：勤奋一定会让你成功吗？不一定，但不勤奋你一定不会成功。

俞敏洪：我觉得努力应该是不断给自己提升维度的努力，你的努力必须跟自己的眼光相匹配，必须不断提高自己的认知能力。

阎焱：这里面有非常重要的一点，永远要有好奇心。比如我们做一个工作，一旦满足了，不去学习新东西了，总觉得自己做得很好，我们很快就会衰老，而且很快会被别人超过。所以，**自律、专业性、勤奋，再加上好奇心，这是一切成功的基础**。

俞敏洪：好奇心确实非常重要，一篇流传得非常广的英文短文《青春》里专门提到好奇心。其实所谓的青春跟时间没关系，青春跟你对于世界的认知、对于未来的好奇才有关系，所以说"Whether sixty or sixteen, there is in every human being's heart the lure of wonder"（无论年届花甲，抑或二八芳龄，心中皆有奇迹之诱惑）。

阎焱：Always wondering about everything（对一切常抱有好奇之心）。

俞敏洪：所以说"the unfailing child-like appetite of what's next"（孩童般天真长盛不衰）。像孩子一样好奇、冲动地想要知道下面会发生什么。

阎焱：大家都在谈AI（人工智能）、ChatGPT[①]，其实ChatGPT、AI以前就有。当年AlphaGo[②]打败了人类，但为什么AlphaGo对人类的影响没有那么大，而ChatGPT却让所有人感到震撼呢？因为AlphaGo用的是逻辑推理，而ChatGPT用的是基于统计基础的东西，它会推测你想说的下一个字是什么，非常近似于人在社会中的"好奇"——永远关注下一个会发生的东西，ChatGPT就是永远关注着。有了这个，才出现了AI突然涌现的现象，这一点连制造它的人都不可预见。

---

① ChatGPT全称"Chat Generative Pre-trained Transformer"，是美国OpenAI公司推出的一种语言模型。它是一种人工智能程序，可以生成与人类相似的文本响应。

② AlphaGo是谷歌旗下DeepMind团队开发的人工智能程序，专门用于围棋比赛。

这是第一次在世界上出现超过人的智慧的东西。

俞敏洪： 在中国使用 ChatGPT 或多或少会受到限制，所以为了跟 ChatGPT 进行横向对照，科大讯飞和百度为中国开发了能够媲美 ChatGPT 的人工智能内容创作工具，分别是"讯飞星火"和"文心一言"。我试用了一下，还挺好用的，但因为科大讯飞是专门做人工智能语音识别和内容识别的，所以他们认为自己在这方面更有优势。

中国这些公司都在研究，尽管不是首创，但可以模仿，能够超越最好。中国一些制造业方面的发明和设计已经超越世界水平了，但在高精尖科技方面，还有待继续努力。你投资的时候，投这些高精尖的科技项目吗？

阎焱： 投，我们主要投这些，比如大数据、第二代、第三代半导体、机器人。

3. 投资：推动新技术发展的第一工具

俞敏洪： 你在国外工作得那么好，而且你的工作在金融系统里面薪酬非常好。在国外，你已经可以过一种非常悠闲的、高质量的生活，并且还可能成为公司合伙人，为什么还要回国创立赛富投资基金？

阎焱： 我觉得自己有一点故土情结，但我觉得更重要的不是这个，是机会。这么多年，其实中国经济真正发展是在两个阶段，其中一个就是中国开始使用互联网之后，正好那时候中国加入了 WTO（世界贸易组织），这是中国一个高速发展的时期。

俞敏洪： 你看到了中国高速发展的机会，也看到了中国走向世界、融入世界的机会。

阎焱： 对，我们当时最看好的是互联网。如果把互联网应用在中国 14 亿人口的市场里，这个机会一定是非常大的，因为互联网特别适合在人口多的地方使用。

俞敏洪： 那当然。2006 年，互联网企业已经有了百度、新浪、网易、阿里巴巴等。

阎焱： 我们 2001 年在泰国开会，彦宏就去了，那时候他已经创业了。

俞敏洪： 现在大家对资本或者投资在经济发展中的作用或多或少都有不同的看法。在经济发展的过程中，尤其在今天，我们面临着新的挑战。经济要继续往前发展，世界正在转型，中国也在发展中转型，从过去到现在，你认为投资这件事在中国的创业创新和经济发展中到底起到了怎样的作用？

阎焱：我觉得我们有很多对资本的错误认识，比如认为资本家是"吸血鬼"，认为资本家是榨取利润的存在。

俞敏洪：按照这个理论，你就是"吸血鬼"，因为你算资本家。（笑）

阎焱：如果看看科技发展史，**对于科学技术进步以及把科学技术进步转化为推动人类社会进步的生产力，最强有力的工具就是投资**，尤其是风险投资，这比很多政策和策略都要管用。如果把视野放到很长的历史里面，我们可以想一想，中国当下的大公司，比如阿里、腾讯、百度、头条，这些企业能够走到今天，它们最早接受的投资是什么？全是风险投资，而不是政府的钱。

俞敏洪：风险投资本身也是为了赚钱，但客观上如果能成就企业，企业也会得到巨大的发展机会，二者可以共同发展。

阎焱：这就是我们讲的市场经济。什么叫市场经济？市场经济是无形的手。资本逐利，但很多资本家逐利的时候形成了市场的推手，市场正是利用了资本的逐利性才有了市场自身的规律。而且历史证明，**市场无形的手很强大、有效**。

俞敏洪：光靠创业者或者企业家自身的努力是不够的，对于他们来说，遇到新的机会，有了新的想法，一定是需要钱的。如果没有资本投资，他们就只能拿自己攒的钱，或者是朋友的钱、家庭的钱来做，这些钱是有限的。如果没有市场上的资本进行带有风险性的投入，那些好想法、好创意就不会被发现，那些好的创业者、企业家就会失去被发现的机会，没办法把他们作为企业家的能力发挥出来，也没有办法把企业迅速做大。所以从这个意义上来说，**资本或者投资，对于企业的发展毫无疑问起到了无比重要的作用**。

阎焱：我分享个数字，**过去所有的新技术发明，80%来自美国**。换句话说，美国的技术发明是全世界其他所有国家加起来的4倍，为什么？**最重要的一点就是美国有硅谷，美国有风险投资**。

俞敏洪：硅谷也是因为风险投资才发展起来的。

阎焱：对，我们只看到资本赚钱的一面，没看到资本赔钱的一面。我们一百个项目中，可能八十个项目都是赔钱的。

俞敏洪：似乎前几年中国还有一万多只基金，包括天使投资、VC①、PE②。

阎焱：一万八千多只基金，管理着 11.8 万亿的资产。

俞敏洪：现在大部分都没了吧？

阎焱：可以这样说，超过一半以上都是赔钱的。

俞敏洪：从你的能力来说，你肯定是赚钱的。基金赚钱以后，你怎样做进一步的投资？

阎焱：我们是制度化地管理基金，非常规范。赚了钱以后，不能再继续投资，必须先把本金还给投资人，再分 80% 的利润给投资人，我们分 20%。

俞敏洪：倘若你们成立一个新的基金，投资人如果相信你们，可以拿回分给他的钱后继续让你们投资吗？

阎焱：对，那就是一个新的基金，只能一个基金一个基金来做。

俞敏洪：我们应该做些什么让中国经济进一步发展？

阎焱：改革开放四十多年来，我们绝大部分的钱是通过拷贝、学习、放大的模式赚来的。我们学习别人已有的商业模式，把它们应用到中国来，在一个 14 亿人口的大市场上加以放大，再拿到海外上市赚钱。创新有两种，一种是"0 到 1"，一种是"1 到 N"，**我们过去二十年基本上做的是"1 到 N"的事，但由于中美关系的改变，我们现在必须要做"0 到 1"的事情。**

俞敏洪：你现在是不是更多往"0 到 1"的方向去寻找？

阎焱：我们现在确实投得比较多，而且中国在一些领域确实已经世界领先，比如电动车。中国去年生产了全世界百分之七十多的电动车，远远超过了日本和欧洲国家。

俞敏洪：而且电动车的质量也不错，我们竟然还到德国开电动车展览了。

阎焱：因为我们的动力电池更好。

俞敏洪：那以后会不会德国的电动车都会向中国购买电池？

阎焱：现在奔驰、宝马都买中国的电池，但我们的电动车也面临一个问题，我们很多芯片还是要进口。

俞敏洪：据说华为的 Mate60 解决了部分芯片问题，你认为这是一个创新，

---

① 风险投资，Venture Capital，简称 VC。

② 私募股权投资，Private Equity，简称 PE。

还是处于学习和拷贝的阶段?

阎焱:还是处于学习的阶段吧。

俞敏洪:原则上,汽车的芯片应该好做一点,因为它的纳米可以更大一些,对吗?

阎焱:汽车主要是用第二代、第三代半导体,因为启动和刹车的时候电流大,普通的硅基半导体芯片会被击穿,所以要用碳化硅、氮化镓的半导体芯片来做,尤其是碳化硅。

俞敏洪:除了电动车行业,中国哪些行业,比如说跟科技相关的行业,你觉得通过努力,我们有希望立于世界之巅?

阎焱:电池,这方面中国应该是有希望的。另外,在生物医学方面,最近几年美国主要的,特别是高级的生物医学奖都是华人拿的,比如哈佛大学的庄小威教授、耶鲁大学的陈列平教授。

俞敏洪:但他们都在国外工作。他们拿了奖以后,再回国会不会困难?

阎焱:不一定困难,颜宁、施一公不都回来了吗?因为在生物学研究领域,由于冷冻电镜的发明,一个教授带几个研究生,有一台冷冻电镜就可以研制出世界级的新药。比如王晓东的百济神州,一个药企市值约1000亿,甚至不止1000亿。

俞敏洪:这个药被人们的生命所需要。他做的什么药?

阎焱:他做的是治疗癌症的药,相当于靶向药。所以,在生物医学领域,中国人蛮有竞争力的。另外,在生物医学领域,企业之间的差距不一定很大,比如我们在制造方面与他人差距很大,要赶上去不那么容易,在航空航天材料方面,我们也落后很多,**但在生物医学方面,即使某些企业领先,也领先不了多少,所以这是很有希望的一个方向。**

俞敏洪:所以中国人民仍然需要拼命努力,赶超世界各方面的先进水平。

4.寄语年轻人:饱读书,跟大势

俞敏洪:当今时代,年轻人确实面临一定挑战,如大学毕业找不到工作等。有的年轻人选择躺平、摆烂,当然有些实属无奈之举。面向未来,你认为中国的年轻人应该有怎样的心态,做些什么事情,既能够促进自我发展,也能够让自己跟祖国共同发展?

阎焱：两点。第一是多读书。我现在有一个担忧，现在年轻人不太读书，更爱看手机，刷短视频，缺乏了系统性的、集中时间钻研一件事情的场景。

俞敏洪：在一个让思想深化的场景中，我们可以安静下来，去吸收，去思考，并且把书中的内容内化成自己的思想，由此提升自我维度。

阎焱：我现在最担心的是，由于智能手机的出现，人们的注意力逐渐缺失。我当年在安庆市潜山县插队三年，虽说那是最贫瘠的时候，但那时候有一点好，我拿到一本书，可以三天或者一个星期只看这本书，而且不止看一遍，聚焦的时间可以非常长。现在的年轻人可能没这种习惯了，我比较担忧这个。

俞敏洪：的确，看视频会消解人的注意力，尤其是短视频、新闻视频，因为它们在几秒钟、十几秒钟之内就变化了，所以人的注意力和专注力是飘忽不定的。视频呈现的是直接的图像，面对图像，比如电视、视频，人们不需要思考就直接接收信息了；如果是阅读，文字本身是抽象符号，人们需要用想象力、情感等去加工这些抽象符号，进而转化为自己能理解的内容，这个过程，才能更好地激发大脑的活力。

阎焱：将文字变成图像、知识，人们需要动用大脑。如果看的是视频，你的大脑就会失去这种能力。

俞敏洪：所以，如果孩子从小看太多视频，就会失去想象能力、联想能力，失去丰富的情感，这是被科学证明了的。所以建议大家，不管是成年人还是小孩，都应该尽可能读书，读文字书。第一个建议是读书，第二个建议呢？

阎焱：第二个有点俗，但我觉得特别对，那就是要跟上大势，比如了解这个时代到底需要什么东西，人得跟上时代。

俞敏洪：要能够理解时代的发展方向，并且洞察大的发展趋势，顺势而为，寻找自己的未来。

阎焱：我们的社会中，天才是极少数的，大部分人都是凡人。凡人要想在这个时代里不落伍，就一定要知道时代的潮流是什么，否则极有可能被时代抛弃。

俞敏洪：现在的时代潮流是什么？

阎焱：比如，现在需要人工智能，需要懂半导体的工程师，需要懂生物化学的工程师。如果是艺术家，你要是原创性的艺术家，而不是庸俗的艺术家。无论在文学、艺术、科学领域，还是在商业领域，你都需要有原创能力、独立思考能力。

俞敏洪：比如画画，如果你没有原创能力，AI 很容易取代你，因为它一秒钟画出来的画，可能比你画得漂亮很多。再如十年前学计算机、写代码是一种趋势和潮流，只要学会了，你在所有的大城市都能找到工资很高的工作，但再往后的话，除非学到顶级水平，如果你是中下水平的程序员，很快就会被 ChatGPT 取代，因为它们写代码的能力已经达到了中级水平。一个普通大学毕业生，写代码的能力会迅速被人工智能取代，只要输入指令，ChatGPT 就会自动开始写代码，人工写代码可能需要一天的时间，而 ChatGPT 只需要几秒钟。

阎焱：我出于兴趣学习了 Python，我前几天试了一下，ChatGPT 写出来的程序比我写的好多了。

俞敏洪：所以，**面向未来，我们的孩子要去学从大势上来说到他们找工作的时候都不会过时的知识、能力和技术，而且应该是尽可能不被人工智能取代的技术，比如想象力、创意能力**。尽管 ChatGPT 也有一定的创意能力，但那种出乎意料的非推理化的创意能力，它是不会有的。因为人最大的能力是急中生智、从无到有、不走寻常路，这些都是人工智能所不能的，人工智能只能按照既有数据进行推理。

阎焱：不能说不能，有可能可以，只是现在还没到那个水平。

俞敏洪：但我觉得人工智能始终达不到人的水平。我和很多人工智能专家探讨过，人工智能的最大特点是不可能"无中生有"。它产出的所有东西，即使是最大程度的创新，也是从过去的数据积累和分析中得来的，它可能会比人脑要好使，但它的超级创意能力同人类相比，还是有距离的。

阎焱：我不同意这个观点。现在 GPT-4 出来以后，最大的问题叫"涌现"，它会出现一些人类历史上没有的东西，这也是为什么它会让马斯克感到害怕，为什么一定要控制人工智能的发展。

俞敏洪：我觉得人类的好奇心不应该被任何东西真正控制，除非已经到了生死存亡的边缘或者已经完全无视伦理的境地。比如用现代生物学的方式克隆人，这是现在不被允许的，因为伦理上说不过去，但人工智能不存在这样的伦理问题。你觉得人工智能最后会不会失控，反过来把人类社会占领了？

阎焱：我认为会，这也是现在很多计算机专家，包括谷歌的"AI 之父"杰弗里·辛顿（Geoffrey Hinton）选择辞职回到加拿大的原因，他认为再这样发展下去，人工智能会失控。马克思提到过"异化的力量"，我觉得人工智能很有可能会成为"异化的力量"。

俞敏洪：人类还会有前途和未来吗？

阎焱：我相信人类会有未来，我觉得会有办法控制住的。所以回到前面的话题，**现在最可怕的一件事情，也是我最担忧的一件事，是年轻人失去了创意，失去了独立思考的能力。**

俞敏洪：人工智能的发展速度比人类快多了，"有创意管什么用呢？我干脆不要创意了"，人是这样的，去学习一种能力的时候，他一定需要这种能力给他的未来带来很大的成就感和满足感。如果在可预见的未来里，他感受不到成就感和满足感，那么他可能就不去做了。**为什么现在很多年轻人选择躺平？因为不管他多努力，都买不起房子，不可能产生成就感，只是勉强活命。与其这样，不如躺平。**

阎焱：我觉得我们得承认一点，**在现代社会，躺平是一种人生的选择，As long as you feel happy about it**（只要你觉得你的选择是快乐的就好）。人对自己的生命是有选择的，如果你的选择是有意识的、主动的，而不是被动的、为时代所裹挟的，我觉得没什么可以置喙的。

俞敏洪：我觉得对社会而言，最重要的是要让更多人，包括年轻人，甚至是小孩，在成就感所带来的幸福感中去发展，但现在我们很多方面都做不到，比如教育。原则上，小学生、初中生、高中生，应该人人都或多或少有点成就感才对，但由于各种各样的原因，真正有成就感的孩子真的只有极少数，大部分孩子都陷入了压抑和痛苦之中，年轻人是这样，成年人也是这样。所以，**我觉得社会应该去关注如何让更多的人幸福起来，如何拥有更容易达到的成就感。**

阎焱：你讲的我非常同意，人们的快乐有两种：一种是疯人院里的快乐，那是没有意识的快乐；另外一种是有意识的快乐，那就是他必须要有成就感。没有成就感的快乐是没有意义的，他不一定空虚，但他无感，他拥有的只是一种动物般的快乐。

俞敏洪：有时候追求成就感也是个人努力的结果。比如现在随着年纪变大，我的记忆力开始衰退了，这带给我非常大的挫折感，而且我母亲是因为阿尔茨海默病去世的，部分意义上来说，这个病会遗传。所以从去年起，我就开始背东西，想着这还能对抗可能到来的阿尔茨海默病。尽管跟小时候相比，现在每背一篇文章，我花的时间更长、更多，并且忘得更快，但我还是坚持去背。

随着时间推移，我背的东西越来越多，有些内容我甚至可以脱口而出，而且这些内容可以在写作的时候、演讲的时候为我所用。但没想到，这个过程产生了一个意外之喜，就是成就感。每每从头到尾背出一篇东西，尽管没有人听，但我的内心确实会有一种成就感。

我上大学的时候读的诗，著名诗人食指的《相信未来》，我就能从头背到尾："当蜘蛛网无情地查封了我的炉台，当灰烬的余烟叹息着贫困的悲哀，我依然固执地铺平失望的灰烬，用美丽的雪花写下：相信未来；当我的紫葡萄化为深秋的露水，当我的鲜花依偎在别人的情怀，我依然固执地用凝露的枯藤，在凄凉的大地上写下：相信未来……"

我用这个例子是想告诉大家，如果没有大的成就感，我们可以设法让自己或者我们的孩子去创造小的成就感。会背一首诗、会写漂亮的字、会画一幅简单的画……或者今天你本来只能走五千步，但你却走了八千步，这其实都是成就感。比如，我有时候晚上应酬，喝完酒回家发现自己只走了一万步，我就会想办法以比较快的步伐再走五千步，等我发现手机上显示一万五千步的时候，内心就充满了成就感。所以，我们不必期待一上来就有巨大的成就感，比如买一个房子才有成就感，买一辆跑车才有成就感，我们可以从小的成就感做起。

阎焱：我觉得你说的非常重要。其实人的生理记忆曲线基本到 20 岁以后就开始下降了，但如果在日常生活中有意识地锻炼自己的记忆力，一直到 80 岁，记忆力也不会减退。那些无关紧要的记忆可能会被忘记，但你重点去记的那些东西，反而会记得更清楚。

俞敏洪：把那些真正值得记住的东西记住。

阎焱：对。所以，如果有意识去记那些有用的东西，你的 total memory allowance（总记忆容量）基本没有损耗，到 80 岁都不会有损耗。

5. 一座安庆城，半部近代史

俞敏洪：既然身处安庆，最后我们就聊聊你的家乡吧。安庆是安徽省非常重要的城市之一。安徽之所以叫安徽，就是取了安庆和徽州这两个地名，最后合成了"安徽"。所以，安徽的"安"指安庆，"徽"指徽州。

在清朝之前，包括在清朝初期，今天的安徽省、江苏省以及上海市属于同一个行政单位，叫作江南省（明朝时称"南直隶"），省会在南京。后来，江南省被拆分为江苏和安徽两省，取了江宁和苏州（今天的南京和苏州）的首字，叫江苏省；取了安庆和徽州的首字，叫安徽省。安庆曾是安徽省的省会，20世纪30年代抗日战争时期，安徽省省会曾搬到六安，新中国成立以后，省会才搬到了合肥，也就是之前的庐州。

大家会发现，江苏省和安徽省都跨了大江南北。常常有人研究一个现象，为什么中国不少省都跨了大江南北，比如湖北省、江苏省、安徽省，**我个人认为首先是因为水利**，如果两边是不同的省，长江的水利、水运会复杂很多。**其次是为了便于南北经济交融**，中国有一个特点，南方和北方、长江的南边和长江的北边，在经济上一直有一定的差距，我小时候就可以感觉到这个差距。

我在江阴，江阴为南，处在长江的南边。南方有一个比较贬义的词来形容长江北面的人，将他们叫作"江北人"。所以，可能是出于希望南北经济互相提携的原因，所以在分省的时候做了这样的划分。当然，**还有统一上的考虑**，如果以长江来划分各省的界限，南方的省可能会发展得越来越富有，形成南北差距越来越大的局面。

阎焱： 皖南和皖北也有区别，皖北主要是皖北平原，大别山的北面，皖南主要以徽州、黄山为核心。

俞敏洪： 安庆有一座很著名的天柱山，曾经是中国的"南岳"，我们现在提起五岳的南岳，都是指湖南的衡山。在汉武帝时期，汉武帝亲自登临过天柱山，这是中国历史上唯一一个登临了天柱山的皇帝。从那时开始，天柱山就成了"南岳"，一直到隋朝。

隋朝时期，隋文帝认为要往南走，要走到更南，这样中国的领土才更加博大，就把湖南的衡山变成了"南岳"，天柱山后来就变成了纯粹的天柱山。但天柱山并没有因为失去"南岳"这个名称而变得寂寞，天柱山风景秀丽，山势高耸雄伟，又是文化圣地，后来它变成佛教、道教、儒教三教合一的地方。所以，中国古代的诗人，李白、白居易、苏东坡、王安石、欧阳修等都来过安庆，也来过天柱山。

阎焱： 安庆做了百年省府，所以从清代到民国时期，但凡是有点影响的人物，都在安庆留下了人生的痕迹。所以，为什么安庆在近代史上有很重要的地位，其中一个原因就是这里出了很多文人，郁达夫在这里教过书。

俞敏洪： 郁达夫是安庆人吗？

阎焱：不是，他曾在安徽大学教书。1949年以前，安徽大学的校址是在安庆。据说有一年，蒋介石任南京政府主席，他去安徽大学视察时，与校长刘文典发生了争吵，还被刘文典踹过一脚。

俞敏洪：刘文典1927年就在安庆的安徽大学当校长。1928年蒋介石刚刚当了南京政府主席，趾高气扬，坐着船来到安庆，视察安徽大学。刘文典对他不理不睬，蒋介石就对安徽大学应该怎么办学指指点点，刘文典根本不听他的。不知道蒋介石说了哪句话，刘文典顶撞了一下，蒋介石很生气，不顾边上还有那么多卫兵，顺手就打了刘文典一巴掌。刘文典想都没想，一脚踹了蒋介石的裤裆（一说肚子）。

蒋介石一定要惩罚刘文典，甚至还要把他送进监狱去，但全国接近三十个大学的校长联名抵抗，最后刘文典继续当校长，蒋介石白挨了一脚。

阎焱：这是真事，蒋介石真挨了一脚，踢裆部是添油加醋的。所以安庆在近代史上是比较有文人风骨的。安庆不仅出文人，也出科学家，邓稼先就是安庆人。

俞敏洪：邓稼先的祖籍是安庆？

阎焱：对，作为一个科学家，独立思考非常重要。邓稼先为了中国的原子弹事业，离家几十年，不跟家里联系，也没告诉亲人，他的太太都不知道他在干什么，他是非常了不起的科学家。我觉得安庆会出这些文人还有一个原因，历史上安庆曾经辉煌过，但近代逐渐衰败了，正如一个人从辉煌走向衰败后，心里总有一种想要重新站起来的渴望。

俞敏洪：人是这样，国家是这样，地方也是这样。如果曾经辉煌又衰败了，人们心中一定会有一个重新站起来的愿望。所以，我们今天还在为祖国的伟大复兴而奋斗，个人要复兴，城市也要复兴。

阎焱：是，我很渺小。（笑）

俞敏洪：除了他们，大家最熟悉的安庆人可能是海子，"面朝大海，春暖花开"，安庆真是个特别出人才的地方。

阎焱：海子恐怕不是最有名的，最有名的安庆人应该是陈独秀。

俞敏洪：陈独秀是北大的大学长。看来今天我们重新回顾安庆在中国历史上，尤其在中国近代史上的重要地位，是非常有必要的，因为在某种意义上，革命就是从这儿走出去的，陈独秀就是从这儿走出去的。

阎焱：确实可以这样说，如果没有陈独秀，整个中国的历史可能要被改写。

俞敏洪：至少被部分改写。

阎焱：安庆是一座铁血名城，是国家历史文化名城。人们对安庆的定义是"近代历史文化名城"。安庆在近代史上占据了很重要的地位，在中国城市发展史当中也占有重要的地位，所以安庆是中国近代史的标本。曾国藩在太平天国安庆保卫战中打下安庆以后，就在安庆待了一段时间。

俞敏洪：安庆保卫战中，太平军和安庆人一起抵抗湘军的进攻，抵抗了两年，最后都到了人吃人的地步，但就是不开城门投降，这也是安庆人很重要的一部分。不论今天太平天国运动被给予的是正面评价还是负面评价，但安庆人民保卫安庆的那种精神值得肯定。抗日战争时期，日本人进攻安庆的时候，安庆人民也抵抗了很长一段时间吧？

阎焱：是，后来才把省会迁走。

俞敏洪：曾国藩在安庆把太平军打败了，之后就驻扎在安庆。当时安庆相当于两江地区的总督府，曾国藩在这里开始了中国近代化进程。人们在安庆内军械所造出了中国第一台蒸汽机，又把它安装在中国第一艘蒸汽船上面，造出了中国第一艘汽轮"黄鹄号"。"黄鹄号"长17米，航速6节，自重25吨，造价8000两白银，是当时中国造的第一艘蒸汽船。

阎焱：安庆几乎把近代的人才都汇聚在了一起，包括容闳、郁达夫、刘文典。

俞敏洪：容闳被誉为"中国留学生之父"，毕业于耶鲁大学。

阎焱：他们都有知识分子的独立、清高，这在安庆近代知识分子身上体现得尤为明显。

俞敏洪：你说了这么多伟大的人物，你跟他们比差得太远了啊。（笑）但我还是能很明显地感受到安庆对你的影响，比如你身上的文人气质、独立精神。陈独秀就是以自由精神、独立精神著称的，他如果不独立，不反抗，就不可能参与创立共产党。你身上也有这种气质，海子身上也能看到很独立的个性。你学会了他们的特立独行、放荡不羁，但没学到他们的精髓，所以只能游走于江湖之间。

阎焱：前面那句话可能是对的，比较有自由思想，但放荡不羁是我一直努力的目标，我一直在向你学习。（笑）

俞敏洪：今天我们聊得差不多了。非常感谢大家与我们一路观看安庆的美景，长江边上风光无限，从振风塔俯瞰安庆古城和现代城市，一望无际。今天的直播就先到这里了，未来我们还会有更多的新东方文旅直播，大家可以多多关注。

阎焱：再见！

对话梁建章

中国人口的危机与战略
对话于 2023 年 5 月 30 日

梁建章

中国著名人口经济学家，携程集团联合创始人兼董事局主席。1969年生于上海，上海复旦大学少年班毕业后赴美国留学，后获得美国乔治亚理工学院电脑系硕士学位，1999年与季琦、沈南鹏、范敏共同创办"携程旅行网"，2007年赴美国斯坦福大学留学深造，研究人口经济学，并获得经济学博士学位，在人口和经济、创新创业领域出版过多部著作，包括《中国人太多了吗？》《人口战略：人口如何影响经济与创新》，以及人口寓言小说《永生之后》等。

俞敏洪： 各位朋友好，今天我对谈的是梁建章老师。梁建章是携程创始人，他和季琦、沈南鹏、范敏一起创办了携程——中国第一个数字化旅行服务网站。携程创立后，梁建章依然追求学术，脱产到斯坦福大学读经济学博士。在这个过程中，他发现人口与世界发展、民族兴旺和未来息息相关，便开始对中国的计划生育政策进行思考，并沿着这一思考研究人口经济学，成为中国人口经济学研究第一专家。

在中国施行计划生育政策期间，他不断通过各种媒体发声，并递交建议书，推动了人口政策的松动。2016 年，中国正式施行人口二孩政策；2021 年，中国开始实施三孩政策；如今，梁建章老师正在进一步推动实施鼓励生育的政策。今天，他带着自己的《人口战略：人口如何影响经济与创新》（以下简称《人口战略》）来对谈，我们将聊一下中国当下大家都关心的生育、人口经济话题。

——对谈开始——

1. 在旅途中做事业

俞敏洪： 你现在的身份是携程创始人、董事长，以及人口经济学专家，你更希望大家认同哪个角色？抑或，你觉得这些角色之间并不矛盾？

梁建章： 我二十几年前创办携程是为了方便大家旅游，如今则是想尽量帮助旅游企业渡过难关，有时候还会做一些旅游推广，带动全国人民、全世界人民去旅游。这是一个很好玩的工作，甚至可能是世界上最好的工作，我非常有成就感。

有一段时间，我去读了经济学博士，研究中国经济。最近几年，我发现人口是未来中国经济最大的隐患，所以从宏观来看，把我的一些人口、经济相关的观点传播出去，让大家认识到人口少的危害性，让整个社会重视这件事，是更加重要的任务。

俞敏洪： 如果只让你选一份工作，你会选哪个？

梁建章： 我一般是在旅游的途中做自己的事业。

俞敏洪： 站在旁观者的角度，我希望你做人口经济学家，因为这涉及中国千百年的大计，但可能会牺牲你的一些乐趣，做旅游还是很有乐趣的。从我个人角度来说，我希望你做携程老总，因为你能给我提供很多旅行攻略。（笑）

原则上这些角色是不矛盾的，一个人可以有多种角色，比如我们在公司是老总，回家是父亲，跟爱人在一起是丈夫，跟同事在一起是同事。现在你跟我在一起，则变成了访谈的对话嘉宾。

很多年轻人觉得要对某一个领域从一而终，但我觉得角色是可以切换的，比如你就做了一种切换。那时你担任携程CEO（首席执行官）兼董事长，且携程正处在蓬勃发展的上升期，你突然便辞去携程CEO兼董事长的职务，只保留了创始人角色，到斯坦福大学读经济学博士。你当时出于怎样的考虑而做了这种选择？

梁建章： 那时携程已经处在很稳定的上升期，上市三年，市场份额也比较领先，我感觉似乎人生就这样了，没什么挑战，所以想做一些不同的事。后来觉得自己还年轻，可以再读点书，也可能是少年班的时候书没读够，就决定念个博士，因为各种原因选择了经济学。但那时我并不想研究人口，而是想研究经济创新，因为在硅谷，斯坦福大学的创新占有主流地位。

俞敏洪： 本来你想去研究经济创新，但后来发现人口是一个大问题？

梁建章： 当然，创新有很多要素，人口要素不那么引人关注，因为很多国家没有人口问题，所以我就开始关注人口问题。人口对创新影响的案例并不多，日本是其中之一。那时候日本已经出现人口老龄化，创新也受到了影响。

在研究中国人口问题的时候，我发现那时中国的生育率不到1.5，已经很低了，却还在实行独生子女政策，这对中国未来会有很大影响。所以，我就下决心研究这个。人口对世界是一个问题，对中国更是一个非常重要的经济学问题。

俞敏洪：有个网友问，你创立了携程，是携程的董事长，又是人口经济学家，还不遗余力地宣传人口科学知识和人口对中国发展的重要影响，你怎么做到多者兼顾的？怎么能有这么多时间把这些事都做得这么深入？

梁建章：也不能说是多者兼顾，有六七年的时间我没有管理携程，专职去念了博士，还在北大教了两年书，几乎也是全职，那段时间我完全在做人口研究。携程有段时间出了一些问题，所以我不得不回来继续做CEO。我现在是携程的董事长，有很好的团队，现在我主要是把公司大的方向、一些海外战略等落实下去，一半以上的时间都花在这上面，虽然没到"996"的程度，但也比较忙。

俞敏洪：那你还有时间陪家人吗？

梁建章：我考察一些旅游项目时会尽量带着家人。我大儿子现在已经大学毕业了，小女儿刚刚6岁。

俞敏洪：你的工作风格和研究爱好对你的孩子有影响吗？

梁建章：我现在没有太管小女儿，因为6岁之前即使带她去旅游，她也记不住。大儿子小时候也在短时间内觉得爸爸比较奇怪，为什么老爸在电视里、手机里做直播，还穿着各式各样的衣服……

俞敏洪：他能理解你这么做吗？

梁建章：那时候他刚上大学，不太理解，现在慢慢理解了，男孩子成熟得比较晚。他喜欢钻研计算机等科学技术，现在也开始对商业有所理解了。

俞敏洪：你当初做情景直播，我也觉得好奇怪，你这么一个稳重、理性、内敛的人，又是一个研究者，怎么突然穿得花花绿绿在全国人民面前做直播？这是为了给携程吸引用户吗？

梁建章：我是糊里糊涂地被迫开始的，那时候携程非常困难，无论我们做点什么，总比躺平好。后来听说有一种直播方式，而且没有人做旅游相关的直播，我就开始做了。一开始我穿得很普通，也没什么流量，有一次我穿了一件苗族服装做直播，结果效果很好。后来我们到湖州直播时穿了一次汉服，突然就火了，穿得很丑反而被传播得很广，于是我们发现这种旅游推广方式确实不错。

旅游是比较复杂的产品，就像书一样，需要有深度介绍，还要结合当地文化，服装是其中一部分，才艺表演也是一部分，当然主要是我们剪辑得好，可以做很多相声、武术、才艺表演。后来我们发现这是一个很好的渠道。

俞敏洪：你现在已经不做了吧？

梁建章：现在我不怎么做了，主要是我们团队在做。当然，如果收到赞助，我也会为某个目的地做直播。直播的效益还是很好的，虽然相较于整个大盘而言不那么大，但当时在我们公司的占比是很大的，因为那时公司的其他业务都躺平了。

俞敏洪：你怎么没联系我跟你一起做个 cosplay（角色扮演）直播，共同推广一下，尽管我的价格贵一点。（笑）我们前两天的"山西之行"还挺热闹的，但我迄今为止还没有做过 cosplay，也许下次可以跟你一起 cosplay 一下，我可以扮演铁拐李之类的角色。

梁建章：可以。我的服装都是现成的，您可以来讲景点文化，我提供好价格。

俞敏洪：你觉得是情景直播救了携程，还是即便你不做这些，携程依然会存在？

梁建章：救携程谈不上，但确实加强了我们跟酒店、目的地之间的联系。那时他们也非常困难，但看到我们在帮他们，我们的关系就更紧密了，团队士气也变得更好了。

俞敏洪：老板都出马了，感觉上是不一样的。这也在粉丝、携程和你之间建立了一种信任感。

梁建章：是。

2.中国生育成本世界第二

俞敏洪：你是 2007 年去留学的，那时中国的计划生育政策还在严格执行中。通过对世界人口走向的研究，你发现当时的政策对中国未来的发展可能会产生影响，所以你改为研究人口经济。是不是突然产生的一种使命感让你觉得这个问题必须要想办法解决，哪怕凭一己之力提供点建议也行？

梁建章：谈不上使命感，只是觉得这是一个重大问题、重大误区，很多人的认识是错误的，他们肯定都是为了中国好，觉得人少对中国好，但实际上当时中国的人口已经太少了，所以我每天都纠结这件事。我可能是从企业家角度、经济学角度来解释人口对经济的影响，且这个视角是很独特且有必要的，我也有一定的责任去讲这件事情，推动政策的改变。

俞敏洪：你已经深刻认识到，如果按照当时中国的政策走向，在二三十年后，中国会出现严重的人口老龄化和创新缺失的问题，所以 2010 年左右，你公开呼吁放松人口政策，实施二孩、三孩政策？

梁建章：对。我回国后起初是在北大担任研究教授，那时候我就开始写文章。当时我只谈论人口跟经济的关系、中国人口的预测，并出版了直接谈论计划生育的书《中国人太多了吗？》。原本的书名是肯定的语句，但因为舆论敏感就加了问号。

俞敏洪：当时谈论计划生育政策在某种程度上属于禁区。你当时应该知道这么大胆地谈论计划生育政策可能会对自己未来的职业发展产生影响，但你依旧呼吁，这是出于何种心态？

梁建章：总有人要去说这件事，而且我觉得要试探一下界限。其实，主要是当时社会观念没有转变，如果观念转变，真理会越辩越明。后来这个界限也慢慢消失了，2015 年以后基本没有了。当然，这是从经济角度谈论人口问题，而不是从其他角度。

俞敏洪：你算是改革开放之后，尤其是近十几年来，第一个主动谈论中国人口问题、未来经济发展以及中国可持续繁荣发展的人，且在当时已经产生了某种轰动和影响。当时有没有相关部门把你视作专家，向你咨询或者与你讨论一些问题？中国从 2016 年开始逐步实施二孩、三孩政策，现在已经没有太多限制，有些地区已经开始鼓励、奖励生育。你觉得这种转变跟你当时的反复呼吁有关系吗？

梁建章：政策到底是因为哪一根稻草而转变的比较难说，后来确实有越来越多的部门收到一些关于详细分析报告、内参的需求，也有越来越多的人大代表关注这件事。

俞敏洪：我当了十五年政协委员，你怎么没通过我递提案呢，看不起我是吧？（笑）

梁建章：刚开始的时候，90% 甚至 95% 的企业家、领导都认为中国人口太多，所以后来政策的转变是非常明显的，尤其媒体起了很多助推作用，他们是比较容易被说服的，但需要把数据和逻辑向他们讲清楚。

俞敏洪：不是从感性角度，而是从科学角度对全世界各个国家人口发展、经济问题、未来充满活力的创新社会相关数据进行分析……会让人感觉这是科学的分析是吧？

梁建章：对，从经济角度把全世界的数据逻辑说清楚。那时候中国的人口数据已经比较糟糕了，已经能预见人口将会减少，而且是会比较快地减少。

俞敏洪：二十年前还不太能看出中国人口会急剧减少、即使政策放开大家也不愿意生孩子的苗头。当时很多人认为如果施行二孩政策，人口会增加1倍，甚至有专家预测人口会增加2～3倍。

梁建章：对，虽然当时我们声音很大，但总有一些比较保守的声音，可能是过去的惯性思维，很多人口学者认为一旦放开生育，人口就会增加很多。当时中国有些城市已经施行单独、双独可以生，但生孩子的人真的很少，所以我觉得中国第一要放开生育，第二要鼓励生育。当然，我们当时的预测如今已经被验证，实施二孩、三孩政策后，生育率几乎是很小幅地增长然后呈直线下降。

俞敏洪：我看到一个数据，不知是否准确，似乎2022年中国出生人口只有900多万？

梁建章：去年的确跌破了1000万，只有900多万，与2016年的1700多万相比几乎是腰斩。

俞敏洪：中国整个社会不太愿意生育这件事来得非常迅猛，也非常突然。在可见的未来，中国年轻人似乎也没有生孩子的强烈意愿。你认为这是全世界普遍存在的情况，还是中国独有的？

梁建章：都有这种情况。发达国家的生育率比较低，而以农业为主的发展中国家在工业化以后生育率也会低不少，但中国比其他国家更严重。发达国家的平均水平大约是1.6，美国是1.8左右，一些福利非常好的北欧国家差不多是1.9。

俞敏洪：基本达到了平衡状态？

梁建章：对，我们或许认为日本是生育率最低、老龄化最严重的国家，其实日本的生育率比我们高，日本的总和生育率是1.2，中国现在的总和生育率不到1.1。生育率比我们低的只有韩国，韩国现在的总和生育率不到0.8。所以中国的生育率现在已经是世界上第二低了，将来有可能会成为生育率最低的国家。

俞敏洪：你认为韩国不到0.8的生育率是什么原因造成的？

梁建章：我们从经济学视角做了详细的生育成本分析，包括直接财务成本、时间成本，再除以人均收入，从这个角度来看一个国家生育负担的严重程度。中国平均生一个孩子养到18岁大约要花50万元，在大城市这个数字可能翻倍，接近100万元，这个数字大概是人均收入的6.9倍。日本是4倍多，北欧国家可能只有2~3倍，美国是4倍左右。所以，在全世界范围内，中国的生育成本几乎是最高的，唯一比中国高的是韩国，韩国大概有7~8倍。这就解释了为什么韩国的总和生育率比中国低。

为什么中国的生育成本这么高？主要有三个原因：一是中国的房价相对人们收入来说比较高；二是教育投入比较大；三是差异最大的一点——中国在生育支持方面的福利没有落实到位。我们建议地方政府可以给点补贴，比如有些国家补贴力度很大，在一些北欧国家，可能GDP的3%左右会用作这方面的福利补贴。

3. 如何鼓励生育？

俞敏洪：中国文化中有"不孝有三，无后为大"的说法，且祭祖传后是中国深刻的文化基因，为什么在当今社会，这一文化基因会这么淡薄？很多年轻人都觉得"不生不生，幸福一生"，觉得不生孩子没什么"没后"的压力，也没什么社会心理压力。

梁建章：生育成本是根本问题。古代养老主要靠生孩子，而且很多孩子不需要什么教育投入，很小就能帮助家里干活儿。现在则完全相反，尤其在现有教育体制下，巨大的精力和成本投入教育，确实为社会贡献了税收，但社保是分给所有人的，即便自己不生孩子，也能拿到社保，未来不一定要靠孩子养老。**如果撇开亲情，纯粹算经济账，可能确实不划算，而且中国的生育成本的确比很多国家高很多。**

俞敏洪：年轻人多生孩子对中国长远发展有好处，这是你书中的结论。如果暂时不考虑年轻人的选择，毕竟不能强迫他们，在这个前提下，如何让年轻人自愿、开心、愉悦地生孩子呢？

梁建章：书里提了一些建议，**最立竿见影的是生育补贴。**

俞敏洪：我觉得现在一个月补贴2000块钱，他们都不一定有动力。

梁建章：我的建议是，如果可能，生三胎每个月补贴五六千块钱，给到孩子18岁为止。

俞敏洪：这相当于孩子是国家养着了，这样的话，中国应该会迎来一个生育高峰。

梁建章：我觉得能够跟其他发达国家持平。很多人可能会问中国有没有这么多钱，其实有这么多钱，相当于GDP的3%左右。中国每年的储蓄率接近50%，是世界上储蓄率最高的国家之一，我们也有世界上最高的基建投入，修路、修公共园区的投入比其他国家高十几个百分点。这些在未来可能会饱和。

俞敏洪：因为我们的"铁公基"基本建完了，是吧？

梁建章：对，差不多建完了，所以我们可以把一部分钱用于人口投入，这对中国长远发展更有回报。

俞敏洪：从市场经济的角度来说，相关部门如果在生育补贴方面加大投入，对国家的未来将是最合算的投资。

梁建章：对，投入回报最高。

俞敏洪：科技创新要靠年轻人，为了创造年轻人，为了持续创新，应该在保障基本民生的前提下鼓励更多的人生孩子，可以这样理解吗？

梁建章：对，这可以说是民生最重要的部分。

俞敏洪：这几年你有在这方面给相关部门提建议吗？

梁建章：一直在提，**比如财税方面的减免、现金补贴、房贷利息减免，还有一系列很重要的、为女性减负的措施，比如建普惠性托儿所等。**

俞敏洪：我跟年轻人交流过，他们说现在买不起房子，在北京天天住地下室，如果生个孩子能分一个30平方米的房子，他们也愿意生。

梁建章：30平方米在北京很不得了，相当于300万人民币，这个奖励比我说的大多了。

俞敏洪：建造成本大概100万。我们向网友调研了一下"每个月补贴多少钱，你愿意生孩子？"，网友还是比较理性的，大部分都说5000到1万之间，看来你刚刚说的每个月补贴五六千比较符合大家的需求。

在现有条件不变的情况下，如何让年轻人更愿意生孩子？

梁建章：很多人不生孩子是因为教育太累。高考是一个独特的制度，使我们花大量时间学习。除了高考，还有中考、考研等考试，这些都会花费大量的时间。我觉得比较优化的方案是考一次，或者最多考一次半，不要考三次，这样就可以缩短学制，把十二年缩短到十年，让更多人早一点读完大学、研究生，进入职场。总的来说，**减少考试、缩短基础教育时间是一个方向。**

俞敏洪：教育成本下降，会让人更愿意生孩子。

梁建章：家长的负担减少，年轻人尤其是年轻女性可以更从容地完成学业，谈恋爱，追求职业发展。

俞敏洪：除了补贴，还有什么方法能让中国年轻人更愿意生孩子？

梁建章：**在女性减负方面下功夫，因为女性职业发展成本更高**，她们为孩子付出的更多，所以可以建托儿所、引进外国保姆等。雇用外国保姆可能只要3000元人民币，现在北京的保姆可能都上万了。如果能以3000块钱雇用保姆，也能为职业女性减负提供帮助。我在书中写了很多这样的措施，帮助女性兼顾家庭和职业发展。

俞敏洪：高喊口号让年轻人多生孩子是没有用的，应该想办法减轻年轻人的生育负担和焦虑。很多人说，生一个快累死了，生两个马上要累死了，生三个会要命的，而且现在想生两三个孩子的真不多。本以为放开二胎后，每个人都会生两个孩子，但实际上，有兴趣生两个孩子的可能只占到生孩子人群的1/5，有可能1/5都不到吗？

梁建章：1/2，多的是人不结婚，不生孩子。

俞敏洪：我们现在首先要鼓励更多年轻人至少先生一个孩子。我身边不少年轻人真的不想生孩子，我也遇到过即使没钱也想生孩子的人。我身边大部分人觉得不生孩子无所谓，有钱自己花，做个自由自在的人。所以我觉得不只是经济压力的问题，还有对于要不要生孩子的态度问题，这方面也可以做一些工作。

梁建章：对。生孩子当然有好处，比如一开始辛苦一点，等到孩子大了，就可以享受很多天伦之乐，可以感受人生传承的意义。但这都是第二位的，第一位还是降低生育成本、给予补贴等。

俞敏洪：中国现在已经允许生三孩了，甚至有些地方已经不限制了，但生育率反而越来越低，将来可能还会下降。如果孩子生得少，中国很快会进入老龄社会，影响创新和未来的发展，所以《人口战略》的整体结论是鼓励多生孩子。我觉得有两方面可以分享下：

第一，**根据我当父亲的经验，只要经济负担不是那么重，身边有孩子能让我们更加幸福**。孩子会给我们带来麻烦，但也会带来无穷无尽的欢乐。很多人喜欢养宠物，其实养宠物也会给我们带来无穷无尽的麻烦，比如养个狗，它会在家里拉屎撒尿，生病了要带它去医院。当然孩子不能跟宠物相比，但有人之所以养宠物，就是因为宠物给自己带来了意想不到的欢乐。养孩子带来的欢乐比养宠物多很多，对我们的责任心有更高的要求。所以生孩子确实会为人生带来不一样的欢乐，当然也会有不一样的烦恼。

第二，若要鼓励大家生孩子，国家必须采取一系列措施，比如降低生育成本、养育成本，或者给予补助和补贴。比如前面提到的每个月补贴5000块钱，如果孩子1~18岁，每个月补贴5000块钱，很多人可能就愿意生了。当然这5000块钱够不够是另外一回事，但至少有这样一种态度。

我觉得只有这两个理由能说服我们生孩子，讲大话是行不通的。

梁建章： 我觉得如果政策落实到位，很多年轻人还是喜欢孩子的，更多的年轻人可以心想事成，实现愿望。

4.世界人口漫谈

俞敏洪： 话说回来，中国已经14亿人了，为什么还要鼓励生孩子？

梁建章： 这14亿人是历史的惯性，去年的出生人口几乎比七年前减少一半，而每代人会比上一代人减半，今年是900多万人，那三十年后可能就只剩下400多万人了，这么算来是很悲观的。

俞敏洪： 21世纪末中国可能只有三四亿人？变成一个人口上的小国家吗？

梁建章： 对，每年新出生人口可能只有100万。从世界人口比例来看，中国的人口曾经占世界人口33%左右，现在大约是16%，但中国新出生人口只占世界的6%，到21世纪末，这个数字可能会变成1%。中国可能真的会变成一个地广人稀的人口小国。

俞敏洪： 按照你的说法，美国现在差不多处于出生人口的平衡状态，那到21世纪末，美国人口可能突破10亿吗？

梁建章： 美国虽然人口增长得稳定、缓慢，但它的新出生人口是中国的1/2。21世纪末，中国人口跟美国人口的比例可能会发生逆转。

俞敏洪： 慢慢会出现美国5亿人，中国也是5亿人的情况？

梁建章： 对，21世纪末有可能就这样了。

俞敏洪： 但中国的5亿人有可能一大半是老年人，美国的5亿人中，40%、50%是年轻人？

梁建章： 美国是正常的人口结构，从年龄结构上看，中国的5亿人中很多会是老年人。

俞敏洪： 如果现在不调整生育政策，不光是人口会随着时间的推移不断减少，中国也会迎来老年社会，而老年社会会导致社会机制的某种僵化，进而限制少数年轻人的创新场景和创新的可能性。因为老年人的再创造能力和再生产财富的能力明显减弱，只留下了消耗财富的能力。而且，随着体力的衰竭，老年人的思想可能会慢慢固化，他们会有意无意地阻挡年轻人的创新和发展，就像我现在已经阻挡了新东方的发展一样，因为老年人手里拥有更多资源、权力。

梁建章：年纪大一点的人更喜欢稳定，更注重既得利益的分配，而且如果经济整体需求萎缩，就不会有太多新投资或者新项目，那么新技术会毫无用武之地，年轻人发挥创造力的机会就会减少。

俞敏洪：假设中国年轻人都愿意生孩子，未来有16亿人，甚至20亿人，会出现自然资源、粮食等不够用的情况吗？因为按照马尔萨斯（Malthus）的理论，无论出于什么原因，人口到了一定程度后就会自动减少。如果大家都特别愿意生孩子，突然有一天全球人口增长到了100亿，你觉得地球还能承载这么多人吗？

梁建章：全球人口现在已逐步趋于稳定，并没有快速下降，欧美一些福利好的国家可以保持人口平衡；印度等国家，人口也还比较年轻，且还在增长；一些东亚国家，尤其韩国、中国等，人口在减少。**所以目前对影响世界资源的预测中，人口不是影响较大的因素，因为总体人口基本趋于稳定。**

中国现在的问题在于难以保持人口持续增长，中国在世界人口的占比会减少。当然，从资源水平来看，粮食基本是充足的，全世界范围内还有很多耕地没有被使用，中国在粮食方面能自给自足，但能源是个大问题。现在新能源的瓶颈是什么？是巨大的成本、更大的投入，建光伏发电、输电、储电等也需要很多技术突破，这跟投资、创新有很大关系。

俞敏洪：技术突破应该不难，人类的技术突破能力从来不是问题，比如20世纪80年代的时候，北大那台大型计算机要占据一个房间的空间，还要花费几百万元，而现在任何一台手机都比当时那台计算机的运算能力大上万倍。未来人类造太阳能和核能等的能力会不断提高，甚至可以不需要钱。

梁建章：但需要巨大的条件，需要巨大的投入。中国现在虽然占据了一定优势，但这是因为中国的创新力比较旺盛，有很多钱可以去投资。如果未来中国人口老龄化，这方面可能会出现问题。

俞敏洪：每个民族、每个地区对生育孩子的想法是不一样的。举个例子，非洲有的家庭生很多孩子，发达国家很多人不太愿意多生，欧美国家的生育率普遍较低，那会不会有一天，地球上会有更多的黑人朋友，而生育率低的国家的人就变成了少数民族，有这种可能性吗？

梁建章：现在的预测差不多是这样，将来 1/3 的人口在非洲，1/3 的人口在南亚地区，即印度、巴基斯坦等。印度本来人口基数就大，未来印度的人口可能是中国的 4 倍，他们占世界人口的比例会超过 20%，比中国大很多，中国很可能是个位数，可能只有 1%。

5. 人工智能的冲击与展望

俞敏洪：你从小被视为天才，复旦大学少年班出身，到乔治亚理工学院读硕士的时候才 19 岁？

梁建章：从乔治亚理工学院硕士毕业后，我又读了一段时间博士，但我没读完就去硅谷 Oracle（甲骨文）工作了。1997 年，Oracle 又将我作为代表派遣回国。

俞敏洪：你觉得自己是天生智商比较高，所以学习比较轻松，还是从小养成了对某个东西的研究爱好，在其中花的时间比较多，因此有了现在的成就？

梁建章：前者更多一些。当然我也是要经过考试的。我当时参加了第一届全国中学生计算机竞赛，得了一等奖。我当时的题目是一个关于生成式 AI 的题目，叫计算机作诗，那时我非常投入，花了差不多一年的时间才做出来。当时我们学校表示做这个项目，只要考试通过，我可以不用去上课。所以我一年几乎没怎么上过课，一直在做这个项目，后来获了奖，有机会进入少年班。但我后来自学了高中内容，考得也不差。

俞敏洪：你对计算机感兴趣是因为父母对你的影响，还是你天生就对计算机感兴趣？

梁建章：我那时受到了人工智能的触动。

俞敏洪：你在乔治亚理工学院研究的也是人工智能，是吗？

梁建章：读硕士选择的方向是人工智能。我记得非常清楚，那时 IBM（国际商业机器公司）的深蓝计算机第一次战胜了国际象棋世界冠军，对行业震动很大。那时候计算机是最热的，有人工智能专业，也有自然语言处理，我选择的是计算机作诗，作出来的诗还可以。

俞敏洪： 你有预料到今天 OpenAI[①] 与 ChatGPT 这样的发展方向和结果吗？我去年采访了人工智能专家，他们说人工智能要达到真正的智能化水平，能够跟人脑接近，需要二十年的时间，但实际上不到一年就出现了 ChatGPT。你在这方面有过研究，并且经历过人工智能低谷，你有预料到这样的情况吗？你认为今天的 ChatGPT 处于人工智能发展过程中的哪个阶段？未来会往什么方向发展？

梁建章： 我今年年初接触 ChatGPT 时，首先感觉非常震惊，其次是谦卑。它的算法非常简单，很容易理解，我一个晚上看完了几百行的算法，我自己编程的话，一个晚上就能编出来。但就是这么简单的算法，用海量的数据训练，竟然能出现这种智能……所以真的要对人类大脑表示敬畏。

俞敏洪： 它对数据的收集能力和处理能力，已经达到类人类大脑突触互相之间接触的那种感觉了是吗？

梁建章： 没有，它不是收集。把海量数据准备好，给它"喂"进去，一些东西就魔术般出现了，很多人都没有预料到。幸好我几十年前没去读人工智能的博士，如果读了，这几十年我所有的自然语言处理算法会被它全部打败。

俞敏洪： 基本过时了？

梁建章： 被它取代了，被它远远超过，所以我感到敬畏。当然，还要看它对人类未来及各行各业的影响。我们也要淡定一些，因为它终究是在模拟人脑，人脑的一些特性、制约、局限也会在 AI 算法里体现出来，比如它很智能，似乎有了创造性，但它也是一个"黑盒"，是不可预测的。当 AI 有了这样一些特性后，人类不一定很放心让它发展。现在大家就非常担心。

俞敏洪： 大家担心 AI 会反过来制约人类。

梁建章： 它虽然很智能，但不可预测，如果可预测可能就不智能了。**所以不可预测性跟智能性一定是一体两面的。** 另外，从进化论视角来看，它同人脑是有很大差距的。人脑是分布式的，每个人都有各自的想法，分布式可以让我们做很多尝试、实验、创新，而且倘若一群人失败了，比如被病毒感染了，其他人还可以照常工作。现在 AI 算法的算力跟一个人脑差不多，**虽然这已经很先进了，但它所消耗的能量是人脑的几百万倍。**

[①] OpenAI 是由萨姆·奥尔特曼（Sam Altman）、埃隆·马斯克（Elon Musk）及彼得·蒂尔（Peter Thiel）等人创立的一家研究和部署人工智能的公司。

俞敏洪：人类以有限的能量可以做更多的大脑运算，是吧？

梁建章：是，所以AI不可能太多，只有那么几个大模型，至少现在是这样。所以它只能作为创新的辅助，而不能自己进行实验创新。归根结底，人类不会对它放心，因为它跟人类有差别。人类创造了AI，就像创造了自己的孩子，AI跟孩子有什么区别？从智能上看，AI可以做人类孩子能做的很多事情，它同样具有创造性、不确定性。然而，如果你的孩子做了一件出人意料的事，你可能对孩子说："你自己的天下你自己去闯。"但如果AI做了一件不可预测的事，你就会非常恐惧。所以AI还在不断进化中，人类也在驯化AI。现在的算法肯定不是最终、最好的算法。从进化的方向来看，我觉得它不会取代人类。

俞敏洪：不太可能出现AI消灭人类的情况？

梁建章：它的发展方向是跟人类互补，当然不排除遇到风险。

俞敏洪：有人认为这种说法只是自我安慰而已，人类可能创造了一个"大魔鬼"，它反过来把人类吃掉，人类还不自知。这个风险可能并不存在，对不对？

梁建章：对。如果大家都这么认为，就一定会去控制风险，不会让它掌握一些关键性资源，而且人类会设置防备机制。

俞敏洪：不管人工智能发展到多么先进的程度，你觉得跟人类相比，人类的哪些东西是它无法取代的？

梁建章：从技术上讲，AI和ChatGPT带来的震撼是，它们应该可以做到人类能做到的一切，但这要经过很多的驯化和进化，现在的算法还差很远。人类会控制驯化和进化的方向，使AI不会和人类完全一样。比如说，如果要让它能够模拟真实的人类情感，如亲情、爱情，那就必须要让它有生存的欲望，或者说要让它怕死，让它能感到死亡的痛苦，让它生存得更久或者让它去繁殖。人类要用这样的目标函数去训练它，可能经过很长时间才能让它做到这些。经过很长时间的训练，它才会具备真正的情感，但人类应该不会让它做这种事情。

俞敏洪：如果人工智能产生了怕死的情感，这是非常可怕的，它会对任何攻击它、让它死亡的外部因素发起反击。

梁建章：这不会自发产生，一定要用目标函数去训练它才行。毕竟从进化论的视角来看，人类也是经过了几千万年的优胜劣汰，才有了如今的我们。

俞敏洪：你觉得坏人会专门在这方面训练它来对付人类吗？

梁建章：这种风险是有的，正如坏人可能会利用任何一项技术，比如原子弹、基因技术、病毒等。但这不是一下就能做到的，要经过很多进化和驯化。

俞敏洪：就像我们的原子弹、基因工程或生物工程等不能落到坏人手里，我们要有能力防范。整体来说，人工智能的进步和发展对人类的幸福和进步是有好处的，对吧？

梁建章：短期来说，我们正好需要一次人工智能革命。在人工智能出现之前，世界最大的担忧是全球经济停滞，经济停滞某种意义上就是没有新的提高效率的工具出现，而这刚好是一个提高效率的工具。

俞敏洪：提高工作效率的举动会使大量人失业，失业可能会导致社会不稳定。你觉得人工智能会导致很多人失业吗？人们做什么样的工作可以不被人工智能替代？面向未来，当绝大部分人类不需要工作时，人类该做什么呢？

梁建章：短期看，几十年内一两代人应该不会失业。失业一定意义上就是人类不需要工作了，再创造额外的财富、额外的消费，对人类而言都没有意义了，相较于工作，人们更希望拥有更多的闲暇时间。

人工智能在短期内不能替代很多服务性工作，上菜它都做不到，更别说看护工作、快递工作……所以，一般性的服务性工作还是需要大量人力的，再如旅游业、建筑业等也需要大量人力。以前营销部门的一些画图类的工作可能会被人工智能取代，或者效率更高。未来人类会有更多闲暇时间或者钱去消费，很多行业可能会发展得更好，会发生这样的转变。

俞敏洪：工业革命之后，随着大范围生产以及生产线的出现，人类开始担心自己会失去工作，以至于当时出现了很多砸工厂、集体抵抗新技术的事情。随着工业化程度、信息化程度越来越高，原来的大部分工作已经不需要人做了，比如改革开放时，几乎中国所有的工厂都是人工生产，中国的农民工蜂拥至沿海，而现在，几乎一半的沿海工厂是机器人替代人工生产，原来一个车间可能需要一百人，现在一个车间可能只需要十个人。人工智能继续发展的未来，你认为人类并不会失去工作，只是工作性质和方法会发生改变，是吧？

梁建章：对，短期来说，有些行业在生产效率提高之后会有一定程度的萎缩。就像生产衣服的效率提升了，但不一定要生产那么多衣服。但长远来看，有一部分工作还是不能让人工智能做，比如与创新相关的工作，因为牵涉到风险控制和价值判断。

俞敏洪：也就是说，人工智能其实做不到创新？

梁建章：长远来看，人工智能如果训练得当、进化得当，可能是可以的。但人类不会让人工智能朝这个方向发展，也不敢让它承担创新工作。另外，总有一些有趣的事、有意义的事，人们要自己去做。创新的工作是很有趣的，很多人会出于兴趣而从事创新工作，比如讲故事、做直播、写小说等。

俞敏洪：人类是不甘寂寞的，也不会安于现状，就算每天不缺钱，什么都不用干，人们也会感到烦闷，觉得枯燥无聊。所以人的天性中有某种好奇心，从而**希望去创造，去发现，去经历更好的、新的生活**。即使未来人工智能发展到可以让每个人不需要干活儿，依然会有很大一部分人会去寻找有趣的生活方式。你觉得是吗？

梁建章：对，人的基因里，除了传承，还有创新。创新也是一种传承，这是人类根本的本性。

6.尾声

俞敏洪：时间差不多了，最后推荐一下你的《人口战略》。我们总说，中国已经14亿人了，多一个人吃饭多一份负担，为什么还要鼓励年轻人多生孩子？这对中国的未来到底有什么影响？如果不读梁建章老师的《人口战略》，大家可能想象不出来。这是一本理论和实践相结合的书，数据非常完备，可读性非常强。读完以后，你会知道人口与创新、国家活力、老龄化社会，以及中华民族的生死存亡的关系，了解人口对中国国际地位的影响，阅读这本书对我们的思维有极大的好处。

这本书尽管带有学术色彩，但里面的每一句话都很好读懂。世界人口的走向，人口对创新的关键作用，人口给国家带来的具体影响，中国人口的现状、发展趋势以及为什么中国人口老龄化对中国的创新和未来的发展有影响……这本书都有讲到。

我常常说看问题要有眼光，要有格局，要看到更远的未来，这本书可以让大家更有眼光、更有格局、更加面向未来，读了这本书以后，大家能够从科学的角度了解人口对中国未来有什么影响。

梁建章：书里有很多有趣的话题。人口是经济发展中最重要的变量，如果人口出现很大的变化，如结构的变化、数量的变化，对各行各业都可能产生很大影响。这本书主要分析了人口对创新力的影响，这是对于个人、企业、国家来说，未来成功与否最重要的变量。尤其在智能时代，很多重复性工作都被AI、机器人取代了，将来谁打造AI算法，谁创造机器人，谁提供互联网平台……谁就会占据世界财富分配的主动权。

个人如果具备创新能力，或者进入创新力很好的公司，收入也会高。那国家呢？国家的人口规模对创新力有很大影响，年轻人多、人才多对创新的影响毋庸置疑，而且人多，用户就多，市场也会大。这样，智能系统、机器人，以及平台、流程、算法等可能会优化得更好。所以人口数量、市场规模都是很重要的创新要素。

为什么中国现在的创新力在全球范围内似乎可以和美国比肩，美国会把中国当成强大的竞争对手？而且除了美国，中国的创新力似乎比很多有钱的国家更厉害，这是因为中国有很大的人口规模。但如果中国的人口规模出现问题，人口老龄化、结构老化、规模缩小，中国经济的整体活力、财富创造能力都有可能下降，这对中国的经济将是一个拖累，年轻人的机会也会减少，这也会多多少少影响到大家。而且，在世界的博弈之中，我们也会处于非常被动的地位。

所以，我想通过这本书告诉大家，人口是非常重要的以及为什么年轻人压力非常大，为什么生育成本非常高，国家应如何帮助年轻人减轻生育压力。书中也提出了一些对策。希望我们国家有更多资源向年轻人倾斜，让年轻人能够既兼顾职业、学业，又能实现儿女双全的愿望。这对家庭是好事，对国家也是好事。

俞敏洪： 在《人口战略》的后记中，你专门写了创新和传承的关系。你认为对于人类来说，创新和传承的本质是什么？

梁建章： 每个人对生命的意义都有不同的理解，我认为人生的意义就是创新与传承，就是给世界留下点什么。像牛顿（Newton）留下了科学定律，这确实是巨大的创新，改变了很多人的认知，但我们也可以改进一个很小的流程，或者提供对别人很有帮助的点评，让世界朝更好的方向进步一下，这也是一种创新和传承。当然，创造后代也是一种创新和传承，因为我们的后代可能很平庸也可能很好。

俞敏洪： 恨不得生出个天才。

梁建章： 对，即使是一个平庸的后代，如果他还有后代，也会有更多可能性。很多年前，几乎大部分宋朝人是我们的祖先，传承链非常长。所以只要有后代就有无限可能性，这也是传承的一个意义所在。中国人祭祀祖先的文化是有道理的。

俞敏洪：对，我们都是宋朝人的后代，也可以说我们是秦朝人的后代，我们是每一个朝代人的后代。

梁建章：对。

俞敏洪：由于时间关系，对谈就到这里了，非常感谢梁建章老师，谢谢大家！

梁建章：谢谢大家，再见！

对话施一公

自我突围，向理想前行
对谈于 2023 年 6 月 26 日

施一公

著名生物学家，西湖大学首任校长。1967年出生于河南郑州，1989年获清华大学生物科学与技术系学士学位，1995年获美国约翰·霍普金斯大学分子生物物理学博士学位，1998—2008年历任美国普林斯顿大学分子生物学系助理教授、副教授、教授、讲席教授，2008—2018年全职回到母校清华大学任教，著有《自我突围：向理想前行》。

俞敏洪： 大家好，今天我对谈的是西湖大学校长施一公老师。我和施一公老师有些相像的地方，我们身高差不多，都很瘦，体重都是 68 公斤左右，所以我们都属于筋骨型人才，但从学问上来说，我差施一公老师很远。

施一公： 俞老师太谦虚了。

俞敏洪： 施一公老师带来了他的传记《自我突围：向理想前行》，书中写了他去清华求学、出国留学的学业经历，以及回国后创办西湖大学的故事。在这本书中，我们能够读到一种对生命的热情、对理想的追求，以及对人生发光发热的渴求。可以说，在施一公老师团队艰苦卓绝的努力下，赢得了包括政府、企业家、学者等各方面的支持，成就了西湖大学的今天。我会和施一公老师聊聊他的成长历程、他的价值观，以及创建西湖大学的酸甜苦辣。

——对谈开始——

1.河南给予我的，是骨子里的厚重

俞敏洪： 你的祖籍是云南，为什么你对河南有这么深的感情？

施一公： 我在驻马店长大，但并不觉得自己是河南人，因为我的父母、亲戚、朋友都南腔北调的，他们讲江苏话、上海话，偶尔带云南口音，河南话在我们家并不流行。到了清华以后，想来想去，我 18 岁之前没有离开过河南，我在河南出生，在河南长大，怎么可能不是河南人呢？我出生在郑州，但对驻马店感情特别深，因为从有记忆开始，我一直都是在驻马店长大。而且我不仅是河南人，我还是一个河南农民，我在农村生活过三四年。我觉得在河南农村那三四年对我的影响非常大，所以一说"农民"这两个字，我的想象都是非常正面的。

俞敏洪： 我也常常说自己是农民，当我说自己是农民的时候，内心饱含了一种骄傲。尽管当初创业的时候，徐小平、王强觉得我视野不够开阔，开玩笑说"你就是一个农民"，但我不觉得他们是在贬低我。

你当时跟随父母到农村，住在破房子里，当时也叫"牛棚"。童年在农村三四年艰苦的日子对你有怎样的影响？

施一公： 我从来不觉得农村的日子艰苦。首先没有比较，我长大的过程中没有跟城市的孩子比，也没有跟富家孩子比，周围都是邻里乡亲和一起玩的小朋友。其次我觉得我们家特别受照顾，我们当时从郑州到了驻马店，还能有白面吃，而邻居的小伙伴三餐基本都是红薯。

俞敏洪： 听说你还用馒头换红薯，因为你很想吃红薯。

施一公： 对，我挺想吃红薯的。（笑）孩子们总是快乐成长的，虽然农村条件很艰苦，但在农村的那几年，我觉得特别开心。那时候在驻马店，在小郭庄，蓝天白云，我天天玩，去河里玩、水里玩、岸上玩、庄稼地里玩，还偷吃豌豆角……我觉得那段生活特别美好，从来没觉得苦。

俞敏洪： 我有同感。小时候的生活环境和状况确实可以用一穷二白来形容，但也可以用精神丰富来形容，我在山清水秀、蓝天白云之间，在一望无际的麦浪和稻花之间度过了自己的童年。回想起来，美好的东西要多于艰难的东西。这是我对自己童年的印象，我并不知道父母亲那时过着什么样的艰苦生活。

农村见天见地见万物的生活对你的成长有怎样的影响？

施一公： 我觉得是潜移默化的。我印象最深的是邻里乡亲的关系，邻居买了肉、烧了菜、包了饺子……有任何好吃的，他们一定会给邻居送一份。我觉得河南人这种骨子里的厚重是中国文化的一部分，对我影响非常深。

后来我离开驻马店，去了郑州、北京，到美国后又回来……这一路走来，我不止一次说过特别想念驻马店。我觉得在驻马店的十一年几乎是我对世界形成认识的十一年。我在农村长大，多少了解一些耕作，在驻马店的时候，遇到农民拉着架子车进城，我会和他们聊两句。我小学的时候就有这种习惯，遇到认为与自己有联系的人，就会和他们多聊几句，这是很有意思的感情沟通，我会下意识地去做这些事情。

到郑州以后，我一开始不适应，特别想念驻马店。分享个小故事，如今我的普通话还不错，但当时不太好。因为驻马店在河南中南部，不分卷舌音，去了郑州的河南省实验中学后，我发现郑州、新乡的人卷舌音什么的分得很清楚，就感觉他们说话比较洋气，自己比较土，所以有时会情不自禁地想起驻马店。

俞敏洪：尽管当初家里是南腔北调的环境，并不讲真正的河南话，但因为从小在河南长大，所以你很自然地学会了河南话。你当时是不是觉得可能这辈子都在河南生活了？因为我们那时没想到会有伟大的改革开放。

施一公：对，这是非常不可思议的一段经历，现在的年轻人很难理解我们这代人的经历。我在书里写了一个小故事，1978年，驻马店来了一个外国人，是一个新西兰游客。当时驻马店小学承担了迎接他的任务，我当时上四年级，四年级和五年级是要出代表给他献花的，还得是长得不错、学习比较好的学生。后来大家排着队，老师从里面选了四个，又从四个里面选两个，我进了前四，最后被淘汰了。这是很有意思的一段经历。

我们现在当然可以谈理想，但在改革开放之前，我们真的没想太多，也从来不去想将来会有什么机会，只觉得这辈子会和这片土地、这个城市绑在一起。所以之后发生的事情更多是因为家庭的迁徙、社会的变迁，是改革开放创造了机会。

俞敏洪：我觉得你在河南的童年、少年经历，对你的个性有显著的影响。就像你说的，谁家做了好东西，会和家家户户分享，小时候我家也是如此，我妈妈包馄饨之前一定会计算好能分给每家一大碗的量，所以我们俩的个性里都有农村人互相帮助的开放精神。现在很多孩子从小生活在相对封闭的环境中，隔壁邻居姓什么、叫什么，他们可能都不知道。

施一公：确实如此。现在有了手机，反而更加封闭了，人和人之间的交流变少了，有时候在一个地方住了半年都不知道对门住的是谁。

俞敏洪：所以希望家长们留意，如果你们住在小区里，不太认识周围的人，一定要想办法包个饺子或者包个馄饨，请周围的三五个家庭一起来吃饭，互相熟悉，这样孩子会有朋友，人生也不孤单。

你父母是20世纪50年代的知识分子，都上了大学，即使你们去了农村，你父母的知识结构也都还在。成长过程中，父母对你有怎样的影响？

施一公：我母亲主要是每天关心、支持我，对孩子拥有无私的爱。

俞敏洪：你有多少兄弟姐妹？

施一公：我有两个姐姐、一个哥哥，我是老小，在家比较娇惯，这种娇惯和现在不可同日而语。虽然母亲一直很关照我，希望我一切顺顺利利，但她还是会比较理性地决策、判断。我决定回国的时候，询问我母亲的意见，她一方面很希望我回国，因为离她近，另一方面觉得如果留在美国，我在学术上的发展机会可能会更好，所以她当时很犹豫。我觉得她是典型的中国母亲，在外面有一份工作，在家里操持家庭。我母亲一直是家里的主心骨，很多事情都是她在做。

我父亲特别忙，我和他接触的时间特别少。但父亲对我潜移默化的影响更大。他总在外面忙碌，总是用自己的方式帮别人，我觉得父亲很了不起。我想起一件事，在汝南县农村，农民们一般到了春节才会给孩子做一件衣服，老大穿破了给老二穿。当时村里只有我们家有缝纫机，我对那时最深刻的记忆就是每年春节前后的十几天，家里的缝纫机彻夜响，因为我父母一直用缝纫机给邻里乡亲做衣服，每年春节我都是在缝纫机的声音中入睡的。

父亲去世后，我时常想起一些事情。我一直觉得我父亲没怎么管过家，对我的学习也几乎没过问过，但他对我又有很高的期望，所以有时候，与其说我是为父母学习，不如说我更想让父亲骄傲，因为我天天都能接触母亲，母亲会问我今天考了多少分，会给我鼓励，照顾我。但我不怎么能见到父亲，他也很少表扬我，所以父亲回来的时候，我总想表现表现，想得到他的表扬。但我父亲总是轻描淡写地说"你可以做得更好"。我父亲在外面做事的方式、习惯，对我潜移默化的影响非常大。所以，我这辈子最大的挫折便是上大学期间父亲突然"走"了，这令我难以接受，但也没办法。

俞敏洪：人长大以后才会知道父亲是多么重要。我们小时候往往和母亲最亲密，对父亲有时会有一种反抗情绪，因为父亲要么对自己非常苛刻，要么离自己比较远。

施一公：我对母亲的感情一直很稳定，但小时候我对父亲没有这样的感觉，只是越长大越想要父亲表扬我。我记得我当时在河南省数学竞赛中拿到了不错的成绩，但他依旧不怎么表扬我。

俞敏洪：作为一个历经沧桑的男人，他其实知道你未来要面对的成就、困难比现在要多得多。就像一个已经爬上了珠峰的人，你告诉他自己爬了三千米，他会觉得就那么一回事。老太太还在吗？

施一公：在，我母亲身体还挺好的，她今年88岁了。

俞敏洪：我也是先失去父亲。我父亲是1990年去世的，我母亲是2020年12月去世的。我发现你爷爷也是高寿。

施一公：我爷爷今年即将112周岁了，老人很了不起，特别乐观。

俞敏洪：他现在还认识你吗？

施一公：他之前每天会出门溜达两个小时，拍拍照。这三年不怎么出门，他的反应慢了很多。今年正月十五后，我去上海看望他，他起初好像没认出我，他听力不好，我就在纸上写我的乳名给他看，他看了纸上的名字以后看看我，眼角就落下了眼泪。我觉得我爷爷真不容易。

俞敏洪：你爷爷是知识分子，当过华东师范大学的党委书记。在你的成长过程中，他对你有什么影响？你有没有把他当作榜样？

施一公：爷爷一直都是我的"榜样"，这个榜样加了引号，因为小时候父亲很少像母亲那样管我们，教我们，但他会很自豪地跟我们讲他父母亲的事情，讲一些他小时候觉得很了不起的事情。所以爷爷奶奶是父亲给我们树立起来的榜样。我是初中后去上海第一次见到爷爷的，成年之前我感觉爷爷高不可攀，他就像我们小时候在书中读到的英雄模范，而不是身边的普通人。直到我去了美国读书，爷爷到美国探亲、旅游，我们才逐渐拉近了距离。

俞敏洪：你后来是不是带他到美国逛了一圈？

施一公：对，1996年爷爷以私人身份去美国旅游，那时他已85岁高龄，但他走了一天都不觉得累。我决定回国的时候，唯一一个坚定不移支持我回国的就是爷爷。我是做了回国的决定后才告诉大家的，大部分人都不理解，但我爷爷不一样。我打电话告诉爷爷我决定回国了，回清华，爷爷不动声色，我以为他会表扬我或者说几句鼓励的话，结果他问我哪年拿到的博士学位，我说1995年，他说这么长时间了你怎么还不回来。

俞敏洪：他很希望你回来。

施一公：对，他的意思是"你不是早应该回来了吗"。

俞敏洪：说明他早就希望你回来为国效力，他把自己一辈子的生命和知识都用在了国家的发展上。

施一公：确实如此，他算是他们这代人的一个代表、缩影。

2.不折腾的一生就是不光辉的一生

俞敏洪：我感觉你身上有一种对生命的热情，一种发自内心的追求，你觉得是你个性天生如此，还是在某种环境和激励下后天形成的？

施一公：我觉得是中国文化中最深层、最核心的东西在影响我，比如人的善良、人和人之间的互相帮助。若问我有没有遗憾或者纠结，当然有，太多了，但每天早上醒来，我又会觉得今天是激动人心的一天，觉得自己有使不完的劲，觉得还有很多事情没有做……这些都是我在驻马店学会的，驻马店对我的影响是潜移默化的。

有人问我："施一公，你口口声声说自己是驻马店人，你为驻马店做了什么？"我心里很纠结，我的父老乡亲、小时候的玩伴、发小等如今大都在驻马店打拼、生活，想到这些，我心里会"咯噔"一下。是啊，我在那里长大，我能为故乡做点什么呢？我安慰自己，也许我不能为驻马店做点什么，但如果我以驻马店人的身份去做点什么，可能会间接地让驻马店人受益。这是我的一种心理安慰，这种心理安慰还挺强大的。

俞敏洪：你为驻马店做了很多。如今驻马店在全国很闻名，虽然这不仅仅是因为你，但因为驻马店出了施一公，大家对驻马店有了不同的认识。

施一公：我有时候挺"阿Q"的，比如有了一点小成绩，我最想让驻马店的同学、朋友知道，当然这里面还有其他原因。我2001年、2002年前后从美国回来的时候，发现河南人被黑得很厉害。当时有一首打油诗：十亿人民九亿骗，河南人民总教练，开封郑州是前线，总部设在驻马店。我全占上了。

回驻马店的时候，我的好朋友、发小调侃道："哎哟，一公回总部了。"虽然这是我们自己的调侃，但大众对河南、驻马店的否定让我觉得挺不可思议的。所以回国受刺激后，我就开始宣传自己是河南人，是驻马店人。

俞敏洪：刚才有网友评论说，因为施老师，瞬间对驻马店有了好感。

施一公：如果大家去驻马店生活一段时间，会对那里有好感的。二三十年前，中国比较穷的时候，我们在外面的形象是不太好，但人不能瞧不起自己，因为无论贵贱贫富，大家是平等的。

俞敏洪：每个人都是独立的个体，而且今天的河南跟二十年前的河南已经不可同日而语了。现在河南发展得很好，郑州已经成了大都市，我有很多朋友在郑州做很实在的生意。而且河南是中国文化发源地之一，夏商周三朝都曾建都或迁都河南。

从小到大的生活经历对你影响很大。如果现在再做选择,你会选择在城里安安心心长大,还是你曾经历的波折、多彩的生活?

施一公: 对我来说,没有任何第二种可能,只有一种答案,我会选择更多彩的生活,这是我生活的哲学。我在普林斯顿大学的时候,美国西岸斯坦福大学、UCSF(加利福尼亚大学旧金山分校)等学校曾邀请我去做教授。可能对很多人来讲,加利福尼亚州有阳光、海滩、四季如春,但对我来说,它实在没有任何吸引力,我是真的不想一直待在一个四季如春的地方。其实,普林斯顿市夏天热得要死,冬天冷得要死,我在最炎热的时候想念冬天,冬天冷的时候又想念夏天,但这种春夏秋冬的更迭、演进,让我觉得生活有滋有味。

我觉得对于人来说,几乎所有的东西都可以再生,只有时间不行。所以,**既然人只有一辈子,每一天都很独特,我为什么不去更多地体验呢?** 这是我价值观、人生观中很重要的一部分。

俞敏洪: 这与我的价值观比较相似。我是一个比较善于折腾的人,我发现你也是。你本来可以在清华硕博连读,却开始练习做生意,想自己赚钱,并特意提前一年毕业。你想去深圳加入一个公司,后来没有加入,又想办法到国外读书。你在国外并没有一直在同一所大学,你先到艾奥瓦州立大学,过了半年发现有一个新机会,又去了约翰·霍普金斯大学。在美国学习的时候,你还到餐厅打工、送外卖。你在普林斯顿大学获得了终身教授,虽然不一定能变成富翁,但经济来源绝对很稳定。在美国时,你在不知道怎么开手动挡汽车的情况下,开车载着朋友横穿美国锻炼自己。

2008年你回到中国,想通过自己的努力推动中国生物科学的发展。当时你在世界生物领域已经获得了很多奖项,我以为你要在普林斯顿大学为获得诺贝尔奖奋斗,但你选择回到清华创建生命科学学院,后来又当了院长、副校长。你的仕途原本应该非常光明,但你又突然辞职,像武训办学那样,到处募捐并创办了西湖大学。

对你来说,仿佛不折腾的一生就是不光辉的一生。**你的个性中为什么有这么多折腾?是理想牵引还是激情牵引?**

施一公: 我成年以后或者出国以后,世界观逐渐成形,价值观变得很恒定,1995年博士毕业的时候,想要什么、想做什么,我已经基本确定了,那时我

28 岁。

俞敏洪： 三十而立，你早了好几年。

施一公： 对，我 30 岁时就很清楚自己想要什么了，28 岁以前折腾了好几年。到美国读博之前，我做过一家公司，还到美国大都会人寿保险公司面试过，差点成为大都会驻中国首席代表，这并不是说我想卖保险或者怎样，我只是想去体验一下，想去看看那是什么样的生活、什么样的世界。就像我在中国餐馆打工一样，我虽然是为了挣钱，但并不是为生活所迫，我只是想知道 20 世纪 80 年代那群非常了不起的学生是如何勤工俭学，让身无分文的自己在美国生存下去的。所以打工对我来说是很震撼的一段经历。

2007 年，我向普林斯顿大学校方提出辞职，2008 年正式回国。现在想想，那不过是十五六年前的事。这十五六年间，中国的变化太大了，现在的年轻人很难想象十五六年前中国的研究水平如何。如果从物质层面来看，在住房条件、工资待遇等方面，从普林斯顿大学回到清华肯定有一些落差，但人总是往高处走，**什么是高处？就是人的价值实现，回国以后我有这么多的事情可以做。**

俞敏洪： 很多人认为高处就是职级升了，钱赚多了，社会地位高了，但人有两种"高处"：一种是有更高的职位和社会地位，有更多的钱和更好的房子；另一种是个人价值实现的追求。对你来说，后者更有吸引力，对不对？

施一公： 当然，我觉得人是跟着自己的感觉和想法进行选择的。可能受父母潜移默化的影响，**在我的价值观里，知识、能力、科学探索赋予一个人的价值很难用钱来衡量。**我在书里写了个小故事，2002 年我已经在普林斯顿大学做正教授了，我买了一辆 1.3 升四缸发动机的小红车，时速开到 120 千米、130 千米的时候会震，我在高速公路上会开到 130 千米。当我的小车超过那些豪车的时候，我会很自豪，我心想："你们比我有钱，但我车开得比你们快。"

俞敏洪： 送外卖，被人抢劫，小破车开得比豪车更快，滑雪差点要了命……你是不是有一种冒险精神？你觉得这种冒险精神跟你后来所做的事有关系吗？

施一公： 可能有一点关系，但没那么大。我滑雪摔了一跤，整个面部骨裂，摔得头部几乎一个半月不能动，只能勉强动 15 度，很疼。我胆子很大，喜欢挑战极限，但这和我从普林斯顿大学辞职回清华、从清华辞去副校长职务去创建西湖大学是不太一样的。运动是一种冒险和冲动，而这种大的人生选择是理性的，而且是理念驱使的。

我在美国找工作时和我夫人仁滨说回国挺好的。她问我："你回国能干啥？"我说可以去中学当英语老师，那也挺好的。

俞敏洪： 那实现不了你的价值。

施一公： 影响学生也是很好的价值。当数学老师也可以，我还是有点数学功底的。如果中学看不上我，我可以当导游，我以前也做过，相当于重操旧业。实在不行，我可以买个车或者租个车，做个出租车司机，我这样的话痨，跟客人聊聊天，一天开十几个小时肯定没问题。

俞敏洪： 你会成为北京最有名的司机。

施一公： 所以我觉得只要自己觉得开心，就没有什么不好。我跟北京的出租车司机聊天特别开心，他们的生活体会特别深，看问题看得特别准，他们分享的人生感悟都很精彩。所以，**我并不觉得挣多少钱是成功，做多大官是成功，学问做到多大才是成功，更重要的是自己开心地去做**。

3.用自己的方式为国家、世界做贡献

俞敏洪： 我有个问题，一个折腾的人原则上不会太善于做学问，我就很喜欢折腾，所以我不太擅长做学问。你对生物学研究得那么深，获得了那么多奖，培养了那么多优秀弟子，你还做了很多学问之外的事情，这二者是有点矛盾的，一个是专注，一个是广泛，你是怎么做到的？

施一公： 我在清华将近十年，在西湖大学五六年，这十几年我确实花了不少时间做学术之外的事情。但就像你说的，一心不可二用，怎么可能又做学术又做行政，我也挺纠结，恨不得变成两个人。**我唯一能做的，就是尽量把时间腾出来，所以我比较自律，每天睡觉的时间也比较少**。

俞敏洪： 我发现你的时间利用效率极高，你的行政工作或者其他活动并没有真正影响到你的学术研究，即使现在在西湖大学需要占用你大量的时间，你依然保留着学术研究的空间。大家都想知道如何利用时间成就自我，你是一个典型的榜样，给大家分享一下。

施一公： 我不知道世界上有谁觉得自己是时间利用大师，我肯定不是。每天早上醒来，我觉得自己能做十件事，但晚上睡觉前，总会有一丝郁闷，因为我可能只做了几件，大部分事都没有时间做。所以每天睡觉前，我都有点小遗憾，但第二天一醒又浑身充满了力量。我唯一能做的，就是尽量让自己感到内心平衡，

让自己觉得时间花得值。

我一般睡觉时间比较少，这也是我长期的习惯，以我白天不困为前提。但现在年纪大了，我白天得喝点咖啡提提神才行，否则以我现在的生活节奏很难坚持下去。我睡眠不错，我晚上就睡五六个小时，白天则像打仗一样，日程表上一天会有十几件事情，而且日程表之外还有很多其他事情，我不得不利用几乎所有的时间去处理。

我也很贪玩，即便奔六了也很想玩，比如打扑克，但没时间玩。我也喜欢追剧，比如一个月前我去新加坡开会，在飞机上看了半集《风起陇西》，我觉得很好看，至少第一集的开头特别精彩，后来就没时间看了，到现在也没再看。

俞敏洪：但你依然能把时间用在自己最想做的事情上。

施一公：我确实每天想把事情按照轻重缓急进行排序，把时间用在最应该做的事情上，但有时就会比较残酷。比如一个从海外回来的朋友发信息说想来西湖大学看看我，我很纠结，看了微信不敢回，因为我不知道该怎么安排自己的时间，于是欠很多感情债。再如我父亲去世以后，我应该好好照顾母亲，可是我天天在外奔波，不在母亲身边，内心便有忠孝不能两全的感觉。

俞敏洪：我母亲来北京后，我和母亲约好一个礼拜只能和她吃一顿饭。刚开始老太太很不高兴，后来她非常理解，有时候做事业的确会有忠孝不能两全的遗憾。

你选择回清华工作，后来当了副校长，再后来辞职创建西湖大学。这个过程中，你或多或少舍弃了一些学术追求，如果一心一意追求学术，你是不是可以往诺贝尔奖的方向奋斗？

施一公：现在仍然在学术上继续奋斗。**我觉得一个人如果只为诺贝尔奖而奋斗，他是很难坚持下去的，他更多是在追求取得新的学术突破后的喜悦，这才是每一个优秀科学家真正坚持的。**想象一下，你代表人类第一个看到某一学术突破时的场景，那种愉悦是无法用钱和其他鼓励替代的。

俞敏洪：做行政和建设西湖大学多少会牺牲一些你的私人时间，你一定是看到了这背后更大的价值，这个价值是什么？

施一公：虽然西湖大学很小，但我觉得它可以带来奇迹。如果能为一个学校付出全部，让它成为奇迹，那所有的付出都是值得的。今年3月，西湖大学一位年轻的物理学家有一个重要发现，他叫何睿华，他来到我办公室介绍的时候，我和他同样激动，有那么一瞬间，我觉得自己在时间上的付出，比如募捐、谈合作、争取各级政府机构的支持等，都非常值得。我们和大家共同创造了一个环境、一种文化，能够代表中国人创造一种奇迹，于我而言，这种感觉绝不亚于自己取得科学突破。

中国人总讲传承，**人活得再灿烂也终有一死，但我们可以看看自己能做什么、能留下什么，看看把时间花在什么地方比较值**。这话的确有点悲壮，但对我来说，如果西湖大学代表了一种理想，需要我花点时间去克服各种困难，去争取更大的支持，我觉得值得。所以我的内心足够平衡，也只有心理平衡了，我才能往前走。有时候开组会时我会感到另外一种愉悦，开完组会做其他行政事务的时候也会有一点不一样的感觉。点点滴滴的时间堆起来，是会改变一些事情的。

俞敏洪：可不可以这样总结，尽管你牺牲了一部分私人时间，甚至做着某些并非百分之百心甘情愿做的事情，但你依然愿意做一些牺牲，牺牲一部分自我，创造一个更大的平台，让更多有才华的人在这个平台上进行科学研究，让更多研究开花结果为国贡献，而这比你一个人百分之百投入科研所带来的影响更大。

施一公：对，你讲的完完全全就是我心里想的，但我还想补充一点。我们从小到大经常说中国非常了不起，是四大文明古国之一，还有四大发明。但翻看教科书，以中国人的名字命名的定理、公理很少，因为现代科学没有起源于中国，我们是相对落后的，而这对于我这种个性的人而言是比较难以接受的。从1949年到现在，新中国成立七十多年，改革开放也有四十多年了。这么长的时间，有那么聪明、智慧的一群人在努力，我们难道不应该做出更好的贡献吗？我们享受了这么多便利，难道不是过去那些科学家、工程师所做的贡献吗？

古代中国人对世界做出了巨大的贡献，现在我们正在做出更大的贡献。总体而言，过去几十年，尤其过去十多年，变化是非常巨大的。我是2008年回国的，现在的科学研究水平比当时高很多倍，中国的科学和教育正走向世界舞台中央，中国正在成为科技和教育强国，清华、北大、浙大、复旦等大学都非常优秀，是科技和教育的引领者。

泱泱中华拥有五千年历史，拥有灿烂的文化，拥有14亿人口，我们总得不断尝试新东西。在教育领域，我们也应该去做一些探索，西湖大学比较小，很适合做探索。我离开清华绝不是因为清华不好，而是想尝试用一些小而精的模式去探索，世界范围内这样的模式很普遍，因为只有小而精，才能像特种兵、尖刀排那样去探索。

俞敏洪：而且在不同类型的组织结构中更有可能激发团队的创新能力和创造力。在我看来，中国的科学家、文化学者既然是推动社会、国家或者世界进步的力量之一，就应该建立起一套自己的人生信仰体系。对于古代知识分子而言，这套体系是"为天地立心，为生民立命，为往圣继绝学，为万世开太平"，这种心愿使得一批士大夫文人成为当时社会的支柱，比如苏东坡、欧阳修等。

今天的我们应该有更大的世界格局和世界眼光，在这种眼光和格局之下，如何推动祖国的科技进步、文化进步，成了当代科学家、工程师、人文学者的使命或者信念，而这种使命或者信念不会因任何条件的改变而改变。**我们要有一种不为风雨所动，在风雨中兼程的感觉，这样既对得起自己，也对得起自己设立的人生目标。**

你身上有一种故土情怀，而且你用行动贯彻了自己的情怀，你觉得这种情怀是怎么产生的？

施一公：我觉得这样的教育并不在书本上，也不在于老师怎么点拨，而是潜移默化的。1990年前后刚到美国时我还没有那么强烈的想法，1995年博士毕业一直到现在，我的人生观、价值观就再未改变过，我对世界有自己的看法，我有自己的做事方式。

我有个好朋友叫王晓东，河南新乡人，他是改革开放以后中国大陆留美人员中当选美国国家科学院院士的第一人。有一次在回国的飞机上，他突然发出一句感慨："一公，我们欠中国十五年全职工作的时间。"这句话很平淡，但我记得很清楚。当他这样轻描淡写说出来的时候，我产生了强烈的共鸣，因为我那时也有这样的想法，我们在中国出生，在中国长大，在中国读了中学、大学，去美国读了博士，然后在美国工作，虽然也会回国讲课、教书、参加学术会议，但并没有在中国全职工作。

有一次，一个在美国生活了很久的长者说："百尺大树，落叶归根，我七尺男儿肯定也要落叶归根。"他非常动情，说着说着就掉眼泪了。他是非常著名的美籍华人科学家，他爱自己的祖国，想念自己的祖国。好在那时候我已经回国了，我觉得自己非常幸运。我想，幸好我回来了，不会有他们那样的感伤了。

我觉得，无论身处何地，我们唯一能做的就是做好自己的事，让自己的所作所为，让自己的善良、勇敢，让自己的情怀，在周围形成一个小小的氛围。至于周遭怎么变，由它去就好。我也会跟自己的学生讲，不要遇到困难就不学习、不努力。**努力不是一种奢侈品，而是一种常态。**

俞敏洪：我的人生理念之一是努力去做自己能做的事。人不可能造出一个新太阳，造出一个新月亮，但每个人都可以做好身边的小事。比如你对家里人好一点，家里也许就多一点阳光；你对朋友好一点，友情或许会更加深厚；你在路上捡起垃圾，街道也许能变得更美好……当然，每个人的努力、能力不一样，比如你可以通过自己的努力回到中国进行科学研究并创建西湖大学，我们可以能力大的多做事，能力小的少做事，但做的都应该是正向的事。

我很喜欢一句话：**改变你不能接受的，接受你实在不能改变的**，至少暂时必须这样。为什么要接受不能改变的？因为有些改变是循序渐进的，我们需要努力一辈子，所以没必要为此焦躁。

施一公：没错，不要因为急躁给自己找"不作为"的理由，世界的改变是需要时间的。

4.寄语年轻人：一直努力，保持努力！

俞敏洪：你上了清华，我上了北大，它们都算是中国顶级的学校。我有个问题，你学生时代拿过数学、物理方面的大奖，为什么进入清华后没有选数学、物理，反而选了生物？你是怎么选专业的？你对学生选专业有什么建议？

施一公：首先是兴趣，有兴趣是最好的。但遗憾的是，现在很多年轻人每天都处在考试、刷题的状态中，很难寻找、培养对某件事情的兴趣。那还可以通过什么方法去选择呢？我觉得可以去了解社会的需要、历史发展的需要，即面向世界未来的发展，思考从事哪一领域的研究可能会更好地改变世界。

比如我。我在高中虽然得了数学竞赛、物理竞赛的奖，但我对数学、物理并没有那么大的兴趣。后来，一位清华的招生老师告诉我，21世纪是生物化学的世纪。我当时突然开窍了，生物和化学结合是生物化学，生物和物理结合是生物物理，生物和数学结合就是生物数学，还有生物计算机、生物工程……真的可以延伸出几十个不同的方向，于是我选择了清华生物系。所以，我选择方向时主要考虑的是社会发展的巨大需求，现在看来也并不见得是错的。

俞敏洪：到今天为止，清华、北大依旧是学生的理想学府。但现在清华、北大的一些学生已经没有了我们这代人的精气神。他们的成绩固然很好，但他们比较迷惘，甚至心理上也有压力，不知道自己未来要干什么。当然，也有一些人跟我们一样，充满了能量和热情，想要为祖国做贡献，但从比例上来说，这样的人比我们当初要少很多。你对现在的大学生们有什么寄语？

施一公：我在清华生命科学学院做过班主任、院长，我和学生座谈时经常和他们讲："你们要意识到，你们有机会进入清华、北大上大学，固然有自己的努力和奋斗，但不要忘了，这也是全社会赋予你们的。你们占了这些好大学的位子，相当于在社会中有了一个独特的机会，你们不能浪费这个机会。你们对社会有一份责任，绝对不可以觉得大学是凭借个人努力考上的，所以想怎么样就怎么样，想颓废就颓废，这是不对的。因为是社会、老师、家长给了你们这个机会，你们只是通过自己的努力拿到了这个机会。所以你们的社会责任感要和这个机会相匹配。"

另一方面，**我从来不以是否上了大学或者是否考上名校论英雄，任何人都有其独特之处**，绝不是说考不上好大学的人将来就没有出息，因为随着时光的流逝，随着每个人的成长，随着大浪淘沙，很多人会中途放弃。说得直截了当一点，我认为任何一个坚持理想的人，或多或少都能实现自己的一些想法、理念。我恰好很幸运，有过这样一批学生。按现在的某些观点来说，他们的背景是不太好的，他们从一些二本、三本的大学毕业后来到了我的实验室，但他们都非常努力、能折腾，最后成了学术大家，非常了不起。

我一直坚信，每个人都可以成才，但在哪方面成才以及如何成才，你必须要有自己的坚持。在这一过程中，当然也需要一些机会，需要有人赏识你，但如果没有自己的坚持，哪有那些机会呢？所以，只要是我的学生，无论是本科生还是硕士生，都要做到自己的极致，要尽全力去努力，因为努力了才可能创造出机会。很多商界、学界的成功人士会对外轻描淡写地说自己的成功来自运气，其实不太对，他们一定付出了巨大的努力。**所以我觉得每个人都要努力，不要给自己找不努力的理由。**

俞敏洪：非常对，像清华、北大、复旦等学校的学生，他们虽然付出了一定的学费，但国家给这些名牌大学的经费更多，国家在每个学生身上花的钱远远大于他们的学费。学生通过自己的努力进入大学后，国家会源源不断地为学校提供支持。

施一公：不仅是名牌学校，我认为国家对每一个学生都有不同程度的支持，中国每年大概有 4% 的 GDP 投入到教育上，基数非常大。正因如此，有些大学才能取得巨大的进步，每个学生才能在不同程度上受惠。

俞敏洪：就像我们这一代。当初我们学习的时候不用交学费，国家每个月还给 20 多块钱的生活补助，我几乎在北大免费上了五年学。因为我得了一年肺结核，国家还为我支付了一年医疗费。我能有现在的事业，其实是祖国给了我支持。

施一公：当然是。

俞敏洪：现在大家自己掏学费，这种感觉可能不是那么强烈，但至少我们不应该心生抱怨，而要利用机会认真学习。不管在哪所大学，每个人都有机会成才。**成才是一种自我要求，而不是外在环境所带来的结果。**当然，如果能有更好的环境、更好的老师、更好的同学、更好的实验设备和图书，可能你成才的速度会快一点。很多人没有这样的环境，但他们依然能够成才，举个极端的例子，即使是在西南联大那样的抗日战争后方，也出了杨振宁、李政道这样能拿诺贝尔奖的人。所以大家不要以环境不好、学校不好为由放弃努力。

最近我在全国各地出差，在网友面前露面的次数比较多，我的称号已经从"老头"变成了"铁俞"，又变成"钢俞""钻石俞"，我发现你比我还能熬。有的人可能每天只工作五个小时，但我们每天工作十五六个小时，一天下来我们的工作时间就是别人的 3 倍，一年下来相当于比别人多干了两三年，所以真的是熬出来的。

施一公：我也是这样鼓励我的学生的。我对他们说，如果你一天做一个实验，一年就有三百六十五个实验；如果你一天做两个实验，一年的实验数量还会加倍。你在科学研究上工作的时间和你所受训练的成熟程度可能会大大增加成果产生的可能性。当然，中国人是很勤劳的，我们的一个特点就是肯干。

俞敏洪：环境再艰苦，也不要找外在理由，找外在理由就是在为自己的退步找理由。

施一公：我想说一个小秘密。当你觉得自己不如人的时候，你不一定不如人。人有时候会给自己建立一个人设，一看考试成绩不如对方，就觉得对方比自己聪明。作为一名教育工作者、一名科学家，我看到过太多考试成绩很优异、智商很高的人，他们的确很会考试。但人和人是不一样的，有些人的灵气体现在实验科学中，有的人则体现为思维严谨。

有人可能认为学物理、数学的人聪明，学化学、生物的人大多死记硬背，其实不是这样的。学数学、物理需要一种抽象思维，和学生物、化学不太一样。所以我学化学和生物很费劲，很久才能适应。有时候为了鼓励学生物的学生，我会说学数学、物理有小聪明就够了，学生物要有大智慧。我说这句话是想让大家笑一笑，因为我确实不认为所谓的智商和考试成绩能反映出一个人的潜力。孩子如果能碰上因材施教的老师，能被发现自己的长处，他一定会成才，一定会成为所在领域的大家，成为一个很了不起的人。

俞敏洪： 完全同意。我在北大整整五年，被我大学同学压得喘不过气来，因为我从农村考上北大本就已经非常费力气了，农村孩子的知识结构等各个方面都不完整，所以在北大的五年，我一直特别自卑。我真没想到能创办新东方，今天能坐在这里跟著名教授侃侃而谈，但这就是成长的历程。人有时候就像花一样，**有的花在春天开，有的花在夏天开，有的花在秋天开，有的花到了冬天才开，像蜡梅花，得冰冻三尺才会开。**

施一公： 如果蜡梅不忍耐前面几个花季，怎么可能在冬天开花呢？

俞敏洪： 所以我对学生的鼓励是不要着急。每个人都是天选之人，为什么有的人一辈子都没发现自己是天选之人？因为天选之人必须经过后天努力并肯定自己。一个努力并且肯定自己的人会不断进步，在进步的过程中，他会发现自己来到这个世界是有原因的。

5.西湖大学：培养具备社会责任感的人

俞敏洪： 从清华毕业到去国外留学，在国外被授予终身教授，而后又回到清华当院长、副校长，本来觉得已经完成了人生的大部分使命，突然创办西湖大学的使命又摆在自己面前。你有没有想过，之前做这么多事，可能就是为了让你创办西湖大学？

施一公： 对，完全是这样。我 2018 年辞去清华副校长职务，那时候我刚好年过半百，似乎人生前五十年就是在为后五十年做准备。

有时候想想，用"天选"这两个字挺对的。我真的很幸运，如果没有改革开放，我就不会出国留学；没有出国留学，就没有在普林斯顿大学十年的打磨、奋斗，不会有在学术界的地位，也不会有在清华时的眼光和做法；没有在清华十年的奋斗，我不可能对中国的教育制度有这么深的理解……这样看来，似乎所有的经历——小学，中学，去清华读本科，到海外留学，再次回归清华工作十年，和一大批同道在政府、企业、个人及其他社会力量的支持下创办西湖大学——都有迹可循。

需要特别强调的是，西湖大学是一所新型大学，不是普通公立大学或者民办大学。之所以说它是新型大学，因为它是一所在政府的支持下在科技和教育领域做改革探索的大学。它不属于任何一个企业家、个人，而是属于全社会，属于国家。只有这样的大学才能在中国生根发芽，才能为祖国将来的发展以及为世界的美好做更多贡献。

俞敏洪：非常对。只有属于全社会才能长久。就像国外的私立大学也是属于全社会，更何况西湖大学是一个社会大学。

施一公：西湖大学是由政府、企业家、个人等合力创办的，迄今为止，已有三万多位捐赠人。我印象特别深，在西湖大学成立之前，有三十多位远在法属圭亚那的华人凑了一笔钱，他们的代表周先生辗转三十几个小时，到巴黎把支票送给了我们。他们都是蓝领工人，代表的是海外华人群体。周先生说的一句话让我特别感动，他说他们是离祖国最远，但又跟祖国牵挂最深的一群人。这样的例子有上百例。

从改革开放到2019年年底，大约有650万学子出国留学，其中有400多万人回到祖国做建设，他们都非常支持西湖大学。他们爱国，希望国家强大，希望中国能代表全人类在方方面面做出更大的贡献。今年正好是西湖大学成立五周年，如果没有政府的全力支持，没有社会各界的支持和关爱，绝不可能有今天的西湖大学。

俞敏洪：除了钱，办一所大学还需要哪些要素？你觉得西湖大学能够聚集起这些要素吗？

施一公：钱很重要，但除了钱，还有一个非常重要的要素，我相信，绝大部分来到西湖大学的学生、老师、平台服务人员及其他工作人员，一定怀着同一个梦想、同一个理念，我们一定志同道合。我们的理想是通过自己的努力更好地培养人才。可以说，我们富有社会责任感，也可以理解为我们认可我们的制度，认同我们的文化，认同我们的历史传承。我们是这样一群有建设祖国之理想的人。

俞敏洪：我发现你反复强调一个人的社会责任感。

施一公：我特别强调这一点。大家常说科技向善、技术向善，有了社会责任感，一个人才能把自己的所学所用用在正道上，才能帮助国家、民族。所以在西湖大学，我们会对学生反复强调要怀感恩之心，要贡献社会。因为大家能享受如今的学习条件、生活条件，是很不容易的，这些都来自老百姓、社会和国家的支持。很多人没有这样的条件，既然大家能享受这样的条件，就要报答社会。**西湖大学想做的事很简单，就是为国家培养有能力且对社会有责任感的人，让社会变得更好。**

俞敏洪：培养大学生的真正意义在于让他们认可这份社会责任感。当他们成长到了能做贡献的年龄，在考虑自己的同时能够兼顾社会的发展、国家的需要，我觉得这才是完美的状态。

施一公：我从来不反对学生个人奋斗，所谓的个人奋斗不就是拼命努力，去实现自己的梦想吗？但不能为了个人奋斗而损害他人和社会的利益，我认为为个人而损害他人的人是精致的利己主义者。**个人奋斗和心中的大我也不矛盾，因为真正的个人奋斗会同时造福周围的环境，造福父老乡亲，造福社会，造福培养自己的人，所以两者并不矛盾。**西湖大学的理念就是如此，我们非常看重学生的感恩之心。没有大家哪有小家？没有国家的强大，怎么会有西湖大学？没有政府和社会各界的支持，怎么会有今天的西湖大学？

俞敏洪：大家可以只考虑自己，但不能伤害别人。如果再提高一点标准，自己做的事情能对社会、国家和世界有好处，再好不过。这是一个循序渐进的过程，有点"修身、齐家、治国、平天下"的意思。

我有个问题，我们这代人留学后，确实有很多人带着各项成就回国，为国家做了很多贡献。现在和当初的情况不一样了，**你觉得当今时代，年轻人还要不要留学？他们能从留学中获得哪些收获？**

施一公：我觉得如果大家高中毕业或者本科毕业后愿意留在国内上好大学，当然是很好的选择；愿意出国学习，同样也是好的选择。这没有什么优劣之分，只是看家长、学生更看重什么。**我鼓励大家带着自信，带着一种双向理解，走出去看一看。**大学是培养人的地方，尤其是在本科阶段，除了发展学术，大家也要学会尊重自己，尊重别人。**尊重自己，你就不会太自卑；尊重别人，你就不会太自大。**在当前的国际局势下，中国越来越强大，正在逐步走向世界舞台的中央，**年轻人既要热爱祖国，也要胸怀世界。**

二十年前，中国的研究水平比一些国家低，但我们如今在一些领域已经赶上来了，甚至赶超、领先，中国的科技、教育进步很大，但我们不能故步自封，只有在科技、文化等方面充分交流，我们才能往前发展。在这方面，西湖大学对学生有一定要求，比如学生在本科读书期间，需要有整学期或是整年的交换经历，交换到专业对口的大学学习，比如美国、英国、澳大利亚等国家的大学。这样的经历会让学生获得深度的文化浸润。

俞敏洪：确实应该建立互相交流的平台。有一天，如果各个国家的大学生都愿意来中国进行学术交流、教育交流，中国的孩子也能自由地到世界各地交流，对推动中国和世界的进步将有很好的影响。

施一公：一定会的。

俞敏洪：中国和一些西方国家的大学在体制、学术研究上或多或少存在不同。你觉得东西方大学的优劣是什么？中国大学的体系有什么优势？我们可以向西方学习什么？

施一公：**中国的大学一直在改革，一直在变化。几十年间，这种改革和变化的幅度远远大于美国的大学，也远远大于世界上任何一所大学。**我们是一个开放的国家，我们一直在借鉴世界各国高等教育的长处。我们国家走出去这么多留学生，有这么多学者又回到祖国，我们的教育应该是博采众长的。

不仅是教育，科技也是如此。我们一直在看、在听、在学，并根据国情去做调整，所以我们的科技体制改革、教育改革一直在进行，我们一直在学习其他国家的长处。仅从这一点来说，我们和他们就很不一样。

任何教育、科技体制都存在需要改进的地方，总体而言，我们现在已经向前走得很好了。如果说哪些方面可以更好一点，我认为是多样化、多样性和自主权的落实，尤其是基础研究领域中从0到1的创新突破。**中国如今在很多方面都做得非常好，包括目标导向的基础研究。但也要注意，从0到1的突破有时候是无法预计、无法规划的。我们需要更好地营造一种自由探索的学术氛围。**

过去几年，国家一直强调从0到1的突破。但回看过去一二十年，我们在这方面和一些国家还有差距。这就像盖楼，地基挖得越深，楼才能盖得越高。中国不可能依靠其他任何一个国家弥补基础研究从0到1突破的不足，只能靠自己。而实现从0到1的突破需要我们的大学、科研院创造更好的研究环境。

俞敏洪：现在中国的大学都在追求更好的发展，秉持着一种苟日新、日日新、又日新的态度。但从0到1的突破需要更加宽松的环境，所以我们应该为学者和科研人员营造更好的研究环境和更大的发展空间，让他们成长。正如创造一片森林让树自然生长。有一天，我们会突然发现，一些树早已矗立云霄。

6.尾声

俞敏洪：时间差不多了，最后向大家介绍一下施一公老师的《自我突围：向理想前行》。你为什么会写这样一本书？

施一公：这本书记载了我的心路历程，里面收录了50篇文章，每一篇文章都是我一个字一个字码出来的，也是我自己修改的。写这本书有三个目的：

第一，想和素昧平生、关注过、支持过西湖大学的朋友们交流一下，告诉他们我是一个什么样的人，我曾经想过什么，经历过什么，为什么会去杭州办西湖大学。

第二，我总觉得自己年纪大了，记忆力不如以前了，所以想用书的形式把点点滴滴记录下来。二三十年后，当逐渐老去时，我能够翻开一本书感受自己的当年。这本书非常真实，我没有拔高任何一段记忆、一场矛盾或是一个细节。我将经历过的事情原原本本地记录了下来。

第三，这本书的一部分笔墨放在了西湖大学，所以我也很希望这本书能让更多人了解西湖大学，了解我们为什么要去做这样一件事。这并不是我最初的写作目的，但写完之后，我发现这本书可能帮助我们实现这个目标。

俞敏洪：从这本书里，我们能读到施一公老师的心路历程、个性发展，以及他对学术和人生终极目标的追求。所谓时不我待，任何时候都是最好的开始。施一公老师还有很多精彩的人生，我们也期待施一公老师为西湖大学奠定世界一流大学的地位。

大家可以看到奋斗的人生和不奋斗的人生差距之所在，这不是智商的差距，也不是长相的差距，更不是家庭背景的差距。尽管施一公老师的家庭背景比我好——他父母都是知识分子，他爷爷也是大知识分子，他从小在知识的熏陶下长大——但我认为施一公老师之所以能成为今天的他，主要有三个原因：一是他对知识有所追求；二是河南农村的成长环境让他对人与人之间的相亲相爱、相互温暖以及人间的美好有亲身体会，并且把这份美好延续至今；三是他的内心充满了对生命的热情和期待。

俗话说，有人爱、有事做、有期待是人生最幸福的三大境界。施一公老师都有了。他有事做，做西湖大学；有期待，他一直在让西湖大学成为世界最好的大学之一这条路上努力、前进；有人爱，有那么多朋友来观看我们的对谈，可见大家对施一公老师的喜欢。

我希望中国能出现更多像施一公老师这样的学者，能够让中国科技、文化发展和进步得更加迅速。

再次感谢一公老师，再见！

施一公：谢谢俞老师，再见！

对话姚洋

用经济学思维指导人生和事业
对谈于 2023 年 7 月 25 日

姚洋

  中国著名经济学家。1964 年生于西安，1986 年毕业于北京大学地理系，获理学学士学位，1989 年毕业于北京大学管理科学中心，获经济学硕士学位，1996 年毕业于美国威斯康星大学农业与应用经济学系，获发展经济学博士学位。现为北京大学博雅特聘教授，北京大学国家发展研究院经济学教授，北京大学中国经济研究中心主任，北京大学南南合作与发展学院执行院长，著有《经济学的意义》《经济的常识：中国经济的变与不变》《制度与经济增长》等。

俞敏洪：大家好，今天我对谈的是北大国家发展研究院经济学教授、中国著名经济学家姚洋老师。姚洋老师是我北大的师弟。我是1980年进的北大，姚洋老师是1982年进的北大。他最初学的是经济地理，这跟经济学没有太大关系。1982年，大部分中国人都不知道经济学是什么，更不懂什么是市场经济。

姚洋老师在北大读研究生的时候上了厉以宁老师的课，于是开始对经济学产生兴趣，他投入时间并且专注地去研究经济学，其间他还去往海外求学。现在，姚洋老师是北大国家发展研究院的院长，已经当了十一年院长了，并且和林毅夫老师、张维迎老师、周其仁老师在同一个机构，为中国经济研究、经济发展做出贡献。

姚洋老师的《经济学的意义》通俗易懂，讲述了普通人为什么要懂得一些经济学的常识和概念，用经济学思维指导日常生活和工作对我们有什么好处，等等。书籍开宗明义，"这是一本写给普通人看的经济学著作"。作为一名经济学家，姚洋老师在书中用我们身边的事例生动有趣地讲解了效用、机会成本、价格、规模经济等经济学的核心概念，并梳理了经济学的发展脉络，介绍了经济学与现实世界的关系，帮助读者构建对于经济学的完整认知。今天我们将一起聊聊身边的经济学，小到大家日常的衣食住行，大到国家的经济发展。

——对谈开始——

1. 民营经济风雨四十五年

俞敏洪： 姚洋师弟好，我们先从大话题聊起。改革开放几十年间，民营企业是怎样成长起来的？对中国经济发展起到了怎样的作用？

姚洋： 今年刚好是改革开放四十五周年，是一个非常重要的年份，我也应邀写了一些文章。我觉得民营企业和改革开放是紧密联系在一起的，在市场里有"八四派企业家"，这一派企业家是跟随1984年深圳特区的建设而发展起来的，除此之外还有"九二派企业家"，即邓小平1992年南方谈话后发展起来的。

俞敏洪： 我勉强算是"九二派企业家"，我1991年从北大出来，真正将事业做起来是在1993年。之所以在1993年创办新东方是因为那时的环境让人内心踏实了。一个人愿意脚踏实地做事，并且长期投入，内心一定要感到踏实，而在1992年之前，这份踏实感其实不大。

姚洋： 对，因为邓小平南方谈话后正式宣布建设社会主义市场经济。

俞敏洪： 我得到了那一缕春风的鼓励。

姚洋： 在这之前，民营企业在法律上的地位不够明确和充分，比如20世纪七八十年代的"傻子瓜子"[①]，那时候民营企业家处于一种夹缝求生的状态。1992年邓小平南方谈话后才真正开始了社会主义市场经济建设，民营企业家才真正发展起来。很多人总将中国的民营企业和美国、日本的相比，这不公平，因为不可比，中国民营企业真正发展的时间不过三十多年而已。所以，民营企业的发展与中国改革开放是紧密联系在一起的。1999年的宪法修正案肯定了民营企业的重要地位和作用，这与我们如今坚持两个"毫不动摇"是一脉相承的。

民营企业的作用和贡献可以用"56789"来概括："5"是民营企业对国家的税收贡献超过50%，"6"是国内民营企业的国内生产总值、固定资产投资以及对外直接投资均超过60%，"7"是高新技术企业占比超过了70%，"8"是城镇就业超过80%，"9"是民营企业对新增就业贡献率达到了90%。所以在我看来，民营企业是中国社会主义市场经济的重要主体。

[①] "傻子瓜子"是年广九创立的瓜子品牌。1978年十一届三中全会后，全国各地掀起了翻天覆地的改革浪潮，"傻子瓜子"创始人年广九率先响应国家号召摆摊卖瓜子，成为当时讨论度极高的民营企业代表。

俞敏洪：我认为民营企业大概经历了三到四个发展阶段。第一阶段是1984年—1992年。我家算是第一代民营企业，1983年前后我妈会去淘矽钢片的边角料，然后在家用一台机器冲矽钢片，冲出矽钢片的形状后再送变压器厂做成变压器，这也算是开了一个小工厂。后来我得了肺结核，我妈为了来北京照顾我就把机器卖给了别人。再如"傻子瓜子"等，这些算是第一代民营企业。这些企业要么是靠做个体户发展起来的，要么是靠改制发展起来的，比如鲁冠球、宗庆后等创办的企业及其他一些大企业。

1992年开始了第二个阶段。我勉强算是"九二派"。1991年我从北大出来后本来一心一意想出国，1992年形势发生了变化，我觉得做生意有了保障就开始奋斗了，冯仑、陈东升等都属于"九二派"。

姚洋：如果我当时没有出国，可能会去深圳。

俞敏洪：2000年出现了国际化企业家，一些人开始做互联网，比如马云。1999年我相对有点钱了，马云那时候还在为几十万的借款到处奔忙。那时候海归创业也变成了潮流，比如张朝阳等。后来互联网发展得越来越好、越来越快。这是中国民营企业发展的第三阶段。

姚洋：你那时候为什么没去做互联网？

俞敏洪：我没有那种基因，人做生意是靠天生对某个领域的直觉和洞察以及爱好。比如1995年马云去了美国，我也去了美国，马云到美国看到了互联网，看到了平台上展示的各种各样的商品，他意识到这对中国很重要。那时候浙江的对外出口型民营企业非常发达，马云学英语出身，他需要把这些企业的产品介绍翻译成英文，做成黄页册子寄给国外。但如果有了互联网，他就可以直接把内容上传到互联网，国外的人很快就可以看到。他对这一系列事情的思考是一个很自然的过程。

我当时在做中国学生的留学考试培训。当时中国学生有写信给国外大学的需求，但往往一封信寄过去两个月也收不到回音。我在美国看到了刚刚兴起的电子邮件，当天发的邮件当天就能送达指定的大学。所以我从美国回来后注册了一个电子邮件网络系统，帮学生发送大学申请邮件，一封信收一两块钱。

我和马云同时去了美国，马云后来做成了大生意，我则对互联网没有任何感觉，我只把它视作"电子邮件"。

姚洋：做经济研究的学者有时候会想企业家是怎么产生的，看来企业家的产生跟个人的经历、性格有很强的相关性。

俞敏洪： 跟个人的性格、经历、爱好、商业逻辑有关，比如我做生意是因为喜欢教书，我看到了当时北京各个培训机构教书的现状，于是做了一个评估：如果我做一个培训班，我应该不会做得比他们差，甚至可能比他们做得好。而且培训的商业模式非常简单，我招学生，学生交学费上课，我把老师的工资发完，房租付完，剩下的钱都是我的。何况当初我亲自当老师，连老师工资这项成本都没有。所以，我觉得一个人做生意有几个要素：第一，能在自己比较喜欢的领域洞察到比较好的商业机会且认为自己能把控住这个领域；第二，愿意全身心地投入。

姚洋： 我1989年出的国，那时候还没有新东方，只能自己学托福、GRE，学得很累。如果当时能有这样一个培训机构，出国可能会更加顺利一些。

俞敏洪： 中国民营企业发展的第四个阶段也许是从四五年前开始的。"00后"开始创业，他们做很多我们看不懂的业务，很有意思。

姚洋： 其中是不是有做电动车的那些人？

俞敏洪： 这些人可以说和"九二派"相关，比如王传福，他算是"九二派"，以及蔚来汽车的李斌等。他们会把互联网思维和对现代科技发展的理解、对行业的变革结合在一起思考。

姚洋： 新企业家跨界的比较多。

俞敏洪： 对，不断跨界。我现在做的东方甄选和新东方文旅就是沿着自己的兴趣爱好，在领域、平台之间复用原来的核心竞争力和原来积累的资源。而且，原则上农业和教育没什么关系，但没想到我们积累的一些教育资源，比如主播老师们的知识功底等，在直播中起到了很大的作用。

姚洋： 这在部分意义上也算是一种跨界。

俞敏洪： 市场经济具备哪些特征？如果大家在没有计划的情况下自由交易，会不会因为市场失控而产生经济危机或者其他一些不可控的情况？

姚洋： 按照亚当·斯密（Adam Smith）的说法，市场经济最大的好处是顺应了人的选择。亚当·斯密生活在启蒙运动时代，在那个时代，西方告别宗教的约束，重新发现了人的价值。苏格兰启蒙运动思想家大卫·休谟（David Hume）认为，支配人类行为的是情感而不是理性。亚当·斯密跟休谟是忘年交，他应该从休谟那里学到了很多东西，他是从道德的角度去思考问题的，于是他想到了市场，**市场可以把人的情感、选择等疏导到对社会有利的方面**。这就是他所谓的"看不见的手"的来历。

俞敏洪：每个人都有"自利"的心态，希望通过市场赚钱。为什么这些"自利"加起来后，让市场经济变成了推动社会进步的力量？

姚洋：因为若是想把产品卖出去，那么这个产品一定要对人有好处，他们才愿意买。所以当每个人都在创造一定价值的时候，这些价值叠加起来会提高整个社会的价值，这就是所谓的福利经济学。**通过自由竞争、自我选择、自我售卖、自己买卖，实现社会产出最大化，这是福利经济学第一定理告诉我们的**，可以用数学证明。

俞敏洪：在自由的市场经济中，市场会自发调节平衡，因为不会有人甘于吃亏，那些总让别人吃亏的人会被市场淘汰。尽管每个人都抱着自利的目的，但最终形成了互惠互利的市场氛围。

姚洋：当然，**如果抽象地谈市场，市场一定是好的，但市场不是抽象的，市场有很多风险**，这些风险会导致一些问题。有些人处于市场需求供给的"长边"或者"短边"。"长边"即供给大于需求，"短边"即供给小于需求。处于短边的人会有一定权力，处于长边的人则会感受到压迫。

马克思在《1844年经济学哲学手稿》里提出了"异化"的概念。每个人都对自己存在价值判断，特别是刚走出大学的年轻人，他们踌躇满志，结果到市场上发现有那么多人跟自己一样，于是觉得自己处于市场的长边，感到受到挤压，很不舒服。这种状态在马克思看来就是所谓的异化，人变成了单一的生产要素，不能掌握自己的命运。怎么解决这一问题呢？马克思提出了无阶级差别等。但直到今天，这个问题依然存在。

此外，市场是不是能够无限制推广？比如之前有位经济学家提出"计划生育指标"，二三十年前，计划生育执行得比较严，有经济学家提出买卖生育指标，认为这种方式很有效率。比如一个人可以生两个，如果有些人不愿意生，那可以把指标卖给别人，让别人多生孩子，但老百姓通常觉得这不道德。

俞敏洪：也就是说，**市场要受到其他要素的约束，比如政治的、道德的、习俗的**？

姚洋：对，市场的确是配置资源最有效的手段，但政府不能什么都不管，让市场自由发展。

俞敏洪：你觉得在如今的时代转型期，在国家的支持下，民营企业应如何为中国的经济发展起到助推作用？民营企业和国有企业如何共同推动经济发展？

姚洋：在我看来，国有企业应当做两件事。

一是承担国家的战略任务。我们是一个发展中国家，还处于赶超阶段，很多战略任务需要国企去做，甚至需要他们不计成本地去做；二是在一些外部性比较大的领域投入。外部性比较大的领域即自己做了一件事，会给其他人带来很多好处的领域，比如高速路、地铁、高铁等领域。这些需要国有企业去做。

民营企业应该成为创新的主体，特别是在如今的竞争态势下，更需要民营企业进行创新。某种程度上，国有企业的很多创新比较基础，还处于草创阶段，没有到实用阶段。让民营企业进行创新有一个好处，民营企业做出来的东西一定能卖出去，因为民营企业的创新产品如果不能商业化，不能满足市场需求，就会亏钱。

现在有一种说法称中国的企业没有长期性，我觉得这种说法不对。在很多国家，几乎90%甚至95%的企业都是为了活到明天，能够为更远的未来投资的企业少之又少。但我国很多民营企业家都在投资未来，比如我们在芯片领域备受美国打压，但这反而激起了很多企业家的热情，激励他们把事情做成，特别是新一代芯片技术，比如光电芯片或是光电混合芯片，很多民营企业家都在投资。可能有一天，我们在芯片领域会像在电动车领域那样，弯道超车。

俞敏洪：换个赛道。

姚洋：对，市场变了，芯片已经发展到光子芯片。所以我觉得民营企业家应该是中国未来创新的希望。

俞敏洪：是不是可以这样说，能把当下性和未来的长期性相结合的企业才是健康发展的好企业？所谓当下性，就是保证自己能活到明天，与此同时，如果企业发展得健康，它所积累的资源和实力可以慢慢投入到更加长远的未来的研发和升级里，帮助企业进一步升级换代。

姚洋：是，如果只关注明天，不做长期打算，企业肯定会死掉。

俞敏洪：现在上市公司会设置一些调节机制，比如有大量资本、有长期投资、有耐心注入。为了描绘对未来创新的信心，它们允许自己亏损十年，甚至二十年吗？

姚洋：有，但这种情况极少。比如埃隆·马斯克要去火星，有很多人支持他，但这种情况极少，大多数企业都活在当下。所以我们不要责怪有些企业做"N到N+1"的创新，做从0到1的创新是很难的。

俞敏洪：对企业家来说，**如何做好从0到1和从1到100之间的平衡，且让企业活下去，是非常重要的。**

姚洋：如果做到了一定程度，企业自然会开始做基础研究，比如华为，它已经意识到自己必须做基础研究了。

俞敏洪：华为是榜样。但它也是在每年利润比较好的前提下，才在各种大型研发上投入那么多资金，并且不动摇企业的生存基础。

2. 真正的企业家精神

俞敏洪："企业家"一直是一个褒义词，它跟创新、奋进、坚忍不拔或多或少存在联系。但前一阵，有些人把企业家等同于资本家，甚至将企业家看作剥削者。在你心目中，一个真正的企业家应该展示出怎样的做生意的态度和发展态度？

姚洋：我接触过很多企业家，我觉得真正的企业家没有一个是为钱活着的。这或许和老百姓对他们的印象不太一样，老百姓可能觉得企业家就是赚钱的。

俞敏洪：在老百姓心目中，企业家就是富翁。

姚洋：实际不是这样的。**绝大多数企业家，特别是好的企业家，都会有一个梦想，这个梦想促使他们奋斗，激励他们倒下再起来。如果没有这个梦想，他们是做不了企业家的。**所以，企业家一定是乐观的人，悲观的人做不了企业家。

俞敏洪：我同意。我认识的企业家，包括我本人，即使在最艰苦的条件下依然充满了乐观主义精神。

姚洋：所以我们应该把企业家看作社会财富的创造者，而这些财富最终是属于社会的。人们往往看到企业家拥有很多财富，但其中存在幸存者偏差，他们没有看到那些失败的企业家。从某种意义上来说，成功企业家赚的是失败企业家的钱。而且平均来看，他们其实赚不了什么钱。比如孙正义投资马云的企业，我粗略算过，孙正义的回报率是2900倍，大家可能觉得孙正义赚了很多钱，但反过来想，企业成功的概率只有1/2900。这样来看，孙正义其实没赚什么钱，甚至可能亏了很多。

俞敏洪：企业家的成功并不容易，每十个做生意的人里，如果有两个成功就已经特别幸运了，有八个人都会亏钱。

姚洋：老百姓可能不会意识到，企业家成功与否是一个概率问题。如果他们成功的概率只有20%，那意味着他们需要5倍的投入，否则这件事不能干。企业家面临很多不确定性，用经济学家的话来说，整个社会要给不确定性定价。

俞敏洪：如果是特别确定的工作或者岗位，一个人的冒险精神和未来回报则会相对受限。比如，对新东方的管理者而言，即使新东方倒闭了，我该给他们发的工资和奖金还得发，这是一种保障。但对我来说，如果新东方倒闭了，我不仅什么钱都拿不到，说不定还要变卖家产支付欠款。

姚洋：对，你会成为"负翁"。

俞敏洪：所以相对来说，**企业家需要面对不确定性，所以更要有创新精神和冒险精神**。

姚洋：有人总是喜欢用道德来评判社会上发生的事，觉得企业家赚钱多，但经济学家会从社会的角度来算账，算账后发现，企业家应该赚这么多，否则没人愿意做企业家。打一个通俗的比喻，大多数人只看得到美国的NBA巨星们一年能赚四五千万美元，觉得太了不起了，但他们看不到那些打街球的人，如果把打篮球的人的收入平均一下，则会发现他们的收入和常人的差不多。

俞敏洪：任何一个岗位都会逐渐走向均衡，比如电影明星。大家看到那些著名影星赚很多钱，但如果把所有努力演电影的人放在一起，他们整体的平均收入可能并没有高出普通老百姓的平均收入。

姚洋：是的，企业家也是如此。大多数人看不见那些失败的企业家，如果整体计算一下，恐怕企业家和普通人的平均收入差不多。

俞敏洪：但这依然起到了激励作用，比如成功的篮球明星、电影明星等确实激励了一代代年轻人去投身、去冒险。这是不是也算一种社会推动力？

姚洋：当然是。这就是经济学家所说的社会要进步，一定要有一个刺激，要对这个社会产生激励。在计划经济时代，没有企业家，大家吃大锅饭，整个社会不存在激励；在市场经济时代，有企业家，有些爱冒险的人就会去做那些事，从某种程度上来说，这就是激励。

俞敏洪：尽管面临巨大的不确定性、冒险性，甚至有可能倾家荡产，但如果事情做成以后的回报足以让人感到兴奋，人们还是愿意投入的。

姚洋：没错，我碰到过很多失败的企业家，他们生活得比普通人还糟糕，但普通人看不到这些人。

俞敏洪：不少人会把企业家等同于唯利是图的商人，因为每一个国家都有不讲道德、唯利是图的商人，有的捞了不少钱，但在我看来，他们都不能算是企业家。作为一名经济学家，你觉得这些唯利是图的商人与真正的企业家的区别是什么？

姚洋：这种唯利是图的人不是真正的企业家，而是投机者。投机成了就会赚得盆满钵满，但这只是一次性买卖，很难走得长远。

俞敏洪：而且他们还利用了本来不应该利用的资源，通过各种坑蒙拐骗的手段获得暂时利益。

姚洋：对。对于那些官商勾结的人，我总觉得他们的思维还停留在明清时代，没有现代化，我称之为"胡雪岩情结"。他们总想做胡雪岩，一定要顶戴花翎。

俞敏洪：为了套取利益、寻求庇护，他们可能和政府官员紧密地结合，最后双方都会受损。

姚洋：没错。这跟历史有关，特别是跟清代的历史有关。北宋时期，市场经济比较干净；明清之后，商业对政府的依附变得越来越重。我们几乎没听过哪个宋朝商人有顶戴花翎，但到了清朝，特别是洋务运动时期，做生意的人几乎都会被封官，很多人因此觉得生意做好了就应该做官，即使不能做官，也要跟官结合。

俞敏洪：我们老家的盛宣怀就是一位很著名的官商。我觉得这跟中国的官文化也有关。在中国历史上，尽管大家很喜欢文人，但很多文人觉得自己出人头地的方式是当官。比如徽商、潮商，我曾经考察过，他们都有一个特点：一个家族、一个村庄、一个镇，如果有人做生意且做得很大，他们就会把钱聚集起来做私塾，让同姓同族的下一代，无论是有钱的还是没钱的，去私塾里学习。其目的不是教孩子们怎么做生意，而是让他们考状元，考进士，有的孩子真的会考上。为什么要把穷人的孩子也送去学习呢？因为往往"茅草窝里出棵笋"，有些穷人的孩子可能比有钱人的孩子聪明。考上以后，穷人的孩子明白自己从小受到了家族的庇护，就会庇护整个家族的人继续做官和学习，如此循环。

姚洋：没错。秦始皇统一中国至今已有两千多年，中华文明在北宋时期基本打了个对折。北宋之前，中华文明欣欣向荣，当然南北朝时期也有过波折，但总体还是上升的；北宋之后，中华文明则开始停滞，走下坡路。文化变得烂熟时，可能就会自我封闭。比如诗歌，诗歌在北宋时期达到了顶峰，之后就开始走下坡路。

俞敏洪： 我觉得这跟整个民族的个性被扭曲有关系。北宋之后是元朝，元朝是少数民族统治汉人，他们用打压的手段，将知识分子称作"臭老九"，臭老九这个称呼就来自元朝；明朝算是汉人统治汉人，但朱元璋很讨厌文人，文人在那时得不到成长；清朝也是少数民族统治汉人。我觉得，这三个朝代几乎不允许弘扬知识分子的个性和精神，使得中国文化在某种意义上成了奴化文化。但在奴化文化中，如果一个人当官了，就会觉得自己出人头地了。

姚洋： 是，这就是所谓的"内循环"，或者叫"内卷"。整个社会已经没有了动力，便开始往内收，文化也会往内收，到了朱熹这一代，儒家变得非常"内向"，开始关注内心，过去的儒家比较开放，比较倾向于世功。

俞敏洪： 所以这属于文化的不正常传承，但也跟现实有关。当官以后确实能获取更多资源，相对来说也更有安全保障。我觉得现在那么多人拼命考公务员，也跟市场的不确定性有关，在某种意义上，公务员算是"铁饭碗"，倘若到市场上摸爬滚打，有可能出现很多风险。所以，**如果要让更多年轻人投身市场，就得像现在国家相关部门鼓励的那样，支持民营经济发展，让市场经济更加活跃。这可能是最好的解决方案。**

3.用经济学的眼光理解世界

俞敏洪： 对普通人来说，如何通过自己的努力在市场经济中逐步获取生存、发展、创造以及创业的优势？

姚洋： 经济学里有类似的概念，比如"比较优势"。人要在社会上发挥自己的比较优势，而不是绝对优势。比如，一个人算盘打得很好，销售方面也做得很好，而且和另一个人相比，他在销售领域要厉害得多，那他就可以去主攻销售，这就叫比较优势。所以，对于年轻人来说，可以在寻找比较优势的过程中，找到适合自己做的事情。

我建议年轻人不要着急。很多年轻人特别急躁，比同侪落后一年，哪怕落后几个月都焦虑得不得了。现在二十来岁的年轻人，我认为女生的预期寿命可能会接近100岁，男生可能达到90岁，因为现在人的预期寿命是每五到七年增加1

岁。在一线城市，人的平均寿命已经到 83 岁、84 岁了。那么长的人生，为什么要着急呢？一些本科生总是着急各种事情，我就对他们说："不要着急，你们日子还长，不差这一两年。"

俞敏洪：其实容易理解。年轻人往往希望自己尽快成功，这样能更受人尊重，聚集资源的能力也会更强。

姚洋：但这样未必能够持久。

俞敏洪：**市场经济可以让大家在一个公平的、最好是信息互相对称的平台上进行竞争，包括做生意的竞争、才能展示的竞争，对吧？**

姚洋：对。

俞敏洪：对于现在的年轻人来说，应该学点什么东西才能让自己在未来的社会主义市场经济中产生比较优势并取得成功？

姚洋：学什么都可以。

俞敏洪：学经济学的时候，你并没有意识到自己能在中国经济发展研究领域做得这么风生水起，是吗？

姚洋：根本没意识到，完全是一连串的偶然。我考大学的分数很高，但我是厂矿子弟学校出身，父母便觉得最适合的学校可能是西安交通大学。当然，那时候西安交通大学也很好，后来因为一位政治老师，我才彻底改变了自己的轨迹。

俞敏洪：所以遇到这位政治老师就是一个偶然？如果没有这位政治老师，你可能就去西安交通大学学习了，现在可能是一个工程师。

姚洋：是的。**所以年轻人不要太执着，大学学的那点东西，未来能用上 10%就不错了。**

俞敏洪：我学的是英语，还稍微好一点，因为英语是一个日常语言，但我已经二十年没讲英语了。

姚洋：**到底是专业重要，大学重要，还是城市重要？我觉得大学最重要。**我很庆幸去了北大。

俞敏洪：能找到一个适合自己成长的环境和氛围最重要。

姚洋：没错。家长不应该对孩子到底学什么感到焦虑，很多大学已经开始给学生第二次选择的机会了，比如在北大，除了强基计划的一些专业，学生读完一年级可以重新选择。如果有人想学文科，但又没打定主意，我觉得经济学是一个很好的选择。

俞敏洪： 因为它文理兼容？

姚洋： 对，而且它能教你一套思维方式，将来再去学其他的，你也会觉得比较容易。

俞敏洪： 我感觉经济学可以教人们用理性的、常识的能力去思考。有些人缺乏理性思考的能力和用常识思考的能力。他们的思路很古怪，既不沿着某种逻辑走，也不沿着某种规律走，他们只坚持自己的那套东西，觉得自己想的是对的，但他们的想法可能和现实世界脱节，甚至违背现实世界的运行规律。

姚洋： 没错。

俞敏洪： 学经济学是不是能调整不符合规律地思考问题的习惯？

姚洋： 我觉得可以。我有一名外校的学生，他如今已经是计算机硕士了，他曾对我说："姚老师，上了你的经济学原理之后，我换了一个世界观。"经济学可以给予人们思考问题的框架，告诉人们整个经济系统是怎么运作的，这样人们就不会再纠结，不会走极端了。所以我总是开玩笑说："学经济学的一个好处是可以长寿，因为理解了社会，就跟社会和解了。"

俞敏洪： 更加有容忍度了。

姚洋： 对，会觉得很多事情都能理解了。

俞敏洪： 很多时候，我们会对某些行为轻而易举地进行道德判断。比如这个人人品不好，这个人道德不好。这背后有可能存在经济规律，跟人品、道德等不一定有关系，对吗？

姚洋： 对。如果上升到人品、道德层面，人们可能会感到非常气愤，这很伤身体，但如果看作经济规律使然，心态就平和了。特别是一些年轻人初入社会可能会觉得极其不公，于是想改天换地，这种想法其实是一种极端想法。心里不平衡了，人就会走极端，如果学了经济学，就会明白这是经济规律使然。那该怎么办呢？找自己的比较优势，这样就可以自我调节、自我提高，会顺应社会，而不是反叛社会。

俞敏洪： 确实。从某种意义上来说，我们会看到社会上的一些不公现象。那么应该如何区分正常的经济现象和真正的不公平？比如特权、不劳而获等。举个简单的例子，坐飞机的时候，商务舱花费多，但是很宽敞；想要少花点钱，可以买经济舱。原则上这是一种正常的不公平。但有人买的是经济舱，看到商务舱有空位，他就坐那儿不走了，认为座位是空的凭什么不能坐。

姚洋：这个人没理解经济是怎么运作的。**在经济学里，有好的不平等，不平等不一定是不公。**商务舱和经济舱其实是一种激励。比如一个人看到别人坐商务舱，他正确的想法应该是自己要多赚点钱，那么将来自己也可以坐商务舱，能这样理解是因为他已经明白这是社会必要的不平等。

俞敏洪：所以坐商务舱和坐经济舱不算是不公平。你可以闯红灯，我不可以闯；你犯了罪不受处罚，我没犯罪却被处罚……这才是真正的不公平。

姚洋：对。我们往往把不平等当作不公，这是不对的。一定要把不平等和不公正分开。这在英语里比较容易分清楚，不平等是"inequality"，不公是"unjustness"。

俞敏洪：有一位家长留言说："孩子学了经济学到现在也没找到工作，如果找不到工作，为什么还要学它？"实际上，这位家长是想问如果知识不能实用，为什么还要学它？确实，学经济学和学那些很实用的不太一样，比如一个人学了厨师，可能很快就会找到炒菜的工作。

姚洋：其实除了极个别专业，绝大多数专业都不那么实用，除非是现在特别急需人才的芯片行业、软件行业等，学成以后，你可能马上就会找到工作。学数学的话，毕业之后可能不会立即找到工作，学物理的也面临同样的问题，当今时代恐怕更是这样。

俞敏洪：但经济学至少可以帮助人们理解社会的运行机制，而且算是很接近真实世界的一个学科了。

姚洋：我们有双学位项目。我们粗略统计过，大概40%的双学位学生最后的工作多多少少跟经济有关系。这说明经济学对他们找工作还是非常有帮助的。

俞敏洪：我是这样理解的，经济学、政治学、社会学、心理学、哲学、历史方面的书，我读了不少，表面上看，这些书可能没什么用处，既不能指导我做菜，也不能让我学会开挖掘机，但从更长远的角度来说，想要为自己的未来做铺垫，就要提升自己的见识和智慧，提升自己对世界的理解力。

若想提升这种理解力，一方面需要跟社会、跟人打交道，理解事物背后的运行逻辑；另一方面需要通过读书提升自己的智慧和维度，提升系统思维能力、逻辑思维能力和常识思维能力。所以表面上看起来没用的书，读到一定程度后，你的站位不知不觉就会比周围的人高出很多，去寻找机会的时候，你就拥有了"降维打击"的能力，因为站在高处会更容易看清方向，把握住机会。

所以，读完姚洋老师的《经济学的意义》，你不可能明天就找到更好的工作。但如果对书中的观点反复咀嚼，在某一时刻，某个观点会灵光闪现般出现在你的脑中，指导你采取具体的行动，使你能够聪慧地做事。现在，很多家长会让孩子背唐诗、宋词和《论语》等，他们为什么让孩子背呢？为什么不直接让孩子学一门手艺？因为这些东西能潜移默化地提升孩子的整体水平。而且我一直主张成年以后首先要读那些能够改变自己认知维度的书，哪怕那些书有些枯燥，但多读几遍，你对世界的看法可能会更加全面。

姚洋：对。

俞敏洪：我觉得高中生也应该学点经济学，至少要知道一些经济学常识。由于高考的需要，现在中国的高中生会将更多的精力放在语文、数学、英语、历史、地理、生物等学科上，但在这个知识、信息大爆炸的时代，将知识融会贯通能帮助你更好地为未来做好准备。

在这一点上，我是有点遗憾的。比如，国外的学生可以较早选择是否学习经济学，ACT（美国大学入学考试）、GRE的逻辑题中也有很多经济学题目。他们从初中就开始学习经济学常识，到了高中他们对"比较优势""市场经济""看不见的手"等概念会非常熟悉。这样做的好处是，他们对世界理解得更早，而且认知更全面。

姚洋：确实。很多高中生进入大学以后没有选择经济学，可能一辈子也不会接触经济学了，这确实是很遗憾的事情。

俞敏洪：我45岁的时候才看了第一本经济学的书，但依然把生意做成了，这是不是说明不学经济学也可以把生意做成？

姚洋：没问题。**我感觉要形成正确的世界观，要让孩子们了解世界是怎么运作的，如何能让我们的社会变得健康一些，等等。所以经济学是一门很有意思的学科。**

俞敏洪：你说经济学不是科学，更像历史学、艺术学。你为什么有这样的观点？

姚洋：因为科学需要预测。

俞敏洪：经济学家不是整日预测中国经济会往什么方向发展吗？尽管大部分都不准确，但他们预测了很多年了且仍在预测。

姚洋：有一些经济学家喜欢做预测，我很少做，因为不确定性太大了，但这也是我觉得经济学有意思的原因。政治学、社会学等有些时候比较抽象，但经济学很接地气，它研究的是人是怎么做选择的，每个人都得做选择，所以经济学是一个比较容易入门的学科。当然，要做很好的经济学研究并不容易，数学一定要很好才行。

俞敏洪： 我认为只要把一些经济学术语及其含义弄懂，经济学就不难学了。因为经济学是有关常识和人类生活规律的学科，只不过在发展过程中，经济学家创造了一些术语，比如均衡、成本、价格、价值等。如果把这些弄懂了，经济学的书就比较容易理解了。

姚洋： 是，但这比做研究还差很多。经济学问题可以分成两个层次，一是大众的经济学，只要了解一些基本概念，你就能明白一些经济学常识。但懂了这些常识，并不代表你可以做经济学研究，因为经济学研究的门槛很高，比如经济学专业的学生要学很多数学知识。

俞敏洪： 有一种说法，只要结果好，过程正不正义或者过程好不好，跟自己没关系；当然也有另一种说法，人终有一死，只要过程好，那就是好。从经济学的角度来说，怎样把过程和结果良好地结合？人生的过程和结果有没有更好的结合方式？

姚洋： 我觉得人生是一个过程，但人生那么长，**我们得把它划分为不同的阶段，不同的阶段有不同的目标。**这是我从孔子那儿学到的，先定一个目标，如何实现这个目标呢？手段很重要。孔子是一个理想主义者，同时也是一个务实主义者，务实主义者会先定目标，然后再寻求手段。孔子还讲求原则，以"子贡赎人"的故事为例，鲁国的国君号召大家去国外把奴隶赎回来，子贡将奴隶赎回来却不要补偿和赏金，他认为自己做的事很高尚。孔子则说："你采取的不是好办法。你收回国家的补偿金并不会损害你行为的价值，但你不肯拿回你抵付的钱，鲁国人就不肯再替沦为奴隶的本国同胞赎身了。"孔子认为子贡应该要奖励。赎人的目标是对的，但手段要符合常理。**我们平常做事也应该这样，有目标，但手段要灵活。**当然这并不是指机会主义，而是要讲求原则，在符合原则的情况下稍微灵活一些，这是我学会的人生态度。

俞敏洪： 我们常常会看到两种情况。一种是某些人觉得自己做的事情特别高尚，比如子贡，他赎了人却不要钱，但这种行为可能会给他人造成影响；还有一种情况是很多人自以为做的是一件大善事，但最后反而变成了坏事。

姚洋：我觉得人类社会在个人主义和集体主义之间要取得平衡。有些人认为要道德高尚，要按照高的道德标准行事，但这可能会给社会整合的部分造成压力。为什么好人可能做坏事？因为他让社会无法依照个人努力去运行，最后反而会产生消极影响。

俞敏洪：所以不能对人的行为提出过分的道德要求，如果不是用经济手段或者其他正常的社会交换手段解决问题，有可能培养出伪君子。因为大部分人都做不到，所以大部分人也就不去做，本来事情是可以通过利益交换等方式解决的，但倘若提出单方面的道德要求，人们反而不去做了。

姚洋：对，有人爱读曾国藩、李鸿章相关的东西。在某种意义上，他们是道德楷模，但实际上，他们都贪，而且不得不贪。因为按照清朝当时的规定，他们的俸禄很低。我在直隶总督府看到李鸿章的年俸是3000两银子，后来因为当了北洋大臣，他的年俸稍微增加了一点，大概有三四千两银子，其中包括总督府的运营费用。而且，他还需要给手下的官吏发工资，出国也得自己掏钱，他不贪根本活不下去。所以，表面上清朝的制度好像很公正、很符合道德标准，但实际上，很多官员都贪，整个社会变得很伪善。20世纪80年代的思想解放要求人们行事要符合人性，但按照亚当·斯密的说法，道德只是这个大厦的原料，支撑这个大厦的栋梁应该是法制，发展市场经济需要依据法制，道德不过是敷以颜色让社会变得更加好看一些罢了。

俞敏洪：如果社会过分道德化或者向个人提出过分的道德要求，反而对社会的公平交易、经济活力和社会活力有坏处。

姚洋：这个社会会变得比较伪善。当然，我要为儒家正名。很多人说这是儒家造成的，儒家就是用道德来治理社会的，我觉得这是一种误解。先秦儒家里，孔子、孟子等都是尊重人性的，他们需要解决国家治理问题，而不是纯粹用道德绑架人，宋明理学之后，道德变成了儒家很重要的部分，明清时期，则变得极其虚伪了。但我觉得，这并不是儒家造成的。

俞敏洪：宋明理学在一定意义上偏离了儒家的真正要素，因为它强调儒家那些管理社会的内容，从一定意义上来看，是为皇帝找管理社会、控制老百姓的理由。但如果我们去读《论语》原著，或者读《孟子》的原书，会发现它们其实充满了人性的光辉。

姚洋：没错。这就是文化烂熟之后慢慢走向封闭、走向内心的过程，它唯一的目标就是维持秩序,而不再重视创新。

4.人生志业与教育缺陷

俞敏洪：作为经济学家,你们会不会在做研究的时候钻牛角尖?

姚洋：会,很多人做的研究都没什么用处。

俞敏洪：那为什么还要研究呢? **学以致用,经世济民**。"经济学"本身就是从"经世济民"这个词里来的。我特别赞同你的一个观点,你研究的是中国正在发生的现实问题,但也有一些经济学家,他们天天用表格、数据,用自己创造的一套东西来告诉大家什么是真理。

姚洋：是,这其实是一个"饭碗"的问题,有人把经济学作为一种职业,以此挣一份工资,并没有深入到研究对象之内。马克斯·韦伯（Max Weber）曾发问,你是把它（学术）作为一种职业,还是一种志业?绝大多数人是把它作为一种职业,作为一个"饭碗",而我的理想是把经济学作为一种志业。**我不仅要研究这个世界,而且要深入世界之内,做出能改变世界的学问。**

俞敏洪：有些大学教授三十年如一日使用一本讲义,讲的课程内容从来不变。他们讲的东西对于新来的学生而言也算是新的,但他们自己没有改变。他们不在意自己有没有解决学生的问题,有没有引导学生的人生,有没有为世界贡献新的思想。他们只在意自己的教授职称以及能否保住自己的工作。**什么是志业?志业就是立志要通过自己的努力为世界解决一些具体问题。**

姚洋：没错,哪怕讲莎士比亚（Shakespeare）,也要讲出一点新东西,要跟现实联系起来,要激发学生对社会的好奇心,而不是纯粹讲莎士比亚的文字很优美……每一门学科都可以跟现实联系起来,而不是被当作"古董"来讲。

俞敏洪：你怎么会产生要把经济学作为志业的想法?从中国农村问题到市场经济问题,虽然不一定能研究出十全十美的答案,但你的研究全都着眼于解决中国面临的现实问题。你怎么会有这样的心态呢?这真的是一种特别好的做学问的态度。

姚洋：我觉得有时代的影响。20世纪80年代,我们读书的时候忧国忧民,而且那时候整个经济学界都在做中国问题研究,比如当时的体改所、发改所,我们都是跟随它们的步伐做研究的。当年周其仁老师他们是我们眼中的明星。

俞敏洪：你们的年龄差距并不是那么大吧?

姚洋：对,并不是那么大,但他们赶上了那个时代,所以他们是明星,是领头者，影响很大。另一方面与个人经历有关，我虽然生在西安，但我在江西农村长大，知道中国农村是什么情况。

俞敏洪： 江西农村是你父母的老家吗？

姚洋： 对。我童年成长于江西农村，这个经历肯定会有影响。

俞敏洪： 小时候的成长环境或多或少会在一个人的生命中起到作用。

姚洋： 肯定会起作用。我去美国选择读农业经济，回国时抱的志向就是为中国农民鼓与呼。我特别反感那些"城里太拥挤，不能让农民再进城了"的论调，我听到这种话就生气。

俞敏洪： 你和我都算是有志业的，在新东方，我们有一个词语叫"志高行远"，即志向要高大，人生要长远。你觉得应当如何培养孩子的志业能力？

姚洋： 我觉得要培养孩子对所做之事的兴趣，千万别逼孩子，否则他们就容易做给别人看，那样的话，工作对他们来说不过是混碗饭而已。**如果从小做的事情都是自己喜欢的，孩子更容易把所做之事变成志业。**

俞敏洪： 努力培养孩子的爱好，并且让他们从心底愿意做某件事，立志把它当作事业来做。

姚洋： 对。现在的教育有时会扼杀孩子们的创造力。孩子们可能很聪明，做事很认真，但创新能力总是会受到一些压制。

俞敏洪： 我觉得这源于两方面。一是高考、中考的通道让孩子们只关心眼前那点知识，这些知识是背出来的，不是研究出来的，他们的创新能力和对知识边界的扩展能力会受到限制；二是人的创新能力是从小培养出来的一种思维习惯，若是进入大学了，孩子才被告诉要创新，他们就不太会了。

似乎中国的很多大学现在还会向学生发放期末考卷。我觉得考卷是结果导向的，学生死记硬背就好。我在北大的时候，一个学期有四个月，前三个月我都在读各种各样的书，最后一个月我会为了考试抓紧背诵，考完了感觉就跟自己没关系了。我感觉考试并不能激发学生深度研究和创新的能力。

姚洋： 是。我们现在在研究"普职融合"的问题，就是普通高中和职业高中如何融合。新职教法[①]已经谈到要促进普职的融通，我觉得这个方向是对的，这

[①] 即《中华人民共和国职业教育法》。2022年4月20日第十三届全国人民代表大会常务委员会第三十四次会议修订，2022年5月1日起实施。

或许是一个理想的模式，但现在阻力非常大。**我们要从小培养孩子对科学的认识及动手能力等，孩子越小越容易培养**。我曾在成都看到一个大概 10 岁的孩子自己组装遥控汽车，而且还要编程，但他玩得特别溜。

俞敏洪：新东方也有这样的编程课程，但孩子 11 岁基本就不学了。因为从 11 岁开始，孩子就进入小学五六年级了，要进当地最好的初中还是得以考分为重，于是家长就不会继续让孩子学了；初中更是如此，毕竟中考又不考编程，学它干什么呢？孩子们的创新能力和好奇心被一点点压制。

姚洋：我觉得我们的教育面临重大改革，**继续这样下去不仅会扼杀孩子的创造力，还会加深城乡之间的鸿沟**。我一直关注着我们老家的小学，那些孩子能不能"走出来"，跟他们能不能接触到好的教育高度相关，所以我现在也在关注教育。

俞敏洪：是的，到今天为止，尽管有些地区农村户口和城市户口已经不那么重要了，但有些地区的城市户口和农村户口之间依然存在一条鸿沟，大城市的户口和非大城市的户口也有很大的区别。而且，虽然现在农村的教室里已经装上了现代信息化设备，但那些信息化设备可能都是摆设。中国确实在教育硬件上做了巨大的投资，但农村教育的整体水平，比如师资水平、学习机会等，跟城市相比依然存在很大差距。

姚洋：是的。现在有一些超级中学会把资源集中起来，它们最大的资源就是教师资源，但如同虹吸一样，稍微好一点的老师都被挖走了，所以一些县里的中学越来越差。

俞敏洪：而且一个县里排名前 50 位到 100 位的学生，中考以后会立刻被地区或省里的重点中学挖走，优秀老师也会被挖走。在县里中学留下来的老师和学生，水平相对比较低，但如果有优质资源和优秀老师的加入，是能有所助益的。我在贵州一个中学做名誉校长时把新东方最优质的教学资源通过互联网的方式倾斜到那个学校。我当名誉校长的第一年，这个学校的高考本科入学率只有 26%，有 100 个学生参加高考，只有 26 个人能上大学，而且大部分学生考上的是二三本院校，几乎没有考上一本的，今年已经是第四年了，今年这个学校的高考本科入学率超过 61%。

姚洋：互联网是有一些作用的。

俞敏洪：会有作用。当然这需要当地学校的配合和接受，因为有的老师会有抵触情绪，觉得自己给学生讲数学，别的老师也来讲了，那自己的课就没法讲了。普安一中的老师都很愿意配合我们，我们给他们做培训，让他们来北京学习，他们跟我们的关系很好。两边的老师配合得好，学生学习的积极性更高了。所以农村孩子一点都不笨，倘若教学资源能均衡，农村孩子的机会会增加很多。

姚洋：是的，农村人智力不一定比别人差。

俞敏洪：为什么我们那时候有很多农村孩子能上大学呢？因为当时城市里优秀的老师或者知识分子来到了农村，所以那时候农村高中老师的平均水平和城市高中老师的平均水平是差不多的，甚至有些农村老师比城里的老师水平高。比如我的两个高中老师都是大学毕业生，他们的教学水平比一般的城市老师要好。我后来选择留在北大当老师某种程度上是受到老师的精神感召。

孩子天生存在性格上的不同，但智商上并不会有太大差距。所以最重要的是思索如何让所有人整体上公平地享受教育资源。

姚洋：我最近在力推缩短学制，从幼儿园到高中"一贯制"，大家齐步走，7岁开始上学，小学五年，中学五年，一共十年。因为我们的调研结果显示，即使在农村地区，孩子们也基本都能上高中，但上了高中以后，由于农村的教育资源实在太差，学生考上好大学非常不容易。十年一贯制义务教育可以在大体上让教育资源更加均衡。因为现在高中不属于义务教育，所以会产生非常不均的教育资源分配，比如有超级中学，有不好的中学。如果能均衡，对缩小城乡差距可能会起到很大的作用。

俞敏洪：我不太认同中国各个地方的"重点小学""重点初中"，因为这极大地加大了城市之间、学生之间的不公平。所谓的重点小学、重点初中、重点高中超级集中资源，这些学校吸纳了大部分优秀老师，社会资源也在向其倾斜，因为当地有影响力的人的孩子都在它们那里，这些学校想要资源会更容易。但即便是在同一个市、同一个区，其他普通小学、普通初中也很难有这些学校的资源。这种情况现在在中国是一种客观存在。从经济学的角度来看，有没有什么办法可以解决这个问题？

姚洋：美国曾按照米尔顿·弗里德曼（Milton Friedman）[①]的想法，给每个

[①] 米尔顿·弗里德曼，美国当代经济学家，以研究宏观经济学、微观经济学、经济史、统计学，以及主张自由放任资本主义而闻名，1976年获诺贝尔经济学奖。

家庭发一些教育券，让人们拿着教育券自己去选择。美国想通过这种方式推进公平，最后发现行不通，也解决不了问题，资源反而更加集中了。

俞敏洪： 所以这是需要政府政策解决的问题，不是经济学能解决的？

姚洋： 对，市场是有边界的，这个问题恐怕市场解决不了，要靠政策解决。日本在这方面做得比较好，日本是怎么做的呢？通过学区里面老师的流动。老师不是被某个学校雇用的，而是由学区雇用，他们今年在这个学校教书，明年被调到另一个学校。至少在一个学区里，教育资源比较均衡。

俞敏洪： 我当全国政协委员的时候提过一个提案，希望在一个区域之内，校长、老师每三年抽签调动一次，并且使用现代化技术抽签，让人无法作弊。比如海淀区有一百所小学，这一百所小学的校长、老师每三年抽签轮换一次，而且在一个区之内，交通等方面也不会存在障碍，但这个提案最终石沉大海。

姚洋： 我觉得这个提案特别好，但很难实行，因为会触动很多人的利益。

俞敏洪： 缅甸为了教育公平，搞全国抽签，每五年轮一次。有一次我去缅甸，路过一个缅甸山区的小学，用英语跟他们的一位老师说我想到他们学校看看，那位老师用一口流利的英语跟我聊起了天，然后带我到学校转了一圈。我问他英语这么好，怎么会在这样一个山区学校，他说自己原来在仰光[①]的一所小学，后来抽签抽到这里了，便在这里待了五年，而且他不知道自己下次会抽到哪里，总之会在全国范围转。我觉得在全国转，范围太大了，老师的家庭可能会无从安置，但如果是在一个区里，应该能做到。

姚洋： 我觉得需要有更多人去呼吁。虽然我是作为一个经济学家来讨论教育圈的问题，但往往是圈外人能打破一些边界和成见。

5. 尾声

俞敏洪： 中国不断强调构建人类命运共同体，反复表达我们愿意和世界共同发展的愿望。从面向未来的角度来看，你觉得跟你们当初相比，现在中国的学生到各个国家留学，是否对未来有更加现实的意义？抑或，现在在国内上大学跟到国外上大学已经差不多了？

姚洋： 我觉得国内的教育水平大大提高了，这从排名上就可以看出来，但我

[①] 缅甸城市，素有"和平城"的美称。

还是鼓励大家出去看一看，即使不去留学，也应该出去走一走。这倒不是说让大家去学知识，现在中国大学里教授的内容跟国外大学差不多，最重要的是去增长见识，将中国和世界上的其他国家做些比较。而且，我鼓励年轻人去发展中国家走一走，比如印度，如果到印度住上一年，你会有一些不同的感受。

俞敏洪：我之前去印度待了一个月，有很多不同的感受。表面上看印度比较落后，但实际上，印度内生的活力在未来会有特别长久的发展。

姚洋：是的，印度的社会组织跟我们完全不一样，基本是另一个极端。我鼓励大家多出去看一看、走一走，这样会对中国有更深入的了解。

俞敏洪：古代有孔子周游列国，现在有中国学生周游世界。我现在最遗憾的是没有去国外读两三年书。本来在1993年成立新东方的时候，我已经拿到了国外大学的全额奖学金，但因为新东方当时发展得太好了，我不舍得放弃，就一直干到了今天。虽然我也游了一些国家，但那种深度体会当地文化和当地教育风格、产生新的思维体系和思维能力的机会，被我丢掉了。

姚洋：我想起了王石。他两年在哈佛大学，两年在剑桥大学、牛津大学，后来又去了耶路撒冷希伯来大学，前后花了好几年时间，这是很好的。

俞敏洪：他说这对提升他对世界的认知以及去寻找新的人生目标起到了比较大的作用。

姚洋：是，我跟他聊过，他说他在哈佛大学做日本明治维新之前的教育的相关研究。我说这个很好，一般人是不会做的，这很了不起。

俞敏洪：我到现在为止还算比较有活力，未来如果有机会，我希望到世界某一所大学进修两年，没有负担地学习。相对来说，我比王石更有优势的一点在于语言，他要边学英语边上课，我可以直接上课。

姚洋：是。

俞敏洪：时间差不多了。你为大家介绍一下这本书吧。

姚洋：《经济学的意义》语言比较平易近人。当时出版社的人对我说，你得写一本大家能读懂的书，所以我尽量用平实的语言去撰写，而且使用了很多日常相关的例子，帮助大家理解经济学的概念。希望大家读了这本书之后能对经济学有大体的了解。最后，如果我们今天的对谈能对大家有帮助，我会非常高兴！

俞敏洪：感谢姚洋老师，我们真的谈了不少内容。第一，我们谈到了民营经济，回顾了20世纪80年代民营经济的草根发展、中国开始真正走向社会主义市场经济，以及民营经济逐渐变成中国社会主义市场经济的重要组成部分。总而言之，在社会主义市场经济中，民营经济和国有经济各占重要地位。此外，符合经济发展方向的个人努力对中国经济发展也是非常重要的，我本人和新东方一直是以务实的态度，做能推动社会进步、能推动祖国经济持续繁荣发展的事情，也感谢姚洋老师对民营经济的肯定。

姚洋老师一直关注如何解决中国经济发展中的实际问题。有些经济学家喜欢做预测，有些经济学家喜欢虚张声势，有些经济学家喜欢到处演讲……姚洋老师是一位实实在在的学者，一心一意研究和中国实际相关的问题。他认为，作为一名学者，如果不能解决社会或者经济中的具体问题，研究就会变得很虚。这让我想起一句话，学问虽然可以虚，但最终要解决问题，比如人生问题、社会问题、发展问题。如果学问不能解决问题，还称其为有价值的学问，一定意义上只是自我安慰而已。

第二，我们探讨了企业家和唯利是图的商人之间的区别。企业家创造了财富，也让自己变得更加富有，但成功的企业家终究只是少数，大多数人会创业失败。但不管怎样，只要有成功人士引领，人们就愿意前赴后继，所以企业家的引领作用非常重要。**前面的企业家不断成功，后面的人才愿意全力以赴地投入到企业的创造中去，让中国的企业变得更加兴旺发达，让中国变得更加繁荣富强。**

很多人认为企业家就是有钱人，姚洋老师有一句话说得非常好："真正的企业家没有一个是为钱活着的。"企业家是财富的创造者，但不一定享受财富，他们会为了进一步创新而去获得做出某种有价值的事情的成就感。而且，企业家绝不是唯利是图的商人，有些商人可能做些投机之事，但企业家会用正常的、符合社会法律法规的方式创造价值。现在中国很多部门反复强调企业家精神，认为企业家精神是中国发展和创新的重要动力。所以，对于做企业的人而言，无论现在成功与否，都要相信祖国对民营企业和民营企业家的支持。

第三，我们讨论了年轻人的问题。**希望年轻人能够静水深流，不断寻找自己的比较优势，寻找愿意全身心投入的志业，并在这个前提下设想未来的发展方向，做自己喜欢的事情，做自己愿意投入的事情。**姚洋老师虽然是误打误撞进入了经济学领域，但他却发现了经济学作为自己志业的重要意义，为中国经济学的理论发展、现实问题的解决起到了非常好的示范作用。

当然，年轻人还需要认真理解社会。有人常说社会从来没有真正的公平，那是因为任何事情都会有差距。身处这样的社会，我们要努力创造好的社会制度、法治环境去解决不公平的问题。然而，有些"问题"可能是正常的经济现象，这样的话，我们就要通过自己的努力，加入更好的竞争中去，通过竞争和才能提高自己的经济地位和社会地位，这是从经济学上所做的解释。此外，即使是初中生、高中生，学点经济学也是非常重要的，至少能帮助我们从常识的角度理解世界运行的规律，提升思维的高度，拓展思维的宽度。

最后，向姚洋老师致意，姚洋老师是一位真正的学者，是一位坚守底线、脚踏实地为中国经济问题提供解决方案，并且认真地培养经济学领域的学生和学者的优秀老师。

对谈到此为止，谢谢大家！

对话郭为

保持好奇心是人在数字化时代发展的法宝

对谈于 2023 年 5 月 9 日

郭为

中国知名企业家，神州数码控股有限公司董事局主席，神州数码集团股份有限公司董事长兼总裁，神州数码信息服务股份有限公司董事长。1963年出生于河北省秦皇岛市，1988年研究生毕业后进入联想集团，后被任命为联想集团执行董事、高级副总裁等。2000年联想进行战略分拆，郭为率领团队组建神州数码。著有《时间的力量：企业时间管理实践与思考》《数字化的力量》等。

俞敏洪： 大家好！今天我对谈的是神州数码创始人郭为，对谈的主题是"数字化对人的影响"。不知大家是否了解数字化的概念，我们很小的时候就开始学习数字、算数，到了初中、高中开始学代数、几何。但数字化和数字并不是一回事，很少有人意识到数字化在我们生命中的重要性。

其实，数字化已经或多或少左右了我们的生命，比如我们的直播对谈就是通过数字化的方式传输到观众面前的，大家的反馈、留言也会以数字化的方式留在平台上。这些数字化的东西集中起来之后会构成平台的大数据，再经过人工智能处理，变成商业机会或者未来引导人们生活的一种方式。

我对数字化的概念并不敏感，郭为老师是做数字化起家的。郭为老师早年加入了联想，后来创办了神州数码，把神州数码做成了今天这样一个年产值1500亿的大企业。同时，作为一位时间管理专家，他不仅出版了一本时间管理方面的著作《时间的力量：企业时间管理实践与思考》（以下简称《时间的力量》），还出版了《数字化的力量》。我们会谈谈数字化对个人、企业和国家的影响。

——对谈开始——

俞敏洪： 成长背景对一个人做事会有很大影响。我做个不一定准确的类比，我们前半生的大数据决定了后半生的走向。所以我们先从你的成长讲起，你从小在秦皇岛长大，小时候你的家庭环境是什么样的？

郭为： 客观讲，我的家庭环境在那个年代还算不错。我父亲当时在宣传部门工作，按现在的说法，他算是个公务员。

俞敏洪： 你小时候喜欢学习吗？

郭为： 在初中三年级以前，我的水平很一般。当时我上的初中可能是区里最差的中学。我参加学校里的数学竞赛连鼓励奖都拿不到。因为当时我们的小学在搞对流，让农村的农民来学校当老师，学校的老师去农村当农民，所以我们是看着牛粪堆学的梯形、锥形。而且1977年以前没有高考，大家都准备下乡，我觉得学习没什么用，所以也没怎么学习。

俞敏洪： 从哪年开始，你觉得学习有用，开始学习了？

郭为： 1977年恢复高考，而且又有陈景润。

俞敏洪： 当时你的榜样是陈景润，所以你考了数学系是吗？

郭为： 是陈景润，但我不是学数学的，我在东北大学学的系统工程，东北大学当时叫东北工学院。

俞敏洪： 当时已经有系统工程专业了吗？

郭为： 那时候已经有这个专业了。

俞敏洪： 你选系统工程是因为理工科比较好吗？

郭为： 对，我文科不行。

俞敏洪： 但我从你的书里感受到了你对哲学和人文知识的融合，这是在大学以后学的吗？你提到亚里士多德、康德的时候完全没有违和感，随时能把这些人的思想融入《数字化的力量》中，这是怎么做到的？

郭为： 应该是读研究生之后学习的，在这之前，我就是一个理工男，搞系统工程，搞计算机。读研究生时老师说："你要读原著，读原著才有研究能力。"我才开始读这样的东西。我以前不喜欢哲学，那时候我觉得学习哲学无非是死记硬背，没什么意思，但后来我发现哲学是非常有意思的。

俞敏洪： 自主学习，有独立的判断力去思考书中的思想，学习就会变得有意义，如果是灌输式学习，就没什么意思了。**现在中国很多孩子之所以不断失去兴趣就是因为现在的学习带有强大的灌输式色彩，而且灌输的内容没什么意思，密集度又高，孩子们不堪重负，就失去了兴趣。**

我和你有同样的经历，我小时候不怎么好好学习，也没有机会好好学习，长大以后反而无比渴求知识。现在的孩子有无数的学习机会，周末的时间也被学习占用了，长大后就容易对学习失去兴趣。

郭为：中国现行的教育和我理想的教育之间还有差别。我们国家提倡素质教育，但实际上大部分还是应试教育，应试教育和素质教育有很大差别。**我觉得要有一部分灌输式的学习，但也应该留出一些空间让孩子们做自己喜欢的事。**

俞敏洪：世界变化速度那么快，现在学的内容很快就会被迭代，大学四年学的内容可能毕业一两年后就用不上了。现在又有了人工智能，以后那些纯靠记忆的知识很容易被人工智能取代。从这个意义上来看，孩子们学那么多知识，尤其是记忆型内容，对他们成长并无多大作用。不如让孩子们去玩，去创新，去实验，这对他们的动手能力和创新能力可能更加有用。这是我觉得中国教育需要变革的地方。你当时读完本科就工作了吗？

郭为：本科毕业以后，我去中国科学技术大学读了系统工程的研究生。

俞敏洪：东北大学对你影响比较大，还是中国科学技术大学对你影响比较大？

郭为：客观讲研究生阶段对我影响比较大，因为当时科学院采用的是西方模式的教育，差不多三分之二的老师是从国外请来的，所以我们接触的都是前沿的东西，这对我们有非常大的启发，各个方面都让人觉得很新鲜。

俞敏洪：既提出了挑战，又把你们放在了前沿，我觉得中国科学技术大学或者科学院的研究生本就应该这样做。与你们那时相比，现在中国科学技术大学研究生院的国际课程少了一些，对吧？

郭为：我们那时比较特殊，有些课程国内的老师没法教，现在国内的老师可以教了，就变成中文了。

俞敏洪：我觉得在科技方面我们要和国际接轨，因为科技无国界，一个国家一旦科技落后了，整体上就会落后。我们改革开放四十年的追赶其实就是对西方科技的追赶，科技的互通使得现代化的信息产业成为可能。

1.联想到神州数码：从职业经理人到企业家

俞敏洪：研究生毕业后，你就去了联想吗？

郭为：对，我们那时毕业后会被分配工作，并不是自主选择。1988年毕业以后，我就去了计算所公司[①]，那时候它还不叫联想，1989年才改名为联想。

[①] 即中国科学院计算机所新技术发展公司，联想前身。

俞敏洪： "人类失去联想，世界将会怎样"，当时这句广告词遍布中关村。那时候联想是不是还在攒电脑卖，应该还没有自主研发电脑吧？

郭为： 1988年它主要做汉卡，把汉卡放到国外的机器上，转化成一台中文计算机，1990年才开始推出第一台组装的PC机。

俞敏洪： 你在联想待了多少年？

郭为： 十二年，从1988年到2000年。

俞敏洪： 你在联想当了十二年职业经理人，后来联想集团分拆出一个独立公司，你就提出了"神州数码"这个公司名称。当时你多大年龄？为什么会给公司起"神州数码"这一名称？我认为二十年以后，这个名称也不会过时。

郭为： 我当时应该是三十七八岁。给公司起这个名称既是偶然，也是必然。分拆的时候我非常希望继续使用"联想"的称呼，比如从北大方正分拆出来的公司叫方正科技、方正电子等，我当时非常希望公司能叫"联想科技"之类的名称，但元庆不太同意，觉得会混淆，我只能想一个新名字。当时联合国有一个文件，指出发达国家和发展中国家之间存在数字鸿沟，我受到启发，觉得数字化可能是中华民族实现伟大复兴的机会。

俞敏洪： 看到这个文件的时候，你知道数字化是怎么回事吗？

郭为： 当时我理解的数字化就是信息化，我觉得计算机将会对人有很大影响。

俞敏洪： 当时的数字化和今天的数字化是两个完全不同的概念吗？

郭为： 有非常大的差别，我当时只是觉得这是一个方向。1980年阿尔文·托夫勒（Alvin Toffler）[①]写了《第三次浪潮》，向人类展示了信息化的前景，描述了他认为的后工业社会。1980年美国苹果电脑公司（今苹果公司）上市了，我们最早用的个人计算机都是它生产的。

俞敏洪： 苹果PC机进入中国的时间大概是20世纪90年代吗？

郭为： 20世纪80年代已经进入中国了，我们上学的时候已经开始用苹果计算机了。最早的苹果计算机和中华学习机差不多。

俞敏洪： 你从联想出来创办神州数码，相当于从职业经理人变成了企业家，这个转型其实很痛苦。如果神州数码没有分拆出来，你觉得自己今天会是怎样的

[①] 阿尔文·托夫勒，未来学大师、世界著名未来学家，著有《未来的冲击》《第三次浪潮》等。

状态？

郭为：从某种意义上来说，历史不能假设。以我的个性，我觉得自己可能会在联想工作一辈子，选择了一个单位，我就会一辈子在这个单位做下去。

俞敏洪：做职业经理人和出来做事是完全不一样的感受。在联想做职业经理人时，你是按照公司的要求做事，做神州数码如同进入了一片茫茫大地，要自己去创业，去发展。我相信你刚出来的时候，肯定有些迷茫，但如果你没出来，就不会有神州数码的今天。你想到自己会有这么大的成就吗？我是不敢想象的。只有当一个人有了一片战场，而且在这个战场上毫无退路的时候，才能被逼出自心底产生的勇气和力量。

你能分享下自己是怎么转变的吗？你是如何不断试错寻找出路的？经营神州数码的时候，有没有哪段时间你觉得自己可能扛不过去？你觉得感到扛不过去的事件是什么？

郭为：我非常感谢柳总，因为他把神州数码拆出来了，他希望神州数码以独立的、自主的状态往前走。也许那时候我并不知道自己的潜能有多大，可能柳总发现了我的潜能，所以让我做这件事情。

如你所说，我一开始非常迷茫。我当时发自内心地希望能通过数字化为中国的现代化贡献一点力量，所以不仅想了"神州数码"这个名称，还准备了"数字中国"这一名称，但后者需要国务院审批，好在"中国"有不同的称呼，比如神州、华夏等，所以我才把公司名称改为"神州数码"。

当时我们给自己的使命是成为数字化中国的探索者、实践者和赋能者，但我觉得可能会失败，因为没人知道这条路究竟该怎么走。而且我们当时的数字化技术和国际上的差距非常大，但那时候中国在努力实现现代化，每个人都想振兴中华，我也如此，我觉得靠工业革命、产业革命、技术革命才能让中国实现伟大复兴。英美国家靠的是工业革命，中国能不能靠信息化革命、数字化革命实现呢？

这是当时我的初心。但在这个世界上，一只小蚂蚁有初心，其实没有用，能不能跟上时代才是最重要的。我们最初做的是不断探索，我们一开始处在很边缘的状态，通过学习国外技术来做自己的事情，接着才考虑能不能成为主流，能不能有自己的技术，然后才考虑能不能走到前沿和其他企业并排跑，即便谈不上领跑，以及能不能在某些领域和世界同步……这是我当时的一些想法，实践的过程也是如此。

当然，理想很丰满，现实很残酷，如果公司不赚钱，再好的理想也没有用。我们公司几乎每一年都有风险，我们有一段时间做手机的代理分销，2003年受"非典"影响，所有业务只能停掉，且那时又处在手机从黑白屏换成彩屏的时期，我们出现了大量的货物积压，加之管理上有一些漏洞，那时对我们来说简直是一次生死考验。类似的考验每年都会发生。**很多时候外界看到的是企业家的光鲜，但不会看到企业家每天如履薄冰地做事。**

俞敏洪：这里面涉及商业模型重建的问题，你们原来的商业模型更多是从联想拆出来的分销体系，后来你们发现这种分销体系既不符合做"数字中国"的初心，也不符合未来发展的大局，只能做出改变。在改变的过程中，你从职业经理人变成了真正的企业家。

你能否分享一下从职业经理人变成企业家这一转型过程中的关键是什么？如果想要独立打拼出一个上市公司，哪几个关键要素比较重要？

郭为：最核心的是心理因素。作为职业经理人，我大部分时候并不需要对最终结果负责，但作为企业家，我是事情的最终负责人，心理上的精神压力是巨大的。所以半创业也好，创业也好，首先要做好心理准备：假如合伙人背叛了自己，我该怎么办；遇到诈骗，所有的财务都没了，我能不能承受；研发方向踩了坑，投资人、员工和客户不相信我，我能不能坚持……我觉得这些才是让自己坚持下去的东西。如同2022年年初的新东方和现在的新东方，不同时期，你看待它的心态是不一样的。什么是相信"相信的力量"？就是相信"精神的力量"，要思考自己有没有这种精神。**想成为一个企业家就要做好随时失败的准备。**

俞敏洪：你有没有过不相信神州数码能做好的时候？

郭为：我不觉得神州数码不能做好，我相信事情一定会成，因为方向是正确的，但不见得会在我手上成，我有可能扛不过去。

俞敏洪：如果你扛不过去，同样的业务也会有其他人来做，只不过是另外的企业去做。所以你不仅要相信自己能扛过去，还要让员工相信你能扛过去。

郭为：对。

俞敏洪：你们公司现在是中国最大的To B（To Business，面向企业）信息技术和数字技术供应商之一，你们是怎样转型的？这种转型大概发生在什么时候？

郭为：有两次比较大的转变。一次是创业之初，那时候我们认为一定要向软件服务方面去做，为客户创造价值。

俞敏洪：软件服务其实是近十年才有的概念，真正的软件服务就是用软件SaaS、PaaS来做服务并收费，你们比较超前，二十年前就想到了软件服务。

郭为：二十年前我们观察美国信息产业结构时发现，硬件在当时美国的信息技术里占比不到40%，软件和服务则占到60%左右。所以当时所谓的主流就是做软件和服务，而不是做硬件。我认为从某种意义上来看，硬件是边缘的。

俞敏洪："卖电脑是过去，但软件和服务是未来"，那时候是不是已经有这样的观点了？

郭为：对。所以我坚决要往这个方向走，但过程中确实出现很多问题。举个简单的例子，我们过去是一个以硬件产品为主导的公司，硬件产品的数列性很强，很容易做成本核算，但软件不一样，特别是软件服务。打个比方，医生在手术台上做手术，剖开患处才能知道怎么解决问题，他大多靠的是经验。所以，当时软件服务有相当大的复杂性，怎么做它的财务核算呢？在这方面我们是欠缺经验的。

所以在某种意义上，我们赔钱赔了很多年，很多人都不愿意为软件掏钱，因为软件是看不见、摸不着的。我之所以坚持做软件是因为软件所占的比例越来越高，可以说现在是软件定义硬件，过去则是硬件定义软件。

2. 神州数码的专业化发展

俞敏洪：为什么后来你要把神州数码拆分成三个公司？

郭为：走向专业化是每个公司的方向。神州数码刚被分拆出来的时候比较综合。在我们创业的过程中，新东西不断产生，要让这些新东西发展壮大，我们就要走专业化路线。从职业经理人转变成企业家之后，第一个需要转变的是心态，第二个，也是很重要的一点是提升洞察力。我觉得所有的企业家在洞察力上一定要先人一步，否则没办法成功，特别是民营企业家。因为民营企业家几乎没有任何资源，只能靠自己的大脑。

最近我跟公司人员讲战略，《孙子兵法》前几篇说了什么？"兵者，诡道也""不战而屈人之兵，善之善者也"，竞争是很残酷的事情，不竞争才是对的，怎么能做到不竞争呢？那就要在所在领域有先见之明，要能走在别人前面，这样才能没有竞争对手，不战而成。正如你看到并抓住了出国的浪潮，想到别人没有想到的事，创办了新东方，不用竞争就可以做大。后来者肯定会学习、模仿，但你永远在这条道路上领先。我写《数字化的力量》是希望给大家一点启发，我很希望中国的企业家、创业者和老百姓能利用数字化为个人成长和发展创造一些机遇。

俞敏洪： 所以你认为把神州数码分成三大专业化方向分别发展，是促使整个神州数码做得更大的主要原因？

郭为： 对，神州信息做银行数字化转型，神州数码做通用基础设施，神州控股做智慧城市。

俞敏洪： 企业家有时会不知不觉把自己的业务慢慢分拆成不同的公司，新东方也有这样一个过程。新东方原来是一家美国上市公司，后来拆出了新东方在线，二者分别做地面和在线。我当时也认为拆开以后，二者独自发展会发挥各自作用，有更大的生产力，甚至有点竞争反而更好。

"双减"以后，我只保留了一家公司继续做教育，用另一家公司做了东方甄选。现在这两家公司完全没有冲突了。我后来想过，如果没有前期新东方在线在香港港交所上市，东方甄选也许不可能成功，因为它能迅速借助资本平台的力量发展。现在这两家公司分别做两种不同的业务，但二者都在沿着各自的方向发展。你认为如果神州三家公司不分拆，不一定能做到1500亿的年产值？

郭为： 不一定。

俞敏洪： 变成独立体以后，公司之间如果能互相打通资源，会增加发展的能动性或者冲劲。你是三个公司的老总吗？

郭为： 我是董事长。每个公司都有实际的操盘人。

俞敏洪： 你认为一个公司在什么状态下应该分拆，发展不同的业务，在什么状态下应该放在一起做？

郭为： 我主张拆分，人类的进步是由于专业化分工，我们手脚的分离就是专业化分工，手脚分离使得我们的大脑、神经系统发达了。所以企业沿着专业路线走，可以走得非常好；如果放在一起，牵扯的地方比较多。而且，如果不进行专业化分工，别人在认知你的时候就会出现一些问题。

中国改革开放四十多年来，改革的成分多，创新的成分少。改革的过程要靠资源，而靠资源往往容易形成综合型公司，但倘若要走专业、创新之路，不做成专业化公司几乎是不可能的。我没有任何其他资源，只能在专业上不断向国际学习并与国际竞争，首先在该领域做到国内领先，然后再做到世界领先，才会有生存的可能性。

俞敏洪： 所以中国的创业公司更应该往专业化方向发展，沿着有前景的、有需要的方向深耕，这样能更长久地满足社会需求，推动更加先进的发展。

郭为： 是的。

俞敏洪： 在这样一个千变万化，"黑天鹅""灰犀牛"层出不穷的时代，你对三家公司的定位以及战略是怎样思考的？

郭为： 2001年的时候，张维迎邀请我去北大光华管理学院做讲座，我讲得挺开心。维迎说："大家不要听郭为胡吹，成功的人50%靠机遇，50%靠个人。"我说："维迎你错了，人的成功51%靠机遇，49%靠自己的努力。"我觉得我们的能动性就在于对时代的把握。在现今的中美贸易战中，我们在各个方面都非常困难，**我之所以强调数字化的力量是因为数字化是人类文明的一次跃迁，如果我们抓住这个机会，就可以让很多消极因素变为积极因素。**

企业必须融入时代发展的洪流中去，否则是不可能成功的。为什么我要强调企业家的洞察力？因为他们洞察的是时代的发展方向。 我觉得自己特别幸运。神州数码最初分拆出来的时候，是柳总他们给我创造了机会。能走到今天，我也觉得非常幸运。数字化技术事关未来，就像垒大坝一样，每一年的积累都使大坝越来越高，盛的水越来越多，只要不出现大的偏差，就不会有问题。比如我们给银行提供To B服务，中国有那么多银行，如果一半银行都是我们的客户，我们就能生存了。

俞敏洪： 你们是To C（To Customer，面向消费者）、To B都在做，几亿老百姓都在用神州数码为银行提供的服务体系。

郭为： 我们的用户是老百姓，客户是银行。为银行提供系统来提升老百姓在金融服务上的便利性是我们的目标。

我总用一个比喻。做信息技术和研究中医是不一样的，研究中医年纪越大越有价值，因为他有经验，而数字技术是在持续不断地进行全球性创新，做不好可能会被淘汰。但反过来看，只要能跟得上，我们就永远有机会。

俞敏洪： 技术带来了无穷无尽的可能性。

郭为： 正如我在书里所讲的智能手机的出现。诺基亚是很伟大的公司，但苹果手机出来以后，诺基亚手机几乎没有了。诺基亚现在主要做To B，To C不怎么做了。

俞敏洪： 技术日新月异，你今年60岁了，你觉得自己还能不能跟上步伐？还能对企业的技术提前布局吗？

郭为： 有两个方面。第一，**我们必须承认每个人的局限性**。不只是年龄的局限，即使今年我30岁，也一样存在认知局限。

俞敏洪： 你觉得认知是知识结构上的，还是眼界上的？

郭为： 这我真回答不了，我觉得知识和眼界不是一回事。

俞敏洪： 比如马云。他不太懂技术，但他知道信息社会的状态和大的战略，所以做出了中国比较超前的信息技术公司。

郭为： 很多东西来自人的直觉以及人对未来世界的判断、看法等。我觉得这不是靠学多少知识就能够掌握的，我想这也是企业家珍贵或伟大的地方。企业家不见得对专业知识有多深的理解，更多是对商业、创业前瞻性的掌握。对专业知识理解得太透彻，可能反倒成不了企业家，可能会成为某方面的专家。

第二，**每个人都有自己的天赋**。即便是高中毕业生，假如在某个领域做了四十年，也能达到院士的水平，因为他在这个领域深耕了这么久。所以，我觉得我即使在数字技术上存在局限，但还是能看清楚大的方向。此外，还要靠团队的努力，团队里要有"90后""80后""70后"的人。我们属于"60后"，我们有一大批专业顾问，大家能达成某些共识，一起往前走。

迄今为止，很多规律的适用性和准确性已经有所局限，比如摩尔定律：当价格不变时，集成电路上可容纳的晶体管数量大约每隔18～24个月便会增加1倍，性能也将提升1倍。所以，在今天的数字化时代，很多规律、认知是有变化的。世界是无限的，我们的认知则是有限的，我们只是在有限的认知里和外部产生互动，便以为这就是自己生活的世界。人是没有办法超越自己的认知的。

俞敏洪： 你觉得人的认知应该怎么提高呢？

郭为： 科学对世界的认知在某种程度上也很有限，很多东西也不是靠科学就能解决的。

俞敏洪： 你觉得神州数码少了你还能继续发展吗？比如你退休以后，神州数码会沿着既定的轨道前进吗？

郭为： 我秉持"数字中国"的初心，也希望公司把这个初心坚持下去，具体用什么样的路径、方法，我是没办法控制的。所以，我觉得神州数码离了我应该可以很好地往前走，我现在还能对它有所贡献，愿意和它一起往前走，但我也做好退下来的准备了。

俞敏洪：你认为现在中国数字化的发展落后于西方国家吗？

郭为：我觉得我们在很多方面落后，这是一个非常重要的现实，所以它们才会对我们"卡脖子"，如果我们和它们一样，它们就卡不住我们了。**某种意义上，我们在应用层面做得比较好，但在底层技术上，我们之间有非常大的差距。**

俞敏洪：你觉得我们的数字化进程能加速发展，并最终超越西方吗？

郭为：超越我倒不敢说，但改革开放四十多年来，我们培养了自己的人才，所以我觉得我们可以在部分领域继续沿着既有方向走。在累积的过程中，我们会不会又上一个新的台阶呢？我认为完全有可能。当然，从某种意义上来说，这不是我们愿不愿意、想不想的问题，西方要卡我们，我们就必须自力更生，必须自己解决问题，这对我们是一种考验，但与此同时，我们应该更有斗志，努力做好。

俞敏洪：西方"卡脖子"的行为对你们公司的发展有影响吗？抑或反而给你们带来了机遇？

郭为：我觉得机遇和挑战并存。如果没有那些"卡脖子"行为，我们可能在一些底层技术上一直依赖于西方，但因为被"卡脖子"，我们不得不去做，而且必须得做。我们有可能需要经过十年，甚至更长时间的努力才能把一些底层的、基础的东西做出来。也许到那时，我们和西方之间仍然会有差距，但那只是代际的差距，而不是从无到有的差距，这是非常重要的。过去我们根本不去想，不去做，现在被"卡脖子"了，我们必须去做。

俞敏洪：中国航天航空技术的发展也是如此。20世纪60年代西方也对我们"卡脖子"了，但今天我们的航天技术并没有太落后于西方。

郭为：对。做计算机的都知道，这么多年来，真正核心的东西，西方从来没给过我们。

俞敏洪：所以我们一直在努力研发。

郭为：对。只是有时候在市场上，大家喜欢买物美价廉的东西。但现在人家不提供这些东西了，用户就没得用了。为什么我说这对我们而言是机遇，因为用户没得用了就必然需要一些替代品，也许我们的东西稍微差一点，但可以慢慢迭代。现在我们的功能可以满足70%的需求，之后是80%，然后是90%……这是一个逐渐发展的过程。

3.《数字化的力量》与《时间的力量》

俞敏洪：你介绍一下你的两本书。

郭为：我觉得我就像堂吉诃德，我看到了数字化的力量，看到了数字化为社会及每个人带来的益处。**我非常希望大家从科普、认知的角度来了解数字化，因为认知的颠覆是给我们带来巨大变化的源泉。**

《数字化的力量》本质讲的是数字化。当然，我对数字化的定义并非百分之百准确，我只是试图探索着给大家解释数字化和信息化的差异以及数字化的表征是什么。比如，对于一家企业来说，其数字化的最根本目标是企业数据资产的累积，如同工业文明的目标之一是货币资产的累积，而在数字经济时代则是数据资产的累积。什么是数据资产呢？它可能是你的经验、你的客户、你的商机、你的知识产权，或者是你几千万粉丝的画像，以及他们喜欢你的原因……这些就是你的数据资产。当你掌握了这些数据资产，你就会创造出更多更好的新产品。

俞敏洪：这是一本科普数字化的书，同时跟现在的实际情况和未来发展密切相关。

郭为：我们这代人基本是 1977 年、1978 年上的大学，对我们影响最大的书是《第三次浪潮》。大家接触了计算机，使用了计算机，计算机给我们带来了很大的变化。如果没有数字化、信息化，中国追赶西方的速度会更慢。

俞敏洪：数字化的发展缩短了我们跟西方之间的距离？

郭为：对。更多是数学的基础、思维的基础。机械在某种意义上更多是一种经验，经验是要花时间沉淀的，没有足够的时间就没办法掌握这些经验，但数字化不同。而且，中国是教育大国，我们的动脑能力比动手能力更强，这都是中国人在数字化进程中的天然优势，这就为我们民族、社会实现现代化创造了物质基础。

俞敏洪：这本书我读了两遍，一遍是为新东方而读，一遍是为我个人而读。郭为老师做了二十年数字化，从神州数码独立开始到今天为止，做成了年产值 1500 亿的规模，这些都是数字化带来的成就。在这个过程中，郭为老师有很多体会，都凝聚到了《数字化的力量》这本书中。

郭为：《时间的力量》副标题是"企业时间管理实践与思考"。该书最早是我们内部的教科书，教大家从时间管理角度看问题，以及一个组织如何能把它的时间协同在一起。比如，你是公司的一把手，你的时间实际上是公司最稀缺的资源。管理者、员工向你看齐，你关心的事情他们也会关心，这样才会形成组织的力量。所以，我觉得在企业的所有资源中，最稀缺的是时间，其他大部分资源都可以被替换。当然，这些内容是我们团队在实践过程中形成的一些看法、经验，我将其提炼出来了。

俞敏洪： 从个人角度来说，最稀缺的资源也是时间。

郭为： 我们过了18岁，就不会再返回18岁了，有多少钱也不会再经历一次了。如何把每一天过得有意义，是我写《时间的力量》时思考的问题。我当时受了泰戈尔的启发。泰戈尔认为，人有一个肉体的生命，有一个智慧的生命，还有一个超越自我的生命，即永恒生命。他认为永恒生命是上帝让人们来到这个世界的一个使命，人们要完成这个使命，从这个意义上来看，如何让自己的每一天生活得更充实，其实比挣多少钱、当多大官更重要。大家常说"婚姻是爱情的坟墓"，爱情是一段时间的经历，婚姻则是时间的结果。追求婚姻，可能你的感情就没有了。所以，我们用生命去体验每一天的过程，可能是生命本身的意义。我写这本书的目的是想帮助个人、组织等管理好自己的时间，使它更有意义。

俞敏洪： 每个人的时间都是稀缺资源。很多资源弄丢了还能再回来，这就不算稀缺，比如钱，尽管我们现在没有钱，但我们未来可能会有钱。所以，尽管钱很珍贵，但它是可以通过努力去增加的，比如你现在每个月赚5000块钱，未来可能会赚到5万块钱。但时间是丢失了就再也回不来的。所以中国有很多像"一刻千金"这样的成语。

我认为这本书讲了两个维度的内容，一是时间的珍贵性，二是时间的高维度使用能力。每个人的时间都是二十四小时，有的人可以用这二十四小时做出让自己不断成长的事情；有的人二十四小时在低维度重复，这段时间就过得没什么意义。就像你说的，对于老板而言，他的时间不仅仅是自己的，还是企业的、员工的，他的时间花在什么地方和以什么方式花会严重影响企业的发展。当然，有时候老板做的事情可能被员工认为是不靠谱的，比如当初新东方做教育做得轰轰烈烈的时候，我却做直播卖货、直播聊天，他们就觉得这件事很不靠谱。当时我让新东方的人都学习一下，去做做直播，他们说不行，没时间做。后来的事情证明，直播给新东方带来了新的发展机遇。

所以，我觉得老板要做两件事情。第一，思考现有业务如何高维度发展；第二，在时间运用方面，不必二十四小时拼命工作，哪怕呆坐十个小时什么都没干，倘若产生了一个对企业发展有帮助的新创意和想法，可能比勤奋工作二十四小时更管用。

作为老板，你的时间是怎么用的？是每天早上七点上班，晚上十二点走，天天忙着指挥员工干活儿，还是把更多时间用在思考企业发展上，或者是和自己认为值得交流的员工、管理者一起探讨企业的发展，抑或是用更多时间和其他企业家聊天并从中汲取营养或者灵感？你如何使用时间，决定了公司的发展前景。

郭为： 从时间管理来看，企业家可能一整天都在想企业的事情，但这并不意味着他要坐在办公室里跟大家开会，跟大家做一样的事情。比如你做直播实际就是一种探索。企业家不断寻找新的无人区，探索新的可能性，这是企业家的本分和本职工作，而不是天天管理那些已经在做的事情。所以，一个优秀的企业家应该有一半以上的时间做跟当下企业的业务没有关系的事情。企业家能为企业指引方向。别人都有日常工作，都有 KPI（关键绩效指标），因此必须把现实的工作做好。而对企业家而言，从大的方面来讲，他要完成自己的使命；从小的方面来讲，他要对股东负责，对投资人负责。

我的时间管理也是如此。我尽可能用 50% 的时间做和现有业务相关的事情，另外 50% 的时间可能被用来做与现有业务不直接相关的事情。比如我们公司现在的战略叫"数云融合"，"云"的战略其实是 2006 年由谷歌提出来的，那时候我们就在想，尽管它和我们 2006 年做的业务没有一点关系，但我们必须去接触、了解。经过十几年的积累后，我们才有条件去实践人家提出的战略，而且，我们有新的创意、新的想法。所以我觉得企业家是一个不断探索的职业，企业家的时间不能都放在日常工作中。

俞敏洪： 非常对，企业家用一半的时间管理现有业务，另一半时间可以去探索跟现有业务有一点点关系，甚至完全没有关系的业务。一个合格的企业家既要把现有企业管理好，也要有一半的时间去面向未来，去接受新思想、新技术、新创意，以及产生自己的新创意，提高创新能力。对企业发展来说，这些才是更为重要的。

很多企业家对未来世界和正在发生的新鲜事情充满了好奇心，比如一些年纪大的企业家，但现在有一些年轻人反而没有了好奇心。你觉得如何保持对未来世界的好奇心？

郭为： 这有关"人生的意义是什么"这个话题。好奇心会产生多巴胺，会使人感到快乐、幸福，**如果连好奇心都没有，生命本身的意义何在呢？**人类的存在就是不断探索自然并不断探索自我天赋、能力的过程。我们为什么要上太空？不就是为了探索人类能触达的空间有多远吗？我们为什么要研究心理？不就是想研究人类的思想能多深刻吗？如果连好奇心都没有，活着有什么意思呢？

俞敏洪：要尽可能激发自己的好奇心去探索未知，解决某种难题或者迎接某种新挑战，这样能激发人生的活力。

郭为：对。

4.数字化：每个人的必修课

俞敏洪：提起数字化，大家可能不太清楚它是什么。现在出现很多概念，比如语音技术、元宇宙、区块链、数字化、ChatGPT……老百姓可能会问："这些事情跟我有关吗？我懂不懂有什么关系？"你讲讲到底什么是数字化，数字化跟个人有什么关系？

郭为：对数字化做定义是非常难的，但我想，它和信息化有一个差别，**信息化认为数据是一种信号，信息化能通过这种信号去指导人更准确地达成目标**，比如ERP（企业资源计划）、流程，信息化能提高人的工作效率。

数字化不仅仅要完成信息化所能完成的事情，还会形成数据资产的累积。什么是数据资产的累积？如果企业能将业务过程变成数字，那么这些数字便能反映业务的本质。以银行业为例，面对一个客户，银行会为其提供贷款服务、理财服务等，这本身是一种业务，但业务背后其实是一种风控模型，即这个客户的风险偏好是什么。银行基于这些风险偏好为客户推送合适的理财产品，而这背后涉及数学模型。如果银行能不断累积数学模型，那在面对千万上亿的用户时，银行工作人员就可以通过千万上亿的数据模型不断重组其所推荐的理财产品。

现在我们能实现批量定制，比如100万人都在用同一套理财模型。在未来，或许每个人都能有自己的数据模型，有自己的个性化产品推荐。这带来的结果是什么？一个人过去可能只拿10万块钱做理财，现在有非常有针对性的理财产品组合，他可能会把所有的钱放到银行做理财。

俞敏洪：因为最个性化。

郭为：是的，过去你的资金可能会分散在不同地方做不同类型的投资。但当一家银行能分析出你所有的风险偏好时，它就能提供一套适合你的方案，帮你管理资金。这其实是银行用数字化实现了业务的增长和创新，将数据资产的累积变成了生产要素。

俞敏洪：数据资产的累积在某种意义上变成了财富吗？

郭为：对，比如我们刷视频的时候既是数字消费者，也是数字贡献者，因为平台会根据个人喜好为我们推送内容，目的是增加浏览量，然后推送广告。所以当数字化变成生产要素，哪个企业拥有的数据资产更多，哪个企业就越厉害。

俞敏洪：所以，企业已经不能跳过资产数字化这个关口了，对吗？

郭为：对，企业一定会这样演化。当然，数字化不可能代替工业化，更不可能替代农业化的成果，但它会创造出新的价值。大模型、AIGC（人工智能生成内容）的出现也为数字化提供了极强的推动力。过去若要分析、研究生产经营过程中形成的数据，从而再产生新的业务，是一个周期相当长的过程，但大模型、AIGC等能迅速处理这些数据，大大缩短了周期。

所以我认为AI技术是人类进入数字文明的技术起点，它是一个边界点，会让人们对数字化产生新思考。过去谈到数字化的时候，大家无感，但大模型、AIGC的出现，以及未来的一系列变化都会使大家体会到数字化的力量及数字化对人类的影响。

俞敏洪：假如你是新东方的顾问，你会给我哪些关于面向未来的、数字化方向的建议？我应该从哪些方面做起？

郭为：第一是你的数据资产。你的数据资产是你核心竞争力的数字化。以神州数码为例，我们做的是To B业务，我们的核心竞争力是给客户提供的服务。客户作为企业，会有对IT（互联网技术）的偏好，有的银行可能喜欢新技术，有的喜欢稳定的技术。我们给他们提供方案的时候就要考虑到差异性。

俞敏洪：你们给每个银行提供的方案都不太一样吗？

郭为：不太一样，要考虑银行自身的客户群，有的To B多，有的To C多，有的中小企业多，有的大型企业多……这些差异都会影响到其管理软件、应用软件的差异性。只有真正体会这些，才能设计出最能满足客户需求的产品，这些都是我们的数据资产。当然，我们的数据资产也包括核心技术的数字化，有机地组合好自身的技术、服务，我们能有更强的盈利能力，扩大自身的市场范围。

所以，我认为新东方可以从以下几个方面做起。

第一，资产数字化。 新东方必须了解自己的核心竞争力是什么，是教师还是客户，是教材还是传播方式，等等，研究这些东西有没有数字化。企业的数字化战略是一种企业战略，企业在数字化时代如何通过数字化打造自身核心竞争力就是企业的数字化战略。所以我觉得数据资产是非常重要的一部分。

第二，**决策数智化**。我们大多数的决策是有案例和经验可循的，我们把它们叫作常规性决策。如果能通过数字化技术，让机器代替人工完成这些常规性决策，就会降低整个组织的冗余度，提高效率。因为管理的过程也是决策的过程。

第三，**企业无边界**。在互联网背景下，社交网络平台把我们组织到了一起。无论是在企业内部还是外部，大家的交流是无边界的。这样的沟通交流打破了传统的工作流，过去是线性工作流，一个岗位只承担一个功能，今天每个人在网络里都是一个节点，而且是多功能的，这样大家的潜质才能得到极大发挥。

第四，**产业数联**。我研究制造业、工业产业比较多，互联网是人与人的连接，而传统网络里是设备与设备的连接，其实就是产业数联。数据的连接会成为未来的一个方向，企业一定要考虑自身的数据和谁连接，以及数据供应链如何打造。我总提到一个例子，罗尔斯-罗伊斯公司[①]过去是卖发动机的，随着科技不断进步，它的售卖价格越来越低，进而形成了一种共享模式，比如他们可以直接将发动机卖给中国南方航空，与南方航空进行数据连接，根据当次航班的旅客人数、飞行距离、风向等因素针对性地调整发动机转速，进而达到最低功耗，这样可以节省很多费用，他们可以将这部分费用和南方航空分成。这就是由于数据连接而形成的新型商业模式。

俞敏洪：精准数据带来精准商业模型。

郭为：所以在企业数字化转型中，这几个要素是要考虑到的。我们过去的主要客户是在银行、大型制造行业里，隔行如隔山，对于新东方，我们可以交流。我认为你们可以把握一点：新东方的核心竞争力是什么？这些核心竞争力如何实现数字化管理？如果这些都实现了，其他的一步一步来就可以。

俞敏洪：太好了！这是我今天最大的收获。

郭为：数字化是企业的必修课，对于个人也是如此，每个人都要逐步掌握数字化的技能，否则未来找工作就会比较费劲。比如在工业文明时期，最早的汽车司机是赶马车出身的。大家知道最早的汽车什么零部件最容易坏吗？方向盘。因

---

① 简称"罗罗"，英国著名发动机公司，也是欧洲最大的航空发动机企业。

为准备停马车的时候要拉缰绳，最早的汽车司机改不掉习惯，总会踩刹车的同时拉方向盘，就把方向盘拉坏了。

二十年前我们刚参加工作的时候，汽车是多么稀缺的东西，但今天几乎大家都会开车。所以每个人都要掌握数字化技能。当然，由于计算机技术的发展，特别是云技术的发展，未来在云上，只要懂得业务逻辑，懂得数字的基本概念，人们就可以通过各种方式把业务转化成一种软件，转化为一种计算机可以识别的流程，这是未来发展的方向。

俞敏洪：现在每个人都已经生活在数字化之中了，甚至一定意义上已经被数字化改变了生活方式。比如，大家刷短视频的过程中不知不觉就把自己数字化了，发微信也会把自己数字化，因为你发送的微信内容的总和会成为你个人的内容画像。所以，数字化跟每个人都紧密相关。

随着数字化的发展，人类社会的工作会受到何种影响？哪些人可能会因为数字化而被时代淘汰？用一种什么样的方式应对数字化，未来会更有机会？

郭为：好奇心，我认为人的创造力、好奇心永远不会被机器替代。数字化能替代那些重复性的、记忆性的工作，但真正有创造性的工作是不可能被替代的。**数字化在某种意义上是对人类的解放，每个人都可以探寻到自己的天然禀赋。**你会画画，你会写字，你会音乐，你可以通过数字化将这些技能发挥到极致而不必做自己不喜欢的事情。这就是数字化所能带来的改变。

俞敏洪：是不是数字化能放大人的才能，使才能更容易变现？

郭为：是的，工业化也一样。《摩登时代》中人像机器一样拧螺丝，今天我们可以用机器拧，而不必自己去拧。现在很多人都在做重复性的工作，比如一些写代码、测试的工作，这些工作一定会被替代。机器能二十四小时不吃不喝地干，不需要做思想工作，所以到那时，人应该最大限度地发挥自己的创造力和想象力。

俞敏洪：如何将创造力与自己的生计联系起来？未来人如果不再做那些重复性工作，只发展自己的创造力，如何靠创造力或者技能养活自己呢？还是说，会有一个新的商业模式？比如，有一个人喜欢唱歌，大家原来都不认识他，但他后来通过直播唱歌积累了很多粉丝，于是他可以收打赏，还可以卖货。这样一来，他原本不能变现的能力便通过短视频平台变现了。未来如果有这样的平台帮助大家利用自身的个性化能力变现，是否也是一种工作模式或者生存方式？

郭为：不能绝对地去谈这些东西，但我觉得世界上的很多事情、行为，并不是所有人都能在某一个层次去理解的。实际上，任何人都有其天然禀赋，这些禀赋如果能发挥出来，对社会是有意义的。并非所有的创新都来自大学教授、院士，不能以既有认知去定义哪些人不会有天然禀赋。

俞敏洪：所以你觉得现在没有用的禀赋在未来的数字化平台上可能会成为值钱的东西？

郭为：对。

5. 数字化发展的隐忧

俞敏洪：很多人没有想到，自己拍的一些几秒钟、几十秒钟的视频会有无数人关注。这在数字化大平台的社会中会成为一种稀缺资源。对不对？

郭为：对。

俞敏洪：在数字化过程中，我们不知不觉把自己交给了大平台，比如我们把自己的秘密交给了微信、抖音。大平台中几乎所有的数据都是个人贡献的，如果没有这些个人的贡献，就没有大平台；如果没有大平台，个人也无法在上面娱乐消遣。**但这涉及一个问题：大平台上的数据资产到底属于个人还是属于平台？如果属于个人，大平台便没有资格随便用；如果属于大平台，个人对平台的贡献该如何计算？**

郭为：我觉得这正是人类面临的巨大挑战，但这个挑战并不可怕。在农耕文明时代，几乎其他所有的制度都是以土地制度变迁为基础的，那时候没有资本的概念；工业革命之后，人们围绕资本制度在实践中不断完善一系列经济制度；如今，在数据作为重要生产要素的时代，隐私权和分享权之间的对立统一关系该如何处理，尚未有人提出比较完整的方案。但我相信，随着技术的进步、人类文明的进步，我们会想出各种各样的办法。

俞敏洪："人们能使用平台，平台不能收集人们的数据"，这在未来有可能实现吗？比如，人们愿意每个月付15块钱、20块钱，但平台不能收集个人的数据和信息，有可能吗？

郭为：我认为完全有可能。

俞敏洪：当然平台有权拒绝。

郭为：对，很简单。想了解某个平台的数据，倘若平台不愿意把数据给你，那你付钱就行了。

俞敏洪：在未来，这会成为一种模式。但有些人可能不愿意把自己的数据分享到平台上，因为这涉及数据产权问题和个人隐私问题。现在每个人都在"裸奔"，之所以尚未发生严重影响，是因为大部分人都比较守规矩。但平台在背后会如何使用个人数据，人们是完全不知道的。比如 Facebook[①] 曾因为泄露个人信息而被罚款。

郭为：我们的维权意识、对技术的认知能力还有待提升。

俞敏洪：你认为数字化时代人们如何保护个人隐私？

郭为：这要从两方面来讲。个人隐私要有法律上的保障，也要有技术上的保障。我们过去比较强调技术上的保障，对法律上的保障研究得不够。数据本身是一个全球性问题，不是任何一个国家能独自解决的。因此，在全球化进程中，国际关系方面有一个很重要的挑战，**即数字文明时代，不可能有独立的、不和别人交往的个体**。

俞敏洪：比如 TikTok（抖音国际版）在美国被要求下架，这背后主要是技术原因吗？

郭为：对。这确实是摆在大家面前的非常严峻的挑战，即法律问题如何保证。讲到这里，我分享个故事，我有一个同学，他之前在丹麦留学，后来成了丹麦公民，他没有参加某次议员选举的投票，社区人员对他说："你是一个公民，投票不仅是你的义务，更是你的责任，你必须投，哪怕投的是弃权票。"数据治理也是如此，大家都应该受到制约，都应该参与到平台的维护中，否则谁来维护平台？既然身处公民社会，如何共同维护这个社会是每个公民的义务。

俞敏洪：我们需要共同维护正常运营的美好社会，而不能一方面不承担责任和义务，一方面又享受社会带来的好处。

郭为：对。

俞敏洪：我觉得现在的平台有两个问题，我称作"平台霸权"。第一个霸权是平台在不经过个人同意的情况下可以综合性地使用个人信息，这个话题前面已经讨论了；第二个霸权是平台在某种程度上可以左右一个人的思想和行为，它们会屏蔽一些不利于平台的观点，只留下有利于平台的观点，甚至会影响到大家对

---

① 美国社交媒体平台，成立于 2004 年。

某件事情的看法。原则上，公共平台不应该有这样的立场性，这应该如何解决？

郭为：这事关人类文明面临的大问题。在数字化到来的时候，平台是层层叠加的，不会形成一个独立的平台，而会形成很多平台。如何实现平台之间的共享或者相互制约是治理方面亟须解决的问题。在某种意义上，你之所以提到这一问题，是因为掌握平台的人在通过平台的技术霸权剥夺你的权利。这说明治理本身是落后于技术发展的，这方面尚需完善。

俞敏洪：是的，比如美国的某些平台对总统选举的导向产生了比较大的影响。中国有很多全民性的大平台，如何保证平台的公正性、公平性，如何推动平台不去侵犯老百姓的权利，等等，对平台的长久发展、国家的正向引导会起到非常大的作用。作为普通老百姓，你对这些平台有什么期待吗？

郭为：这涉及一个根本性问题——多样性。如果国家只有一个平台，怎么管理都很难管理好，但如果有多个平台，就会有不同的声音，哪个平台能最真实地反映社会的本质，哪个平台就会更有生命力。**我觉得竞争、多样性是解决偏差的根本途径。**

俞敏洪：兼听则明，偏信则暗。

郭为：是的。

俞敏洪：现在很多人一半时间都生活在虚拟世界中，比如刷几个小时的短视频，玩几个小时的微信；还有不少人在公共平台无所顾忌地表达个人观点，甚至骂人，但一回到现实生活中，他们反而缺乏与人交往的能力。现在元宇宙、ChatGPT等很多工具和技术能让人沉浸在虚拟世界中，人们未来甚至可能通过元宇宙环游世界。在这种情况下，虚拟世界对人与现实世界之间的关系会产生怎样的影响？

郭为：二十多年前，我做过中国青少年网络协会理事。那时我们做了一个调研，发现一个很大的问题，很多青少年在网络游戏里可以随意杀人、打人，回到现实生活中时，他们也不认为杀人、打人是犯法的事。所以，**一个只生活在虚拟社会、脱离现实的人是极其不健康的**，我们应该从社会的角度做一些改进。而且，**生命的意义在于生活本身，如果生活在虚拟空间，生命有什么意义？**

俞敏洪：生活的意义本身在于体验。虚拟体验是一种虚假的体验，人生活的真正意义在于深入体验现实生活。有的人对现实生活中的体验感到很痛苦，就跑到虚拟世界去了，他在虚拟世界里可以无所不能，无所不为，这其实是一种逃避，长此以往，容易出现心理问题。所以，无论如何，都要在现实世界中去体验。你觉得人如何摆脱虚拟世界对日常生活，甚至生命所产生的负面影响？

郭为： 我们为什么会限制孩子上网的时间？因为他们缺乏对时间管理的认知。如果一直生活在网络中，他们就会失去对现实世界的感觉。成年人也是如此，不能整天都在网络空间里，应该和现实接触，我们的创造力也是在现实世界中体现出来的。数据仍然是一种工具，我们不能把所有的东西都变成生活本身，还是要去体会自己拥有的东西。所以，社会要进行正确的引导。很多时候，我们容易做过头，一说到某件事情，就一股脑往那个方向走。某些西方发达国家的电商并不像中国这么发达，走走小街、买买东西，也是一种生活体验。

俞敏洪： 你觉得这是他们的先见之明吗？我到一些西方国家需要刷信用卡，不能直接用手机支付，他们的街边有各种各样的小店，大部分人过着远离数字化的生活，然而，他们的技术公司可能是世界领先的，老百姓的生活却没有跟上步伐，抑或是他们故意如此。你觉得这是他们保护生活的先见之明，还是老百姓心态如此？

郭为： 我觉得这是他们的一种平衡。他们的数字化技术可能是遥遥领先的，但他们在消费和生活上落后于我们，他们或许希望逐步往前走。我觉得我们现在快速发展的状态会产生一些负面影响。中国改革开放只有四十多年，逐步走向市场经济也只有四十年左右，在完善法制、市场经济体制方面，我们还有非常长的路要走。

俞敏洪： 实际上，这是一个不断完善的过程，但不能走回头路。倘若我们现在不进行数字化建设，不再看短视频，不再使用微信，大家或许会受不了。这已经成了我们生活的一部分。

6.尾声

俞敏洪： 时间差不多了，我来做个总结。今天与我对谈的是神州数码的郭为老师，他从联想出来创立了神州数码。神州数码主要是为 To B 业务提供软件和数字化服务。我们多多少少用过银行系统里的东西，但我们没有直接向神州数码付费购买，所以很多人不太了解。

我和郭为算是同龄人，我们仍在努力跟随新时代，想要去创造和引领一些东西，我觉得这种精神可嘉。郭为在技术方面比我厉害很多，我是一个"技术盲"，但即使是新东方这样非常传统的老师面对面讲课的教育机构，也或主动或被动地被数字化了。

郭为也是一位学者，他基于自己的亲身实践写了两本书，《数字化的力量》和《时间的力量》。《数字化的力量》是郭为在数字化领域摸索二十年所做的总结，以及对未来世界数字化的预测。这本书我读了两遍，一方面我希望自己能真正理解什么叫数字化，它是如何发展的；另一方面，这本书对新东方的发展也有非常重要的指导作用。我懂数字化也好，不懂数字化也好，新东方走向数字化的宿命是不可改变的，比如现在的东方甄选，它在某种程度上就是数字化的成果。在《时间的力量》中，郭为讲述了企业家、个人应当如何将时间当作稀缺资源，进而为自己创造更多成就，当然这也会为自己带来更大的发展机会。

总之，这两本书都体现出严谨的态度，体现出非常实干的精神，书中有丰富的、深刻的、生动的案例，大家可以读一读，也许可以帮助大家提升认知维度。

今天我们围绕数字化和时间谈了不少问题，更多围绕数字化和个人之间的关系来聊。我们每个人都生活在数字化之中，我们看直播是数字化，刷短视频是数字化，用微信是数字化，在平台上买东西也是数字化……在数字化过程中，我们如何生存下去？我们的数据如何变成资产？如何处理个人数据和大平台之间的关系？国家的法律法规如何进一步健全？我们利用平台的时候如何进一步保护个人隐私？作为用户我们如何进一步防止平台霸权？平台未来应当如何发展才能为人们提供更好的数字化服务，等等，这些问题都有所涉及。

我们也探讨了面对新鲜事物，人应该保持好奇心，不断迎接世界新的变化，并在新的变化中找到自己的位置，找到未来发展的机会，使自己跟时代同步发展。在这个过程中，我们可以通过对新鲜事物的追求去寻找新的商业机会、人生发展机会，从而让人生变得更有意义。

郭为反复强调，我们要跟上时代。在他看来，人的成功51%靠机遇，49%靠自己的努力。面对机遇，我们可以被动接受，也可以将其与个人努力结合起来，主动创造百分之百的成功。不要抱怨自己处在一个充满不确定性的时代，正是因为不确定性，我们才能经历重要的考验，考验主要有两个方面：第一，考验我们有没有跟上时代的能力，有没有运用好奇心和个人努力追寻时代的能力；第二，考验我们对于不确定性的接受能力。我一直认为，当一个人有能力把不确定性当作自己最好的机会时，他才能跃上更高的台阶。中国有"鲤鱼跳龙门"的说法，鲤鱼跳龙门的时候，一定要经过龙门的激流险滩。激流既给鱼带来了阻力，也给它带来了动力，使它能够跃上龙门，跨上新的台阶，倘若在平缓的水流中，它不可能有跳龙门的能力。个人也是如此，经受住时代的挑战能为未来的自己创造新的发展空间。总而言之，在新的时代中，我们要变成新的自己。

郭为：俞老师的一些提问也引发了我的深入思考。如果当时神舟数码不分拆，我会不会成为一个企业家？你没问之前，我真没想过这件事情。

俞敏洪：这件事情就是你的"鲤鱼跳龙门"。由于时间关系，今天就对谈到这里，谢谢郭为！

郭为：也感谢俞老师提供这样一个平台。一个人的成长和他每天的体验是分不开的，通过和俞老师交流，我也学到了很多东西。谢谢俞老师，谢谢大家！

俞敏洪：各位再见！

对话白玛多吉

世间所有的喜悦都来自希望他人快乐
对谈于 2023 年 9 月 30 日

白玛多吉

松赞集团创始人。1964年出生于云南省香格里拉市，曾在中央电视台工作，担任中央电视台纪录片导演，1998年自导自拍的纪录片《大山的肖像》获得法国戛纳电视节优秀奖，2004年从央视离职，2001年开始创建松赞绿谷酒店，2005年起全职投入松赞系列酒店及旅行平台的打造，首创"酒店+旅游"模式，以滇藏沿线的松赞山居为平台，配套车辆和管家服务，逐渐打造出了一条世界级的以自然、文化探索为核心的深度旅游环线。

俞敏洪：朋友们好，我现在在西藏巴松措，我身边的是松赞集团董事长白玛多吉。他之前是纪录片导演，曾在中央电视台工作，后来跨界创办了松赞酒店，并做起了"酒店+旅行"的模式，让人们能够一站式体验美好的旅行服务。我们现在就在他的巴松措林卡酒店，这个酒店有露天游泳池，出门可以看到一座特别漂亮的雪山。

　　白玛多吉：这还有恒温游泳池，通过屋顶的光伏网加热。

　　俞敏洪：据说光伏网发的电你们自己都用不完？

　　白玛多吉：一年大概有 100 万千瓦。我们现在白天基本都用光伏，光伏剩余的部分会储存成热水、氧气。房间里的所有弥散式供氧就是通过光伏实现的。

　　俞敏洪：我感觉到这个地方不需要供氧，这里氧气很浓，因为周围树林太密集了。

　　白玛多吉：我们要保证客人能在夜里睡个好觉。

——对谈开始——

　　1. 松赞的起点：从记录到体验

　　俞敏洪：在这风景秀丽之地，白玛老师讲讲你的人生吧？你是藏族人，汉语很好，曾在中央电视台工作，这是一段什么样的经历？为什么要离开中央电视台，创立松赞集团？

白玛多吉：我做了二十年纪录片，其中十一年是在中央电视台。当年拍纪录片是希望能通过中央电视台的平台让更多人了解藏区、藏族、藏文化。

俞敏洪：你在哪儿度过的童年？

白玛多吉：就在松赞林寺脚下，我的第一家酒店香格里拉松赞绿谷就在那儿。

俞敏洪：咱俩是同龄人，你童年时期的生活条件也比较艰苦吧？

白玛多吉：对，我是1964年的，那个年代人的童年生活确实比较艰苦。

俞敏洪：你当时是怎样读书的？

白玛多吉：在小村庄里上小学，后来到县城上中学，再后来到昆明去上学，然后上了一个中专就工作了。

俞敏洪：你父母都是做什么的？

白玛多吉：我父母都是农民。

俞敏洪：那你真的很了不起，在我们那个年代，如果父母是农民，孩子读书一般不会读得太好。你中专毕业后到哪里工作了？

白玛多吉：我原来学的是兽医，就做了两年兽医。后来恰好有机缘接触到电视，就在家乡的电视台工作，我自己学习、摸索，做了差不多五六年后，去上了当时工业部和北京电影学院合办的一个大专学校。因为上学的作业是给中央电视台拍东西，所以1993年就直接留在了那里。

俞敏洪：那是因为你的才华被看上了。

白玛多吉：也算不上才华，他们也缺人，而我能做点事情。我在那儿干了十一年，2004年离开了。

俞敏洪：你觉得在中央电视台那几年，给你带来的好处是什么？你感受到了哪些不足？

白玛多吉：好处是我通过它看到了世界，不足是如果在那里待太久，我可能会变得比较慵懒，我觉得人还是要努力一些，就离开了。在这个过程中，我发现藏文化很多精彩的东西可能会对大家有用，所以觉得自己或许有办法让更多人来到藏区了解藏区、藏族、藏文化。

俞敏洪：在拍摄纪录片的时候，你的主题就已经倾向于藏文化和藏区自然山水了吗？

白玛多吉：对，也会拍一些其他的，但多半是拍藏区。

俞敏洪：在创办松赞集团之前，你就已经踏遍了藏区的奇山异水？

白玛多吉：对，在这之前就非常了解了。

俞敏洪：你怎么想到要开一个酒店？

白玛多吉：起初有很多人因为看了我的片子而来到了我的家乡，他们觉得这里其他什么都好，但却是视觉上的天堂，身体上的地狱。

俞敏洪：这个形容挺对的。

白玛多吉：我去欧洲、东南亚的时候住过一些精品酒店（Boutique Hotel），体验到了之前从未体验过的住宿形式，在一间小小的酒店房间里就能感受和体验到当地的文化，于是我产生了一个想法：我是不是可以让人们来到藏区居住，通过在藏区的旅行了解这个区域及其文化。

俞敏洪：把"心灵的天堂，身体的地狱"变成"心灵和身体的天堂"？

白玛多吉：对。起初是在摸索，1999年我下决心先用我家在迪庆的地改建民宿。

俞敏洪：1999年你还在中央电视台吗？

白玛多吉：对，当时还没离开。我边工作边摸索这条路，2001年就开张了，当时很多国际上的名人来香格里拉时都会住在我那里，比如美国第74任财政部长亨利·保尔森（Henry Paulson），以及李泽楷、郭鹤年家族，保尔森还给我推荐了好多客人。

俞敏洪：你是怎么宣传让他们知道的呢？

白玛多吉：那时没什么宣传的办法，当地也没有特别好的资源，还是要靠当地的接待方，美国大自然保护协会有一个机构在香格里拉，他们所有的接待都会在我那里。

当时我们酒店价格特别便宜，一个房间的费用160块钱，虽然条件有些差，但风景很好。当时发生过一个故事，李泽楷和悦榕庄①的业主何光平夫妇到我们那里住，李泽楷跟何光平先生开玩笑说："你们的酒店1000多美元一晚，你知道这里多少钱吗？"何先生说："不知道。"李泽楷说："才160块钱人民币。"大家都震惊了，因为对于他们来说，小费他们都会给百十块钱。回到酒店后，他们把我们精品店柜台上所有的首饰都买了。当时办公室主任跟员工说："人家买那么

---

① 著名酒店集团，旗下拥有众多酒店和度假村。

多，你得给人家打折啊！"他们说："不要打折，你们标多少，我们就以多少钱买，我们希望你们能赚点钱，真不理解你们是怎么靠160块钱的房费赚钱的。"

说实在的，房费160块钱，我们肯定不赚钱，但业态是需要培育的。好在那时候有个新加坡人，他住了酒店以后想要跟我合作，就到处找我。我那时候在新疆拍片，他联系了我，后来我到云南拍片，他又联系我。因为我主要负责新疆、云南、西藏的边关行纪录片拍摄，当时回不去北京，拍完西藏纪录片回到北京后，他就来找我了，表示一定要合作。在这个过程中，其实也有其他人找过我谈合作，但我一听就觉得我想做的和他们想做的是两码事，所以我没答应他们的任何合作邀约。但这个新加坡人很有意思，他是做生态能源的，原来做视觉控制，公司和专利被收购以后，他还留了一些钱，后来我俩一拍即合，第一家酒店他就投资了。他后来又邀请了一个人参与进来，这个人以前做过巴厘岛安缦酒店的总经理，最后就成了我们三个人合作。

俞敏洪：那时候你已经一心一意经营松赞集团了吗？

白玛多吉：对，在经营过程中，他们带进来一个美籍华人。在那之前，我和他已经十年没见了。有次我去香港，在一个酒店里偶然碰到了他。他参与进来后，我们陆续布局了松赞香格里拉林卡、松赞奔子栏山居、松赞塔城山居、松赞梅里山居等几家酒店，整个迪庆的旅游环线也做出来了。

这个概念其实来自不丹，安缦在不丹建了安缦喀拉（Amankora），即在不丹不同的地方建了五家酒店，人们能通过这五家酒店进行一次深度的不丹旅行，一站全包。他认为我们也应该用这样的思路做酒店，我就去了不丹，通过安缦喀拉深度游览了不丹。我发现迪庆州的面积和不丹差不多，而且迪庆州区域内有两条江、梅里雪山、普达措国家公园、高山峡谷，迪庆州的自然禀赋远远超过了不丹。所以我觉得在迪庆落地几个酒店，提供一价全包的旅行应该可行，2010年我们就正式开始经营了。

俞敏洪：将路线设计、用车、住宿、门票全都放在一起了？

白玛多吉：对，这种业态就是从那时候开始的，我们现在还在坚持。

俞敏洪：游客只想住房可以吗？

白玛多吉：整体来说，一价全包的旅行是我们的经营核心。可能只有规模比较大的酒店会有一些空房可以提供给游客住。

俞敏洪：如果去香格里拉玩，你们会一价全包，带吃带玩是吧？

白玛多吉：对，一般都是九天八晚、八天七晚，最少是六天五晚。客户什么都不用管，来就是了。在用车方面，我们小团用路虎卫士；三人以上用奔驰商务；大团有些会用丰田考斯特，原则上可以坐二十个人，但坐十二个人会更舒服，所以我们最大的团是十二个人。当然，有的顾客会自己拼单，有的则通过我们的旅行顾问帮忙拼。

俞敏洪：来旅行的人一般多大年龄？

白玛多吉：现在游客的平均年龄在43岁左右，但在逐步年轻化。

俞敏洪：随着不断推广，你们的路线从迪庆延伸到西藏其他地区了吗？

白玛多吉：对，我们沿着滇藏线布局，现在又开始连接川藏线了。过了盐井，到了芒康，川藏线和滇藏线就开始汇聚在一起了，芒康到拉萨是全程，这些年我们就是从芒康开始布局的。如美山居、来古山居在昌都市，波密林卡酒店在林芝市，然后是南迦巴瓦山居、巴松措的林卡等，全部都在川藏线上。川藏线上，只有芒康到成都之间的路线我们没有连接，但亚丁的项目已经在建了。将来我们的客人可能从成都出发，到康定的贡嘎雪山，再到亚丁，最后到香格里拉，这样川藏线和滇藏线就连起来了。

2.松赞的价值：践行一切善良和美好

俞敏洪：对松赞集团的投资是重资产投资，相对来说，前期的投入会非常大。这些年你们的估值在不断变化吧？你现在在松赞集团还有控股吗？

白玛多吉：我没有控股了。

俞敏洪：投资者对你依旧非常信任。

白玛多吉：对，我们大量的投资者、合伙人是我们的客人。他们旅行以后如果感觉特别好，会跟我见面聊一下，然后决定是否投资，到一个阶段以后，再和我深度沟通，因为我们这样的模式，这样的重资产投资，不是马上能很好地盈利的。我们现在周期最长的是程序，比如我们现在所在的巴松措酒店，走程序走了差不多六七年，自然保护区程序、环保程序、规划程序、土地程序……这些都要一级一级走上去。

俞敏洪：所以走程序会比较花时间，建设用的时间会短一些？

白玛多吉：建设的时间也会相对久一些，因为我们的酒店都是用手工的、具有当地特色的方式建设的，会麻烦一点，不像工业化建筑那么容易。比如巴松措酒店的施工周期有两年半。我们酒店的建设周期基本都在两年到两年半之间。

俞敏洪：你现在还拍纪录片吗？

白玛多吉：不拍了，根本没时间，时间大多都用于经营松赞集团了。

俞敏洪：你觉得经营松赞集团是在符合你人生发展的方向上进行的自我完善，还是因为有那么多投资人所以你不得不继续做？

白玛多吉：是在完善自己的人生，更好地实现自我价值。

俞敏洪：这种价值体现在哪些方面呢？

白玛多吉：比如我们准备用"松赞"这个名称的时候，我希望能跟松赞林寺的"松赞"有关联，因为我从小在那里长大，我们的第一个项目是在松赞林寺脚下，第二个项目在松赞林寺背后。但我们没法直接用松赞林寺的"松赞"，因为那个藏文拼法是五世达赖喇嘛取的，是他对风水的一种表达，整个风水有万马归槽之势，是众神居住之所。倘若用那个"松赞"，可能这件事就做不起来了，如果变成了"众神居住之所"，房子不就空了，没有人会住了吗？所以我得找一个词源，最后在藏文词语里找到了现在我们用的"松赞"，这个词恰好也有对应的英文，叫"Songtsen"。这个藏文是第八世法王在六百年前对"松赞"做的一个注解，意思是"在不违背世间法和出世间法的前提下，去践行一切善良和美好"。

俞敏洪：这么美好的解释。

白玛多吉：所以我很喜悦地用了这个名称。这也是我经营松赞集团的发心，最重要的是，他山之石可以攻玉，人们到藏区来，接触藏族人，了解藏族文化，可能对自己的人生会有一些用处。对我来说，我从小对这些东西耳濡目染，上中学以后，它们被瓦解掉了，但二十几岁的时候，我又慢慢发现，科学并不能解答所有的问题。三十几岁时，我特别需要一些能看通的东西，找到一种心灵的归宿。所以，我再次更深入地学习了藏族文化，而这个过程给了我很多营养，比如对于宇宙本质、生命本质的了解，表达和认识的方法，等等。所以，36岁左右的时候，我觉得这些对我的帮助真的特别大，我觉得自己又拥有了小时候的那些认知，并且有了论据和逻辑上的支持。

俞敏洪：就是想通了？

白玛多吉：对，想通了很多事情。

俞敏洪：你想把这种感觉带给更多人吗？

白玛多吉：我觉得大家可能都需要这种东西。以我为例，到了某个阶段的时候，我突然发现在这之前我大部分时间都处在一种赶场的状态。赶场的原因是我有一种危机感，生怕错过什么。回头去看的时候，我发现没什么可错过的，也没什么可得到的。**生命其实是一个循环往复的漫长的过程，既然我得到了这种帮助，其他人也需要这种帮助，那最好的办法就是让人们在这个区域里接触这种文化，了解这种文化。他山之石可以攻玉。**

我一开始是拿自己家的地改建当时所想的精品酒店，但我钱不够，也不敢做太好。但我当时想，即便这条路走不通，也可以解决我几个妹妹的生存问题，她们都在农村，这样的话，父母也能得到很好的照顾，否则我也没有精力和时间照顾他们。

俞敏洪：这是最初的发心。

白玛多吉：对，这是我最简单的发心。后来酒店开起来以后，解决了她们的问题，同时解决了村里其他人的问题。第二家酒店开起来以后，有更多村庄的人在酒店里工作。

俞敏洪：我发现你们的每家酒店都和村庄相连，酒店落成的同时，也带动了村庄老百姓的生活。

白玛多吉：对。我们团队在2021年年初的年会上提出一个口号，叫"**扎根乡村，连接土地**"。因为那时候我们已经有将近700名员工了，他们都是在自己的村庄里就业的。

俞敏洪：你们的员工是由当地村庄的藏族人民组成的吗？

白玛多吉：对，基本是这样，我们会对他们做培训，而且这样也能带动乡村发展，加之那时候我们有一个项目，即卖出去一个房间就抽200块钱转移支付给位于南迦巴瓦山区的村庄。2021年3月17日，我们的酒店开业了，2021年我们转移支付给那个村庄136万元。那个村庄一开始只有13户人家，后来慢慢变成了20户人家。

俞敏洪：他们都变成富翁了。

白玛多吉：我后来交完税后从银行取了115.4万现金送给他们，一共20户人家，每户分了不到6万。我们还解决了村里十七个人的就业，这十七个人工作半年多一点，就有了76万元的收入。我们还从村里采购了259万元的农特产品。所以2021年我们为这20户人家创造了将近500万的经济收入。

俞敏洪：而且是在不破坏环境的前提之下。

白玛多吉：对。我估计今年那个村庄至少能分到 200 万元。

俞敏洪：太棒了！你跟当地村庄村民的关系非常和谐？

白玛多吉：对。我 2005 年到林芝选址的时候，第一个酒店的选址就在现在帐篷营地往里一点的位置，那是我偶然被别人带去"耍坝子"发现的。我当时觉得这个地方像秘境一样，于是便想在这里建一个酒店。但跟村庄沟通的时候，村民不愿意将酒店建在这里。后来南迦巴瓦分成的事情被村庄的人听说了，他们要求去南迦巴瓦看一下，听到南迦巴瓦的故事后，他们表示一定要将酒店建在那里，他们愿意配合。所以，2021 年年底，我们就在那里建了一个帐篷营地，也是卖出一个房间就分 200 块钱给村集体。截至目前，我相信那里至少会有 100 万元的可支配收入。

我觉得这不仅是在实现我个人的人生价值，也是在实现团队的价值。对于我来说，我们现在的十五家酒店都处在很好的位置，经营得也特别好，是我们重要的资源，但我们最重要的资产是我们的团队。我们的运营中心在昆明，我们团队中有很多很优秀的年轻人，他们受过很系统的教育。当然，我们也在摸索体系的建设及体系的数字化，我希望能把接力棒传给年轻人。年轻人之所以来到松赞集团，是因为他们希望通过松赞的平台更好地实现自我价值。

3. 松赞的发心：追寻快乐源泉

俞敏洪：你认为对客户来说，松赞最重要的价值是什么？如果大家来体验松赞的服务，欣赏奇山异水，你觉得松赞能提供什么样的额外价值？松赞体系为什么不同于其他体系？

白玛多吉：早期我做这件事情的时候，希望松赞能成为一条"觉醒之路"。但 2017 年前后需要明确表达企业使命的时候，我没敢用"觉醒之路"，这个概念太大了，所以最后用了"追寻快乐源泉"。

俞敏洪：这个"快乐源泉"是什么？是一种领悟，还是一种享受？更偏于心灵，还是更偏于身体？

白玛多吉：我觉得更偏于心灵。我深受藏文化的影响，整个藏区，每个老一辈的藏族人都向往能去香巴拉。香巴拉王国，传说是隐藏在青藏高原上的一个不为人知的神秘王国。量子物理的一些理论认为，空间有很多维度，所以香巴拉或许不在我们所能感知的维度里。传说它的地理坐标在冈底斯山那里，还有一种说法是有很多隐秘之门能通往香巴拉王国，其中一个隐秘之门就在我们家乡，就是松赞林寺所在的这个地方。

俞敏洪：原来在藏文化中，香巴拉是这么解释的？跟《消失的地平线》有什么关系吗？

白玛多吉：《消失的地平线》其实演绎了香巴拉的概念，因为香巴拉在藏语里的标准叫法是"向香巴拉"，詹姆斯·希尔顿（James Hilton）在小说中写成了"香格里拉"，实际上它们是同根同源的。藏族人一直很向往香巴拉王国，因为香巴拉王国里的每个人都追寻到了快乐的源泉，这是藏族人的向往。藏区人所追求的快乐源泉依据寂天菩萨在《入菩萨行论》里说的两句话，这两句话用白话文讲就是"**世间所有的喜悦都来自希望他人快乐，世间所有的痛苦都来自希望自己欢乐**"。

俞敏洪：太深刻了。

白玛多吉：所以有很多藏族老人会祈祷，有的人爬到山顶祈祷，有的人在寺院旁祈祷，有的人则在寺院里祈祷。每个藏族老人早上起来做的第一件事就是在自己的神龛上烧一点松柏枝，弄一点水开始做供养。祈祷的核心内容是"愿所有的有情众生远离苦及苦因，愿所有的有情众生不离乐及乐因"。

俞敏洪：他们不为自己祈祷吗？

白玛多吉：没有人会为自己祈祷，大乘佛教和小乘佛教的区别也在于此，大乘佛教为众生，小乘佛教为个人。

"愿所有的有情众生远离苦及苦因，愿所有的有情众生不离乐及乐因"，这两句话什么意思？就是世间所有的喜悦都来自希望他人快乐，这是乐因；世间所有的痛苦都来自希望自己欢乐，这是苦因。这两句话有所对应。所以藏族人祈祷的时候其实是在播种快乐。

俞敏洪：我第一次知道藏族人祈祷不为自己，这太了不起了。

白玛多吉：什么叫"追寻快乐源泉"，就是因为人而获得快乐。"有情众生"是什么意思呢？有自我意识的都叫有情众生。宇宙里有无以计数的有情众生，即便是一只有自我意识的小虫，也能追求自己的快乐。

但有的人将追求快乐的方法建立在某种获得感上，而通过这种获得感得到的快乐就像饥渴的人喝盐水，当时喝了解渴，但过一会儿又渴了，而且越喝越渴。实际上，我们经历了很多事情，20世纪80年代的时候，真的不敢想象几乎中国的每个家庭都会有私家车；20世纪90年代的时候，人们可以买夏利车、捷达车、桑塔纳等，再之后可以买奔驰、宝马等。现在，买这些车也无法让人们感到满足了。有了这些东西以后，人们快乐吗？其实不快乐。

俞敏洪：追求物质上的自我快乐，就像无穷无尽的欲壑难填。

白玛多吉：是的，可能最快乐的人是那些没有太多物质追求的人，他们追求的并非物质，而是心灵。我希望我的员工、我的团队通过学习藏族文化追寻快乐源泉，也希望所有松赞的客人能通过松赞追寻快乐源泉。我们完整的企业介绍是"**推开隐秘之门，追寻快乐源泉**"，这个隐秘之门需要大家自己寻找。

俞敏洪：如果哪天你的隐秘之门打开了，香巴拉就会来到你的心中。

白玛多吉：对。

俞敏洪：这种理念非常令人震撼，也让我有特别多的感悟。我刚才回顾了自己的生命之路，我到底是在尽可能地为别人的快乐而努力，还是在为自己的快乐而努力？我发现我达不到你说的那种境界。

白玛多吉：但你正在做的事情早已超越了你自己。

俞敏洪：我也是在追求自己快乐的过程中做的这些事情。

白玛多吉：你是在追寻快乐源泉，你在帮助很多人，为什么你快乐呢？因为你让很多人受益，因果关系就是这样的。所谓"不忘初心，方得始终"，有了好的初心，所有的东西都可以实现，所有的快乐都可以得到。

俞敏洪：对的，我完全认同。

白玛多吉：很多人做好人做得不彻底，他们觉得做好人会吃亏。实际上，他们吃亏的原因正是做得不彻底。如果能把好人做彻底，就绝对不会吃亏。某种意义上，整个宇宙和生命运作的规律建立在因果关系上。如果了解这个规律，那就顺应这个规律去做，很多事情，特别是世俗的事情其实是极容易做到的。比如新东方，前两年新东方碰到了特别大的困难，但有那么多人来帮助你们。

俞敏洪：是，有一句话是"有人希望你好，你才会变得更好"。

白玛多吉：对，这也叫"愿力"。人能活多久呢？其中可能存在某些定数，但如果你做很多很好的事情，你的寿命就会变长。有一种说法是"你的寿命取决于有多少人希望你活得更长"。

俞敏洪：冥冥之中有一种"场"，它影响着一个人的一生。

白玛多吉：对，有多少人希望你好，取决于你的好坏，如果你做了很多坏事，有很多人希望你坏，你是逃不过的。

俞敏洪：富有深意，我也深刻认同。只有有人希望你好，你才能变得更好，而有人希望你好的前提是你对众生好；有人希望你坏，你也逃不过，无论你如何想逃，因果报应终是会来的。

白玛多吉：是的。

俞敏洪：过去三年，我遇到了巨大的困难，但你们遇到的困难比我遇到的大很多，你是怎样熬过来的？

白玛多吉：我觉得是坚持。这三年我们能活下来不容易，我们之所以能活下来是因为我们做对了，不是说旅行、酒店方面做对了，而是我们的发心对了。

俞敏洪：对，我觉得这真的很重要。

白玛多吉：很多事情真的没有逻辑，比如某件事该怎么去测算，某个商业模式能否做下去，等等。我们的很多决策是单向的，一个店投资下去，可能就无法退出了。所以，我觉得人们所寻找的依据和逻辑其实是初心，不要唯利是图，不要迷失掉，不要以为自己很厉害。每做一件事情的时候，一定要想想自己的初心，想想自己为什么要做这件事。

所以，我觉得是因为有很多人希望松赞好，所以松赞坚持下来了。这是一种无形的力量。当然，我们也很幸运，2021年我们创造了营收的历史纪录，整体营收将近2.5亿，还有差不多三四千万的利润。

俞敏洪：这也是靠你们原来客户的支持吗？

白玛多吉：对啊！今年跟我们预期的不太一样，特别是上半年，人们可能没精力和时间旅行，或者安排了一些国外的旅行等，所以上半年我们运营得不太好，但下半年又好起来了。我觉得到今年年底，应该能取得不错的营收，完成我们的目标。

俞敏洪：太好了！发心正，更大的目标就在远方，并且是特别好的目标，人自然容易坚持下去。

白玛多吉：对。如果只是想做好一个酒店，人可能会迷失；如果只是想做好一个旅行，人也可能会迷失。我做旅行最核心的目的，是希望我的客人能得到更好的利益。同时，我也希望我的员工、我所在的村庄更好。反过来说，世间所有的喜悦都来自希望他人快乐，他人好了，我能不好吗？他人好了，我的事情不就捎带解决了吗？

俞敏洪：所有的一切都是坚持正确理念的附带结果，包括财富、地位、名声。如果特意追求财富、地位、名声，很容易令人迷失，因为那些东西容易令人深陷其中。但如果以众人的快乐为自己的快乐，通过帮助众人来帮助自己，以这种发心去做事，就不容易迷失，即使犯错也是犯小错，而不是方向性错误。

4.尾声

俞敏洪：国际范围内，有没有哪个酒店系统是你们学习的榜样？还是说，你们的系统基本算是比较独特的？

白玛多吉：我觉得真的没有，但我们整个产品的结构和运营模式跟迪士尼有点像，我们不单做酒店，最核心的是做旅行，有一种旅行是点和点之间有很多可以自然撬动的东西，可以游览或者体验；有一些是目的地特别好，比如巴松措、香格里拉，但它们并不是信手拈来的产品，比如八宿营地，里面有飞拉达、树上穿越、野骑等，为什么会有这些项目呢？因为去了营地以后，客人总得干点什么，我们也不能天天为他们讲藏族文化，便在营地设很多可以玩、可以体验的项目。所以，我们的整个运营体系有点像迪士尼。

俞敏洪：以活动丰富体验。但我觉得让大家静思、学习、体验的活动也一定要有，通过某种课程形式或者活动方式，让大家有一个修心的过程特别重要。

白玛多吉：对，我们现在在香格里拉松赞林卡、波密林卡、拉萨林卡都设有冥想课程。接下来，我们会把比较系统的课程放到昆明做，因为相对而言昆明海拔比较低，而松赞大部分酒店，除了普洱和丽江的以外，都在2600米以上较高的地方，有的甚至在4200米的地方，我们在阿里地区的酒店可能处在海拔4800米左右的地方。

俞敏洪：跟你对谈我受教了不少。时间差不多了，你再对大家说几句。

白玛多吉：希望大家能找到快乐源泉，也希望有缘人到松赞一起交流、分享、学习，扎西德勒。

俞敏洪：感谢各位朋友，今天我们度过了一个愉快的上午，欣赏了像翡翠宝石一样的巴松措湖，看到了高耸挺拔、雄壮巍峨的"火焰"圣山、雪山。仿佛从原始走向现代，我们游览了依然保留着非常深厚的工布藏族传统的结巴村。结巴村的意思是"隐秘的世界"或者"被遗忘的角落"，这是一个存于奇山异水之间的美好村庄。同时，我们来到结巴村深处、靠近巴松措湖边的松赞巴松措林卡，这是一个房间比较多的在雪山之下、圣湖之边的修身养性之地。

今天更多的收获来自白玛多吉老师，他用心灵的语言告诉我们怎么做事、怎么做人，告诉我们他的做事做人之路是如何走出来的。他将带领松赞集团走向怎样的未来呢？我相信这个未来一定是非常美好的，也一定是非常光明的。

非常感谢大家的陪伴，也希望在神山、圣湖、圣地之间，我们的脚步更加轻盈，心灵更加纯净，生活更加美好，更愿意为别人付出，给自己带来更多的快乐。

谢谢大家！

对话张维迎

从黄土地走出的仰望星空的人
对谈于 2023 年 7 月 4 日

张维迎

　　中国著名经济学家。1959年出生于陕西省榆林吴堡县，1984年获西北大学经济学硕士学位，1992年获牛津大学经济学硕士学位，1994年获牛津大学经济学博士学位，曾任北京大学光华管理学院院长，现为北京大学国家发展研究院博雅特聘教授，北京大学市场网络经济研究中心主任，兼任中国企业家论坛首席经济学家。著有《回望：一个经济学家是如何长成的》《重新理解企业家精神》《市场的逻辑》《经济学原理》《博弈与社会》《企业家：经济增长的国王》《市场与政府：中国改革的核心博弈》等多部著作。

俞敏洪： 各位朋友好，今天我对谈的是张维迎教授。相信大家对张维迎教授并不陌生，凡是对中国经济发展、企业家发展、社会发展感兴趣的人或多或少都知道他，无论是在经济理论方面，促进中国企业发展方面，还是在推动中国市场经济前进方面，张教授都起到了重大作用。今天他带来了两本书，《回望：一个经济学家是如何长成的》和《重新理解企业家精神》。我和张维迎教授将围绕这两本书，讲一讲他个人的成长和发展，讲一讲企业家精神，讲一讲中国的经济。

——对谈开始——

1. 从黄土地走出的经济学家

俞敏洪： 我对你非常敬佩。你普通话讲得不好，我普通话讲得也不好。

张维迎： 现在我普通话讲得比小时候好多了。其实，陕北话是中国古代的普通话，所以现在的普通话里也会有一些中国古汉语。

俞敏洪： 很多词跟中国古代文化有关。我比较好奇，作为一个陕北窑洞里出来的孩子，你引领了中国最前沿的思想，尤其是经济思想的发展。你是怎么走出大山，走出黄土高原的？

张维迎： 人生有一连串的偶然。我真的是偶然走出去的，随遇而安，没有任何设计。但有一点非常重要，我在农村的时候遇到了一些贵人，他们在关键的时候给我提供了帮助。然而，某种意义上来说，这些给予帮助的人也是不可预测的。比如，在我很小的时候，我们初中、高中的很多老师是"文革"前毕业的大学生，他们到我们山沟里教书，在 20 世纪 80 年代的时候走了。

俞敏洪： 这些人对你产生了什么影响？

张维迎： 我那时在农村接受教育，老师们非常认真，当时城里很多学校都不上数学课，但我们上了两年数学课，一个男老师和一个女老师教。我高考的时候，那个女老师把授课的辅导材料寄给了我。如果没有这样的老师，我就完全错过这个机会了。有机会考上大学当然好，但我没想过要当一个学者，对我们来说，走出山沟是最重要的。

俞敏洪： 你高中毕业以后，回农村工作了一段时间吗？

张维迎： 我回农村工作了两年。我是在县城上的高中，上完就以"还乡知青"的身份回去种地了，那时没有高考。如果不是恢复高考，我是没有机会的。

俞敏洪： 没有邓公的高考政策，我们可能一直在山沟里待着，你可能是团支部书记，我可能是大队长。

张维迎： 有可能。当时农村的公社书记想提拔我到公社当团支部书记，后来没成功。

俞敏洪： 当时你怎么会有这样一种学习精神？

张维迎： 我记得很清楚，小时候我一开始是不愿意上学的，我父亲蹬了我一脚，蹬了几米远，吓得我就去上学了，但上了以后，我就喜欢上了，放假的时候我也总盼着开学。

俞敏洪： 当时为什么喜欢上学？是语文、数学学得好，还是同学关系好？

张维迎： 那时候主要学语文、数学，没有其他的，我数学学得比较好。而且从小学开始，老师都非常喜欢我，我是乖孩子，不是调皮捣蛋的孩子。

俞敏洪： 老师的欣赏对孩子的成长特别重要。

张维迎： 会让孩子非常自信，让孩子感觉学习非常有趣。

俞敏洪： 黄土高原沟壑纵横，你上学得翻山越岭吧？

张维迎： 我上初中的时候是下了沟再上山，其实只有 5 里路，但也得花一个小时。特别是冬天，早晨天不亮就得出发，走到学校天才亮。

俞敏洪： 但你当时还是喜欢上学，对吗？

张维迎： 我喜欢上学，我对学习的兴趣一直很浓。我父母并不识字，只是觉得孩子念书就有出息。我父亲总说如果自己念过几天书，就能吃公家饭了，就不是农民了。

俞敏洪：你父母一直是农民吗？

张维迎：一直是农民。一直到他们年龄特别大了，出于医疗的考虑，我在我们老家的市里买了一套房，让他们住在那儿，但他们每年夏天也会回乡里。

俞敏洪：二老还在吗？

张维迎：都"走"了，母亲"走"得早一些，父亲前几年去世的。

俞敏洪：你在书中写了你父母的故事，我觉得特别感人，有父母在当然好，如果没有父母在，我们自己就变成了一座山、一堵墙。

张维迎：父母不在，这个世界就完全变了。有时候我会感到遗憾和后悔，尤其是我母亲去世的时候，我记得太清楚了，那时我知道就在那两天了，但推迟了一天回家，因为当时我在光华管理学院请马云做讲座，他说要捐一笔钱给光华管理学院，我就为了这件事晚回了一天，没见着她最后一面。**我们总把工作看得特别重要，但在感情之事面前，工作并没有那么重要。**

俞敏洪：当时认为重要的事情，随着时间的推移，会觉得不那么重要了；当时认为不得不做的事情，随着时间的推移，其实也不那么重要了。我们都有这样的感觉，我们俩的父母都不在了，一直在我们身后挡风的墙没有了，我们成了为子女后代挡风的墙。你的父母不认字，也没有强迫你学习，而且高中毕业后你在乡镇工作了两年，你后来怎么参加了高考呢？

张维迎：那时候我突然听到恢复高考了，农村孩子唯一的希望就是参加高考。我从小学习很好，认识我的人都说我有希望。当时没有广播，我先听到的是小道消息，我们县宣传部的一个教我写通讯报道的干事说："听说今年有高考了。"我说："我没怎么学过物理、化学，可能考不上。"他说："你可以考文科。"我问："考试还有文科？"他说："有。"所以我就考了文科，我在高考之前都不知道有文理科之分。

俞敏洪：第一次高考是哪年？

张维迎：1977年，但当时没有被录取，后来被补录到了西北大学。

俞敏洪：你是我的超级师兄。

张维迎：当时北大是我的第四志愿，因为我知道自己考不上北大。那时候高考不公布分数，可以填四个志愿，我填了三个之后还空一个，想不起来写什么，就写了北大。后来我在体改所工作的时候，有一些在北大工作的同事讲到北大这个老师、那个老师，我就特别感动。我觉得对老师而言，如果能让学生对自己产生这种感觉，还挺好的。

俞敏洪：这就是你后来进北大的一个原因吗？

张维迎：对。我原来没想过当老师，但听这些北大毕业的学生谈起自己对老师的情感和感恩，听他们讲一些逸闻趣事，我就觉得去北大当老师挺好的。

俞敏洪：尽管你不是北大毕业的，但后来成了北大著名的经济学老师，这让我感到非常骄傲。我是北大本科毕业的，在北大当了六年老师之后我就离开了。我离开的时候，张教授进去了，并且坚持到现在，为北大的本科生、研究生以及到北大短期学习的企业家等无数学生讲过课。你当时考到了西北大学是吗？

张维迎：对。我考到了西北大学经济学专业，选经济学也是一个意外。当时我没报经济学，西北大学因为扩招要建一个新专业，这个新专业有五十个人，全部是从其他志愿录取的。当时我们老师带着另外七八个老师在水泥地板上一份一份地挑档案，最后挑出来五十个人，我在其中。如今想来十分后怕，万一老师没挑上我，我如今可能还在农村。

俞敏洪：不一定。如果被挑到历史学专业，你或许就成为历史学家了。

张维迎：我估计当时历史专业只招几个人，经济学是新班，所以招得多。

俞敏洪：个人感觉，你是学什么爱什么的人。

张维迎：有可能是这样。我学了经济学，就特别喜欢经济学。

俞敏洪：挑上你学经济学是国家之幸。在经济学理论和实践发展中，你为中国的企业发展做了很多事情。西北大学还是很厉害的，出了你和冯仑等很多名人吧？

张维迎：西北大学当初很厉害。当时有西南联大和西北联大，西北大学有一部分源自西北联大，很多西北联大的人留了下来。西北大学分出去很多学校，比如陕西师范大学等。西北大学像一只母鸡，生出好多小鸡，自己越来越瘦，后来它成为一所地方主管的高校，没什么钱，但很努力。

俞敏洪：现在西北大学好多了吧？

张维迎：这几年进步非常大。我想起一件有意思的事。高中毕业的时候，我的中学老师送我一本《政治经济学》，她并不知道我后来会做经济学研究，那是我拿到的第一本经济学方面的书。

俞敏洪：你居然读进去了！这就是你比我更高一筹的地方，当时我读的书是

《三侠五义》，《政治经济学》我根本读不进去。

张维迎：所以你的成就比我大，当企业家要乱读书。

俞敏洪：从历史的角度来说，你对中国的贡献比我们任何一个企业家都大，因为你奠定了中国经济发展的理论基础，我们只是在这个理论基础上做了一点事情而已。当时你一个农村孩子到西北大学读书，有自卑或者不能融入的感觉吗？

张维迎：一开始有点，比如我说话别人听不懂。我是怎么自信的呢？我记得我们何老师每次上完课会布置作业，让我们写一篇小文章，我们写了以后，他会让一位同学在课堂上讲课，有一次是让我讲，我讲的时候，课堂反响很好，我就产生自信了，然后一直学得很好。我大学考试基本都是第一、第二，总分肯定是第一。

俞敏洪：太厉害了，我考试一直是最后几名。

张维迎：这就是你能当企业家的原因，考试特别好的人可能当不了企业家。

俞敏洪：但是能当指导企业家的人。

张维迎：那是另外一回事。有研究证明，记忆力特别好的人，想象力不丰富。企业家需要丰富的想象力，你一定不是考试考得最好的学生。

俞敏洪：这给家长一点安慰。孩子考试不好，记不住东西没关系，想象力丰富就行。家长们不要打击孩子的想象力，比如孩子会把鸟想成龙，把狗想成虎，有这样的想象力很好。

张维迎：这是事实，很多成功的企业家学历并不高。**人类的知识有很多，不只是书本知识，但人们往往过分迷信书本，认为只有书本知识才是知识。**这就是大家不理解企业家的一个原因。

俞敏洪：尤其是现在，在千变万化的世界里，如果把书本知识当成仅有的知识，一定是书呆子行为。

张维迎：也有可能是知识分子有意塑造的，人类接触的很多东西是被知识分子塑造的，因为他们学的就是书本知识。我认为，**书本知识并不是人类仅有的知识，甚至不是最重要的知识。**由于理解了这一点，我才能真正理解企业家精神，否则是没办法理解企业家精神的，企业家精神一定是超越书本知识的。

2.回望：那片土地、那些人

俞敏洪：张教授通过《回望：一个经济学家是如何长成的》一书回忆了自己

的童年、少年、青年生活，回忆了成长过程中周边朋友对自己的影响，以及长大以后那些上过大学的、没上过大学的、当兵的朋友是怎么为家乡的建设做出重大贡献的。书中还记述了求学过程中一些老师和教授对他的重大影响，以及为什么他在求学过程中一路求知求真，希望为中国的发展提供哪怕是他称为"有局限"的建议。我认为张教授真的是一位非常有家国情怀的人，没有任何私心，努力为家乡做贡献。**爱故乡的人，内心是非常纯真的。**

张维迎：这本书不是写我自己，是写对我影响大的小人物们，包括我的父母、发小、同学、老师，其中有些人比较有名，是大人物，其他大部分都是小人物。我写他们并非出于计划，而是一种情感的迸发，我觉得必须得写，不写就特别难受。

无论是父母，还是同学，我从他们身上学到很多。比如我读大学的时候运气很好，我们班有九个北京知青，他们在延安插队，被招录到了西北大学，这对我们班影响很大。北京知青见多识广，与我们是不一样的。我写的同学田丰就是一位北京知青，他是我的文学启蒙老师，读了很多书，还告诉我该怎么读书。

俞敏洪：所以同学关系也会对自己在大学的成长有很大影响？

张维迎：影响很大。我之所以写田丰同学，是因为我感觉在同学中，他对我的影响最大。当时也有其他同学教我其他方面的东西，比如怎么适应城市生活等。

俞敏洪：从农村到城市生活要适应一段时间。

张维迎：生活上完全不一样。在农村的时候，我穿的鞋是我妈妈手工纳的，到了城里则穿买的鞋。适应城市生活需要城市的同学帮我。我第一次打电话都是上了研究生之后。

俞敏洪：大学期间你从来没有给父母打过电话吗？

张维迎：没有，那时候家里没电话。我们那个村 1994 年才拉电，而且是我找了朋友才拉过去的。那时我刚好在北大，我们村的村民希望我能帮着拉电，对我说："人家县上有人的村就拉上电了，咱们村拉不了。"我就总跟易纲唠叨这事，他听了以后说："你别唠叨了，咱们自己凑点儿钱。"电是这么拉起来的。

俞敏洪：易纲老师对你这么好？

张维迎：这都是对我影响比较大的人。我在书里写的都是对我影响很大的人，比如我们村主任，他是我发小，也是我同桌，从小学习不好，考试总会不及格，他快 60 岁的时候当了村主任。我认为他是全世界最好的村主任，他不仅自己贴钱做事，而且视野广阔，是一个具有企业家精神的村主任。我认为，如果村里有一个有企业家精神的村主任，这个村能越来越好。

俞敏洪： 除了有企业家精神的村主任，你的很多老朋友都具有企业家精神，他们办了各种各样帮助村民发展的企业或者事业。卖挂面的那个人叫什么？

张维迎： 王德烽[①]。手工空心挂面很好吃，不知道你吃了没有？

俞敏洪： 我吃了，他给我寄来的。

张维迎： 周其仁等几个教授去辛庄访问，德烽解释了半天，也没能就挂面为什么是空心的这一问题给出一个满意的答案。[②]后来我听了一个解释，觉得有一定的科学道理，之所以能做成空心挂面，主要是因为功夫到了。挂面被翻来覆去揉了数百次，会先从外面干，这样就有拉力把里面拉空，一般的面不会揉得这么筋道。为什么我要在书中写王德烽？他一开始当乡长，后来当了乡党委书记，他做的事让人感动，我每次见他，他都不谈其他事，只谈卖面。

俞敏洪： 一个普通人为了带领乡亲们致富，献出了自己所有的时间、精力。

张维迎： 没错。还有我写的柳青文学作品收藏家张永强。出于热爱做一件事和出于工作做一件事是完全不一样的。对张永强来说，收藏是他的爱好，即便后来倾家荡产，连饭都吃不上了，他也还是要做。他做了多年收藏，后来建了"柳青文学馆"，这可能是全国少有的在乡村里收藏陕西所有作家作品的文学馆。比如陈忠实、路遥、贾平凹等作家，他们的作品都被放在独立的院儿。

俞敏洪： 我读过这篇文章后特别感动。他最初只收集柳青的作品，然后又扩大到收藏整个陕西作家的作品，并为此倾家荡产。为什么你身边有这么多献出所有时间、精力、财富，专注于自己热爱之事的人呢？

张维迎： 你身边也有很多这样的人，可能你太忙，跟他们交往得比较浅。我写他们是因为每年我都见他们，每次和他们深谈，我都深受感动，一定要把他们写下来，不写内心就过意不去。**一个人热爱一件事到这种程度，我相信他一定会成功。**

俞敏洪： 你做得这么纯粹，与你善于发现身旁之人的优点以及善于发掘他们

[①] "挂面书记"王德烽，于 2008 年开始号召张家山镇村民开展手工挂面产业，以此带领全村留守人口脱贫致富。

[②] 2017 年夏，张维迎与周其仁、卢锋等几位教授去辛庄访问，王德烽曾为他们讲解空心挂面。

的成长历程有关系吗？

张维迎：从小父母就教导我"无论是谁，哪怕他对你有一点点好处，你都要记着"，用现在的话讲，这叫拥有感恩之心。

俞敏洪：这跟农村的教育有关系，我父母也跟我这么说过。

张维迎：所有对我有帮助的人，我都特别感谢。

俞敏洪：在这一点上我们有相似之处。

张维迎：现在好多人做慈善是望远镜式的慈善，他们对周边的人特冷漠，但对抽象的人特热爱，这有点糟糕。我们应该做显微镜式的事，对周边的人好很重要。有些人对抽象的人充满了爱，对具体的人很冷漠，这是需要改变的。

俞敏洪：我比较同意这个观点。对周边需要帮助的人，我们需要付出更多时间，愿意付出表明我们是真心的，对抽象的人可能有个想法就行。如果我们能帮助好周边的人，如果每个人都能过好自己的日子，社会会变得更好。

张维迎：是这样的，在这个社会上，亲情、朋友等都非常重要。

俞敏洪：你对家乡有着揉不碎的情感。为什么你对陕北榆林家乡，这片黄河边的土地，一个贫困、重峦叠嶂的地方，有这么深的感情？

张维迎：榆林有穷有富，我们那个县最穷，但我们榆林也有江阴那样的全国百强县，比如神木市，那里有丰富的煤炭资源。榆林每平方米的地下能埋6吨煤，但集中在一部分地方。

我之所以热爱那片土地，是因为人的历史是由过去塑造的。你喜欢吃什么，不喜欢吃什么，这些都是你的记忆，构成了你自己。你不热爱家乡，就是不热爱自己。唱起我们那儿的歌，说起我们那儿的故事，一山一水，都会让人感觉很踏实。

我认为，我们这代人可能是最后一代有根的人。**无论我在北京、西安，还是去牛津或者其他世界上任何一个地方，我都有根，这个根就是那个村庄。**那个村庄可能存在几千年了，我们姓张的去那儿也有三百年了。对我而言，在城市是没根的，今天在这儿，明天在那儿，不知道自己的"家"在哪儿。我们可能是最后一代有根的人，以后的人不会这样了，我很珍惜这些经历。

俞敏洪：这种对家乡的珍惜是我们对童年成长的记忆，是我们对贫困中奋斗的记忆。不管祖国如何发展，这些记忆都会留在我们内心深处。

张维迎：我觉得过去特别美好，我很自豪，如果我错过了那个地方，我就不是我了，如果我不是生在那个地方，今天俞敏洪对话的就不是我了。

俞敏洪：我对我家乡的热爱和你对你家乡的热爱，从本质上讲是一致的。

张维迎：这是人的一种情感，我很珍惜它，所以我愿意做一些事。过去太忙，帮助家乡的事做得很少。

俞敏洪：所以你在老家做了"辛庄课堂"。

张维迎："辛庄课堂"是全世界独一无二的、在山沟里建的一个小课堂，主要为企业家学习而建。它是我和黄怒波一起做起来的，他是实践总导师，我是学术总导师。我们请最有创造力的企业家到落后的山沟里去。我们有一个说法是"**在黄土地上仰望星空**"。

俞敏洪：这个感觉太棒了！

张维迎：企业家们站在黄土地上仰望星空，研讨企业家精神、传统与现代、守正与创新。如今，一些废弃的旧窑洞被我们一部分改建成漂亮的教学设施，一部分装修成宾馆，马上就投入使用了。有一些大公司会带整个高层团队去那儿完全封闭地待三四天。

俞敏洪：太棒了！陕北虽然很穷，却是中国革命的发源地，也是中国走向世界的发源地。大家都说你荣归故里，不忘家乡。

3. 企业家精神：对创造性的追求

俞敏洪：《重新理解企业家精神》我读了好几遍，我做了三十年企业，读完这本书仍然很有感悟。

张维迎：《重新理解企业家精神》读者范围比较广，包括企业家、政府官员、经济学家、普通人。我先从普通人说起，为什么有些人有仇富心理，对企业家有偏见？因为他们不理解企业家。前几年社会上出现的一些舆论为什么能引起那么大的波浪？普通人如果能理解企业家，就会尊重企业家所做的事情。

如果没有企业家，我们生活的这个世界不会是现在这样。**我们今天享受的相当大的一部分是企业家创造出来的。**企业家为什么重要？一会儿我讲一个具体的例子，大家就能明白了。

俞敏洪：你认为是政府相关部门人员应该有企业家思维，还是企业家应该有政府相关部门人员的思维？

张维迎：与人相处需要换位思考，如果人类不会换位思考，就不会有人类社会。从古至今，孔子的"己所不欲，勿施于人"是换位思考，亚当·斯密所说的要有"公正的旁观者"角度也是换位思考。但每个人的角色毕竟不一样，更多理解别人怎么做事对指导自己做事是有帮助的。

在我看来，政府所做的是提供公共服务、维持秩序、建立法制等，真正创造性的东西要靠企业家去做。政府需要按照规则做事，不能想到什么就去做什么，否则就乱套了，企业家则是按照自己的想法做事。

俞敏洪：现在中国老百姓对企业家有两种看法，一种觉得企业家就是资本家，是剥削阶级，另外一种认为企业家为中国的进步做了很多事情。怎么样让老百姓更加清晰、理性地理解企业家在中国社会发展过程中的角色呢？

张维迎：过去三百年来，无论英国、德国，还是美国、日本，人类社会的经济增长史，也是企业家的创新创业史。从这个意义上来看，我们讲一些企业家的故事，就相当于把这个国家的经济增长史讲出来了。1865年美国内战结束时，农业人口在总人口中占有较大比重，三四十年后，美国成为第一工业大国。我们可以找出五六个核心企业家，比如范德比尔特（Vanderbilt），他用铁路把美国连起来，再如约翰·洛克菲勒（John Rockefeller），他用煤油把美国点亮。

俞敏洪：美国人有的时候认为他们是剥削阶级。

张维迎：这有两个原因，一是我们对知识的理解有限，大家理解的是硬知识，企业家用的是软知识，比如发现他人读书不如自己却比自己赚钱多，就感到很不服气。这是我们需要在认知上解决的问题。还有一个原因是人有妒忌心，**看到别人好，心里就不舒服**，比如发现他人赚钱比自己多，心里就很不平衡，为了能够让自己心理平衡，就说这个人道德上有问题，说这个人之所以能赚钱是因为他心黑，我没赚到钱是因为我太善良了。抱有这种心理的大有人在。

放眼世界，对于某个地方而言，人的妒忌心如果不能受到一定限制，那么该地的经济是没法发展的。比如该地某个人建了一个企业，赚了一点钱，大家都想要分他的钱。他买了一辆车，大家拿锥子把轮胎扎破了。如果他倒霉了，亏钱了，大家反而很高兴，但这样的话，做企业的人就少了。

俞敏洪：宁可大家一起穷，也不愿意一个人富起来。

张维迎：如果掉进平均主义的陷阱，一个地方的经济就不会发展。某种意义上说，人类之所以进步是因为破除了这些观念。20世纪80年代，我演讲时谈到"经济变革中十大观念的转变"，其中之一就是财富观，财富是人创造出来的。传统观念中，社会财富就那么多，别人的财富多了，自己的就少了，这属于一种零和博弈思维。若是在传统农业社会，这种观念可以理解，毕竟土地就这么多，但工业社会不是这样的，人们认为财富是人创造的。一座大楼多少钱呢？它是没有客观价值的，经济好了，业务好了，这栋大楼就值钱，业务不好，这栋大楼就没人要。比如美国有很多所谓的"铁锈地带"①，那些地方的大楼很难售出。**财富是一个价值概念，价值依赖于人创造力的发挥，发挥得越好越值钱。**

俞敏洪：中国有一个故事，有一个人来到一个村庄投资，最后这个村庄发展了，投资的人赚了很多钱，老百姓也获得了收入。但老百姓见企业赚很多钱，心里很不舒服，于是口诛笔伐，把投资人赶走了。投资人被赶走以后，整个村庄陷入了贫困，然后大家一起心平气和地生活，大家一起穷。

张维迎：这样的故事很多。我们做的工作是什么？比如我的使命是改变人的理念，破除一些我认为不正确的理念，灌输一些正确的理念。如果所有人都认同我，我就不需要改变了，这就是我的使命。

俞敏洪：为什么你认为企业家和创业者对中国未来的经济发展那么重要？

张维迎：人类的进步来自人的创造力。

俞敏洪：除了企业家，别人就没有创造力了吗？

张维迎：也有，但是不一样，企业家的创造力能使普通人获得最大的好处。科学家成功与否或许可以用是否获得奖项来判断，但对企业家来说，如果不能让普通人受益，比如将理论、技术转换为普通大众愿意消费的消费品，那么他就很难成功。四十年前，中国的铁很短缺，"砸锅卖铁"的意思是家里最宝贵的就是那口铁锅；还有一句话是"好钢用在刀刃上"，那么宽的一把刀，只有刀刃的几毫米用钢，为什么呢？因为钢太宝贵。现在铁锅、钢刀到处都是，它们是怎么来的？是企业家创造的。

俞敏洪：难道它们不是科学家创造的吗？为什么说是企业家创造的？

张维迎：我讲个故事，大家就理解了。人类炼铁已有三千多年的历史，但在四百多年前的英国，铁也是很稀缺的，它只能被用来造刀叉、农具等，因为炼铁需要烧大量的森林，但伊丽莎白时代颁布了限制伐木的法令。1709年英国一个企业家亚伯拉罕·达比（Abraham Darby）发明了焦炭炼铁，英国的煤很多，焦炭

---

① 最初指的是美国东北部五大湖附近传统工业衰退的地区，现可泛指工业衰退的地区。

炼铁方法出现之后，铁的产量就大幅度增加了。

后来，这一方法陆续经过很多改进，1770年左右，英国的铁就过剩了。问题的关键来了，为什么企业家重要？面临产能过剩，有一种办法是凯恩斯主义的思维，即刺激需求。比如你们家原来每人一把刀叉，现在每人两把刀叉、三把刀叉；你们家原来有两把镰刀，现在变成四把镰刀。这是凯恩斯主义刺激需求的概念，但你们家用那么多刀叉干吗？所以这只能临时解决问题。第二种是传统的做法，叫供给侧改革。铁过剩了，产能低的就被关了，留下一部分。这似乎把问题解决了，但留下的不一定是最有效率的，这样的话，以后可能就没有人再做新的了。这时候，企业家会怎么解决问题呢？英国一个叫约翰·威尔金森（John Wilkinson）①的企业家，他发现了新的市场、创造性的市场。

俞敏洪： 你的意思是企业家有能力发现新市场，创造新市场？

张维迎： **市场本来就是企业家创造的**，不是有一个市场客观在那里。不是消费者需要智能手机，乔布斯（Jobs）生产了智能手机，而是乔布斯生产出了智能手机，再教育消费者。比如原来椅子都是木头造的，人们用铁造了椅子，这就创造了一个市场；原来桥也是木头的，人们用铁修了桥，也是创造了一个市场。椅子和桥的例子人们都可以理解，但约翰·威尔金森认为，铁还可以造船。所有人都说他疯了，因为铁比水重。在那个时代，比水重的东西能不能漂在水上呢？科学家没有回答这个问题。后来很多的例子证明，科学家认为这不可能，工程师认为这不可能，但企业家坚信这是可能的，最后做成了。所以，企业家是用想象力改变这个世界的，这种事工程师、发明家可能做不到。瓦特是一位发明家，但如果背后没有企业家，他也无法成事。

俞敏洪： **把科学技术转化成生产力，企业家起了关键作用。**

张维迎： 没错，企业家是最关键的一环。科学是世界的，爱因斯坦做的理论，中国人可以做，美国人可以做，科学没有专利，但发明有专利。为什么在有些国家科学能变成消费者喜欢用的东西，有些国家则不能？为什么工业革命发生在欧洲，没发生在东方？更准确地说，为什么工业革命首先发生在英国，没有发生在法国呢？当时法国的科学比英国发达。

俞敏洪： 是因为对专利的保护吗？

---

① 约翰·威尔金森，英国实业家、发明家，发明制造出了镗床。

张维迎：对。法国官本位。当时法国的产业几乎被国王路易十四、路易十五垄断了，人们只要贿赂他们就可以得到特权，所以法国人不愿意做企业。

俞敏洪：创新能力减弱了。

张维迎：当时法国还对民众进行政治迫害，尤其是路易十四废除了《南特敕令》，新教徒不再受到宽容，大约有8万名胡格诺教徒移民英国。我们经常将某地发展的原因归结为禀赋好，否则没有资源，但其实不是这样的。资源与现代的发达与否关系不是很大，比如英国的土地不适合种棉花，但棉纺织也成了英国的主导产业。英国之所以发生工业革命是因为英国有一些企业家。汽车是德国人发明的，但法国人也参与了汽车的设计，1904年法国是世界第一大汽车生产国，之后美国超过了法国。

俞敏洪：因为法国没有充分尊重市场经济规律，所以那时很多法国人移民英国和美国等。

张维迎：这是抽象的说法，具体的说法是因为美国出现了亨利·福特（Henry Ford）。普通人能享受到汽车，要感谢亨利·福特。

俞敏洪：他当时的理念是让每个普通人都能开上汽车。

张维迎：一般人可能想这怎么可能，汽车那么贵，但亨利·福特就能把汽车成本降下来。在福特汽车出现之前，全美国可能只有一两万辆汽车，但到了1930年，美国汽车的普及率约为60%，这是因为福特把汽车价格降低了。

俞敏洪：20世纪80年代，有人对我说："俞敏洪未来你可以拥有一辆汽车。"我说："我连自行车都买不起，买什么汽车。"后来我发现中国的发展很迅速。

张维迎：比如李书福，他1997年左右开始生产汽车。

俞敏洪：李书福也是个奇迹，他修摩托车，修着修着就开始造汽车。有人告诉他："你怎么可能造出汽车，汽车涉及那么多高科技。"他说："汽车不就是在四个轮子上放两个沙发吗？"

张维迎：企业家可以动用想象力把事情想得简单，这有两个好处，第一能抓住要害，第二能给自己勇气。把问题想得特别复杂的人是当不了企业家的，很多科学家认为不可能的事，企业家去做了，比如iPhone手机的屏幕，乔布斯想用多点触控技术，他的工程师告诉他不可能，但最后实现了。企业家为什么如此重要？因为企业家是其他任何人都替代不了的。

俞敏洪：乔布斯让我们使用手机时可以不用（物理）键盘了，这就是企业家的想象力。但这也带来一个问题，企业家有自身的能力和发展，还集中了很多资源，在帮助社会发展的同时，自己也变得越来越富有，而且他们的财富越来越集中，不管是美国还是中国都是这样，企业家动辄拥有几百亿、上千亿的个人资产。对于一个社会的稳定发展来说，如何解决这样的贫富悬殊问题？

张维迎：我们有一个误解。我们总说某某企业家资产多少，但如果他将这些资产卖了，这些资产也就不值钱了。这些资产之所以值钱是因为它们在运作，运作某种意义上是在服务未来。企业家是社会的受托人，假如马化腾宣布把股份都卖了，那么腾讯的股票就不值钱了，甚至可能掉到零。普通人可能每月领2万元的工资，而企业家可能赚200万，同样是挣钱，似乎二者是一样的，但其实不一样，因为企业家的财富是在整个社会中运作的。

俞敏洪：这一点我认同。我很多企业家朋友号称有多少资产，其实他们在不断把钱投入到企业的发展和研发中，有时候遇到一个危机就分文无归了，但他们依然愿意。我常和一些朋友聊天，问他们缺不缺钱，从生活的角度来说，其实真不缺，毕竟奋斗了这么多年。那为什么不直接退休，该吃吃该喝喝？毕竟年龄也到了，我们这代企业家年龄差不多在60岁左右。但他们说："不行。"他们想用自己拥有的资源去创造更大的社会价值。

张维迎：这一点非常重要，很多人有一个误解，觉得做企业就是利欲熏心，就是为了赚钱。对于一部分人而言，一开始是这样的，但做到一定程度以后，真正做成大企业的人都不是这样想的，他们根本不缺生活的钱。那还那么劳累干吗？因为企业家有另外一种追求。曾经有个年轻人对乔布斯说："我也想做企业，你觉得我做什么？"乔布斯说："你为什么做企业？"他说："我想赚钱。"乔布斯说："如果你想赚钱，就不要做企业，做企业是你有一个想法，你觉得这个想法有价值，你想把事情做成。"

企业家有一种对创造性的享受，企业家是自己找事做，自己想做事，不是被动做，企业家有一种内在的创造的冲动。我观察了一下，企业家没有守财奴，企业家的钱都散出去了。一百多年前美国的两个企业家，约翰·洛克菲勒和安德鲁·卡内基（Andrew Carnegie），他们一个是石油大王，一个是钢铁大王，两个人比赛，前半生比谁成为美国首富，后半生比谁捐的钱最多。大家不能光看到他们前半生赚了很多钱，其实他们不是为了赚钱，而是为了获得最大的成就。后来，他们把钱都捐出去了，一个建医院，另一个就建图书馆，一个建大学，另一个也建大学，芝加哥大学是洛克菲勒建的，卡内基梅隆大学是卡内基建的。**企业家跟其他人不一样，企业家对创造性有一种享受，当然会争强好胜、不服输。**

俞敏洪：我觉得你对企业家的评价有点太高了。做生意分两种人，一种人就是为了赚钱，没什么理想，他们觉得赚钱越多越好，我在生活中碰到过这样的人。可不可以说这是唯利是图的商人呢？

张维迎：我说的不是具体的人，教授也有坏人，官员也有坏人，我是从职业的角度来说的。赚钱本身不是一件坏事，在生产及正常的市场经济中，一定要给别人提供更好的服务才能赚钱。企业家是干什么的？企业家是伺候人的，伺候得越让人舒服，伺候的人越多，赚的钱就越多；伺候得让人不舒服，伺候的人都跑了，企业家就破产了。

俞敏洪：所以即使一个人唯利是图，但只要他不坑蒙拐骗，并且为社会提供了服务，别人对他也无可指责。

张维迎：当然。买东西的时候想便宜一点，这也是想占便宜。凭什么对这个高看，对那个不高看呢？我问你一个问题，有人爱钱，有人爱权，还有人爱名，你认为这三类人，哪类人给社会带来的灾难最大？

俞敏洪：爱钱、爱权、爱名都很好，但如果爱到最后没有了规矩，爱得过分了，事情就麻烦了。

张维迎：你回答得很全面，你是一个好学生。我观察历史后发现，爱钱的人给人类带来的灾难最小，即使他害人也只能害个别人，不会害一群人，但爱权的人害的往往是一群人。

4. 市场经济：让人们过上好生活

俞敏洪：我认识你十几年了，我发现你一直不遗余力地宣传企业家精神和市场经济，为什么？

张维迎：我认为，**市场经济是唯一能够让普通人过上比较好的生活的一种经济体制，也是唯一可以实现共同富裕的经济体制，要实现这些就要有具体的人，那就是企业家。**要实现共同富裕，得有工作，得给消费者创造产品，这些都要靠企业家。计划经济最本质的特征是否定企业家精神，这样的话就没有企业家了，没有企业家，人们普遍会贫困，这是我坚信的一种信念。我做了很多统计分析，在中国三十多个省市自治区中，哪个地方的企业家密度高，哪个地方的企业家多，哪个地方的人均收入就高，哪个地方私有企业工人的工资就高，哪个地方农村贫困人口的比例就小，哪个地方城市里需要救助的人口比例就低。

俞敏洪：企业家和企业家精神对促进社会共同进步和繁荣起到了比较大的作用吗？

张维迎：简单地说，企业家是能够让普通人过上比较体面的生活的人。看到企业家赚钱，我们会眼红，但把企业家消灭了，我们会更惨，这是有历史根据的，每个国家都是这样。一个地方发展得好坏是企业家精神决定的，比如你们江阴。

俞敏洪：江阴还是不错的，前段时间我收到信息说江阴第六十家公司上市了，江阴今年的GDP能突破5000亿，江阴是一个县级市。

张维迎：中国的很多传统舆论、传统文化其实对企业家有一种偏见。为什么有些人出去以后变成了好企业家，但在当地却不行？因为他出去以后不怕别人说三道四了，敢干了。如果回到家乡，周围的人说三道四，他赚点钱别人就眼红他，他不给别人好处，别人就骂他，给他使坏，这就会出现问题。

为什么要不遗余力宣传企业家精神？因为我相信对企业家有正确的理解，我们才能有更好的生活。一定要记住，市场经济是唯一能够让普通人过上比较好的生活的经济体制，没有其他任何一种经济体制可以实现这一点。

俞敏洪：从政府角度来说，如何一方面激发企业家推动社会发展的热情，另一方面尽可能不产生那么大的社会贫富悬殊？

张维迎：市场经济本身不会产生那么大的贫富悬殊，因为竞争越激烈，企业赚钱越难。另外，企业家精神是没法继承的，一个人有企业家精神不等于他的儿子、女儿也会有企业家精神，几百年的历史证明，富不过三代。一百年前洛克菲勒多富有，现在他的后人无非是做点慈善，拥有一些小的家族财富。**市场经济本身在不断地洗牌，约瑟夫·熊彼特（Joseph Schumpeter）有一句话我特别喜欢，他认为市场经济下，富人俱乐部就像一家旅馆，里面总是住满了客人，只是客人总在变，有人离开，有人进来。**

俞敏洪：也就是说，实际上只要有充分自由竞争的机制，如果让社会上的所有人能够公平参与，财富的流转是会很正常的。

张维迎：很正常，而且很快。比如今天抖音上突然出现一个网红，是一个普通的女孩子，这就是市场给她带来的。

俞敏洪：一个充分的市场经济不光是给有钱人和有权人带来机会，也应该给普通人带来机会。

张维迎：充分的市场经济会给每个人带来赚钱的机会，不是因为他有钱，市场才对他好。

俞敏洪：哪怕是捡垃圾的，哪怕是最贫困的阶层，如果一个社会能创造机会让人们上升，让人们有新的翻身机会，那就是一个好社会。

张维迎：没错。再进一步讲，社会上出现收入差距，最要剔除的是那些没有为别人做贡献却富有的人。这些人是怎么来的呢？可能是通过特权。

俞敏洪：这是社会开放的一个结果。以我个人的经历来看，我刚上大学的时候，中国还处于社会分层中，后来慢慢解放思想了。20世纪80年代每个人都可以自由学习，有能力就可以通过高考上大学。你我都是农村的，尽管你第一年就考上了，我考了三年，但我们都进了自己喜欢的大学，这是改革给大家创造的机会，让农村孩子能通过自己的努力成长，这也是中国社会给人的希望，我们要把这种希望传承下去。社会或者国家阶层固化是很危险的事情，现在很多农村孩子、家庭条件不那么好的孩子进不了最好的小学、初中、高中，可能也上不了好大学，哪怕上了大学，可能也找不到好工作。对此你有什么看法？

张维迎：找工作非常重要。计划经济体制下，城市里的孩子没法安排，就到农村去了，大约2000万人到了农村。改革开放以后，大量农民工进城，我们那个村有500多人，平时村里只有100多人，其他人都出去干活儿了，这是社会的进步。当然，其他问题我们也要考虑。

我在课堂上做过一个调研，在大概三百个北大的学生中，直接从农村来的孩子占了不到10%，父亲或者母亲至少一方来自农村的占到82%，父母都来自农村的占到70%左右。社会的流动不可能是一步到位的，农村孩子一举考上北大很难，但倘若他们的父母有机会进城，有机会考上普通大学，儿女就有希望考上更好的大学，这是一个渐进的过程。这也提醒我们，保证考试制度、录取制度等的公平非常重要。**有人对高考提出很多质疑，但目前中国的所有制度中，这个制度最能保证公平。**

俞敏洪：尽管高考有缺陷，但相对来说，它能够保证公平竞争。公平竞争建立在从幼儿园到小学、初中、高中都公平竞争的基础之上。某种意义上来说，现在中国的教育不那么公平了，举个简单的例子，有资源的人的孩子能上很好的小学、初中、高中，没有资源的人的孩子则可能落在后面。

张维迎： 如果放开让你办学，你就会办小学、中学，专门招那些没有钱上好学校的孩子。社会是多元化的，让企业家或者有钱人可以自由做慈善事业非常重要。英国的中学在全世界范围内有很高的声誉，为什么？英国的很多中学都是私立的。

5.任教北大：自我进取，无愧于心

俞敏洪： 你作为一个农村孩子进了西北大学，后来是如何得到机会去体改所工作的？

张维迎： 偶然的因素。长话短说，1983年我写了《为"钱"正名——有感于〈中国青年报〉的一则报道》，受到了一些批判。当时我的老师、同学发现我犯了错误批评我，我就想离开学校；另一方面，我认识北京的一些朋友，那时候正在组建体改所，我有机会就进去了。

俞敏洪： 在体改所工作那几年，你有什么样的收获？今天你对中国大势的判断跟在体改所的经历有关系吗？

张维迎： 当然有关系。人生很难，我在20岁左右的时候可以进入一个"场"，在这个"场"碰到一些事关国家命运的人，尽管在这一过程中，我可能只是一个"小萝卜头"。那时候我参加了两次总理召开的座谈会，而且还有机会发言。

俞敏洪： 可以自由讨论吗？

张维迎： 不完全自由，但至少可以举手表达自己的一些意见。那时候我才二十五六岁。很难想象，亲身接触以后，我真的对国家的发展方向和运作有了一些感悟。

俞敏洪： 有了亲身的感受，才有了后来你对中国的经济政策或者中国社会发展所做的全面、冷静的思考。

张维迎： 我写过一篇文章《理性思考中国改革》，我觉得我们要尽量理性思考，尤其是在改革方面。进了政府以后，如果欲望多，人就会越来越胆小，越来越不说话，因为在政府里生存的最好技能就是不让任何人知道自己想什么。

俞敏洪： 你说的欲望具体是什么？

张维迎： 好比你想当官，这就是一个欲望。

俞敏洪：你当时没想当官吗？

张维迎：没有，我的性格不适合当官，我如果当官干不了多久。

俞敏洪：你在北大当校长助理也没干多久，这不是一样吗？

张维迎：我跟你有不一样的看法。有些人当官为干事，有些人干事为当官，**我更欣赏当官为干事的人，如果你当官不干事，那么我不会欣赏你**。当今社会有太多人是干事为当官，某件事有利于提拔他就干，不利于提拔他就不干。我在书里写的老书记，他当官是为了干事。身在其位就应该干自己认为应该干的事，这样才行。

俞敏洪：你之所以对岗位不那么在意，是因为你不是为了当官，是为了干事。我觉得，你是为了干事而接手北大的岗位的。后来，你觉得这件事比较难干，或者把事情干完了这个岗位就不需要了，你就退出了。在这方面，我对你非常钦佩。

张维迎：在所处位置上，如果不干事，只是混日子，我会很难受，还不如不干，所以我一年干了别人三五年干的事。

俞敏洪：你在北大当领导的时候也是这样。那时候读完《大学的逻辑》，我就觉得维迎的岗位有点悬了。我觉得你想推动重大的改革，当时我还是理解你的。

张维迎：我做事没考虑后果，我只做自己认为对的事。有些人问我有没有企业家精神？比如中国的EMBA（高级管理人员工商管理硕士）是我创办的，我创办的时候是不合规矩的，所以有人批评我，也有人要处分我。我努力写了报告，后来EMBA项目的文件是根据我起草的报告做的，最后合法化了。我做这件事是因为我认为这是好事，中国有太多企业里的高层没有受到训练，企业家一定程度上需要这种训练。我举这一例子是想说，我做自己认为对的事，企业家也是这样。企业家做自己认为对的事，有时候是需要突破规矩的。

俞敏洪：EMBA被各个商学院模仿，为中国做企业做得风生水起但进一步提升有困难的企业家提供了重大帮助。我也算是EMBA的学生，尽管没有在你的指导下学习过。

张维迎：虽然我是从北大光华管理学院做起来的，但我希望它能改变整个中国的状态。现在有这么多商学院，我很高兴，当然有些地方还有待完善。

俞敏洪：我从你身上感受到了进取精神，这是需要当代年轻人学习的。一个农村孩子考上西北大学，最后被提干了，原则上这是一个很好的工作，你可以慢慢往上升，说不定坚持到今天已经是部级干部，为什么几年后你又去牛津读书了？

张维迎：第一次去牛津是政府派我去的，去了牛津以后我觉得自己的知识储备太差了，必须重新学习，回来以后我就决定再去。当时我们领导不同意，他说："你的理论知识已经够多了，你要实践。"我说："在我看来还不够。"尽管领导认为我的理论知识已经够多了，但对我来讲还是不够，所以我一定要去。

俞敏洪：是内心的一种进取心吗？

张维迎：人总想做得更好一点，既然要做，就要做得最好，总得无愧于自己。作为一个老师，如果做理论不能做到最好，我就应该去干其他事，这是我的想法。

俞敏洪：你在牛津五年，这五年对你有怎样的思想影响？如何把这种影响跟中国的现实发展结合起来？

张维迎：牛津给了我更理性的思考、知识的武装。英国人做学问是一个老师带几个学生，他的文章只有几个人看，但他自得其乐。**我学会了自得其乐，欣赏别人。**

俞敏洪：你身上确实有这种东西，无论别人对你欣赏与否，你都能自得其乐地做学问。

张维迎：还要学会欣赏别人。对牛津那些教授而言，别人有了成就，他们是发自内心地欣赏的。

俞敏洪：你的绅士风度和对学术的尊重跟你在牛津留学五年有关系吗？

张维迎：这是潜移默化的，有时候我接触的老师、朋友，甚至牛津的环境本身就能让人静下心来，牛津有上千年的历史了，不那么浮躁。我所在的学院是牛津大学新学院（New College）。新学院是牛津大学较早成立的学院，有好几百年的历史了。英国这个民族特别有意思，既保守又创新，过去几百年，他们为人类做的贡献太巨大了，我们可以列出很多名人，但这个国家又维持着很传统、相对保守的东西。一个国家如何在传统与现代之间形成一种平衡，既保持自身传统，即某种程度的保守守旧，又不断地创新，这在英国人身上表现得最为突出。

俞敏洪：人家的好多优点值得我们学习。

张维迎：当然，人类历史是各民族相互学习的过程，没有哪一个民族可以不向别人学习就变得伟大、强大。

俞敏洪： 从牛津回来后，你于1994年进了北大，教了很多北大学生。有一些人，如辜鸿铭、鲁迅，他们也没在北大学习过，但后来教了北大的学生。你选北大一定是有原因的吧？

张维迎： 北大比较开放，这一点非常重要。

俞敏洪： 你觉得和过去相比，今天北大的开放精神进步了还是退步了？

张维迎： 看跟哪些时代比，跟有些时代比退步了，跟有些时代比进步了。

俞敏洪： 如果对北大说一句话，你对北大有怎样的期望？

张维迎： 北大应该高举学术自由这面旗帜，为中国的学术、社会做出贡献。

俞敏洪： 思想之自由，精神之独立。

张维迎： 是的。每时每刻我们都可能遇到挑战，有时候我们的不自由是内心的不自由。

俞敏洪： 你在北大经历了各种折腾，从北大的校长助理，到光华管理学院的院长，又回到北大国家发展研究院当教授，坚持自己的观点，继续讲自己认为对的东西。明年是你进北大的第三十年了，北大对你来说到底意味着什么？你为什么在北大坚守了这么多年？

张维迎： 我认为北大是中国最好的教书育人平台，北大充满了自由的学术氛围。我特别喜欢跟优秀的人在一起，当院长时，我总是找比我更好的人，这是我的一个口号，我也是这样做的。我希望每个人都选比自己好的人，只有跟最优秀的人在一起，自己才能变得更优秀。

俞敏洪： 你在北大碰到了自己认为最优秀的人了吗？

张维迎： 好多，我的很多同事都比我优秀。我在光华管理学院招的人中，有一位当了中国科学院院士。当时，因为之前的统计系主任走了，我需要招一个新的系主任，他是一位统计学家，当时人在美国，他当时比较犹豫，我跟他说："如果你回来了，我的统计系就能办下去，如果你不回来，统计系就要关了。"我为什么这么说呢？因为我找不到一个优秀的系主任，如果凑合着办，招的人越来越差，我还要它干吗？他被我的话感动了，于是来到了北大，前年他当了中国科学院院士。还有现在国家发展研究院的人，他们喜欢学问，脚踏实地，不断深入了解中国文化，跟他们在一块儿，我感到愉快。这就是跟优秀的人在一起。

当然，人品也很重要，若问我得到了什么教训，那就是我过去太注重才能和学问，对有些人的人品不够关注。

俞敏洪：只要与人交往，就一定会碰到这样的事。

张维迎：确实，但有时候心里还是会有点难过。我对这个人寄予了那么大的希望，他却不是我想的那样。北大未来一定要招好的人，这是我当时发起北大人事改革、不留本校生的一个很大的原因。

俞敏洪：北大尽可能不留本校生是你发起的？

张维迎：是我发起的，现在仍然坚持。为什么北大的毕业生越来越优秀？因为任何时候，近亲繁殖都会导致退化。"全员博导"也是我做的事，一开始大家都反对，比如你是老师，你招了博士生，你的博士生留下来替你干活儿，你就啥也不做了，你写的书、发表的文章，都是学生给你做的，我们有好多学院是这样的。这是我坚决不留本校生的一个原因。

另外一个原因是只有对外才能学好。留自己的学生会讲求情面，好比今年留你的学生，明年就得留我的学生。提职称的时候要看谁的学生是先留的，就像农村弟兄三个娶媳妇，老大没娶往往老二也不会娶，因为老二一娶，老大就容易娶不到。提教授也是一样，大弟子先提，二弟子等着，人们就不重视做学问了，就会导致堕落。北大2003年开始人事改革，到今年刚好二十周年，就是要防止堕落。

俞敏洪：真的很好，幸亏我没有在北大当博士生导师，否则我一定会用自己的大弟子、二弟子、三弟子……

张维迎：一看你就有这种苗头。（笑）

俞敏洪：在北大，你还跟不少人针锋相对，不管他们是你的直接领导还是同事。你后来跟这些人怎么样了？

张维迎：都挺好。处得不好的就少来往，但不影响大家在一个单位工作。至少我没有害人之心，这一点大家是认同的。

俞敏洪：观点可以不同，君子可以和而不同，这算不算北大的一种文化氛围？

张维迎：是这样的，而且是我们不断塑造出来的。创办经济研究中心之时，这种作风就有了，大家不会因为谁的位子高就给谁面子，比如当时林毅夫指导的研究生我们就没让他过，不会因为他是主任、院长的学生，我们就让他通过，这是我们的一种文化。

任何文化都很容易被破坏，世界上没有什么东西是破坏不了的，所以我们要珍惜和爱惜它。因此在现在这种情况下，我们要随时谨记怎么能够维护好北大的传统，我指的是好的传统。

俞敏洪： 尽管你不是北大本科、研究生毕业，但你对北大文化的理解非常深刻。

张维迎： 北大之所以是北大，是因为它总是向最优秀的人开放，这才是北大。每个人都可以把北大当作自己的母校。

6. 尾声

俞敏洪： 很多人留言说你讲真话，我对维迎兄从心底佩服，不仅佩服你的学识，还佩服你的敢作敢为，敢作敢当，该说真话的时候说真话，如果实在说不出真话也坚决不说假话。中国有不少值得尊敬的经济学家，但在我心目中，比较值得尊敬的、每次都不讲违心的话、真正用良心讲话的教授，维迎兄是其中之一。

这么多年你遇到了很多纷争，你是如何坚持自己的经济学理念的？你为什么认为自己的理念对中国的发展和祖国的进步是有好处的？

张维迎： 这件事我也讲不清楚。我可能没有那么多欲望，有些东西是天生的。如果说了自己不相信的东西，我心里就会难受。我经常跟学生讲："检验一下你自己。"如果说了自己不相信的话还安然自得，那就有问题了。我自己是这样，我和朋友之间也是这样，比如有人说自己的孩子或者朋友的孩子要去哪儿读书，让我写一封推荐信，但若不认识他，不了解他，我心里就会过意不去，即便写了也是不尊重自己，因为总不能瞎编一些话，所以我不干这样的事，我的性格就是这样。

俞敏洪： 我们有相似之处。凡是我不了解、不认识的孩子，我坚决不写推荐信，结果被骂得半死不活。

张维迎： 有时候我会苦口婆心地解释。

俞敏洪： 解释不管用。对方可能会说："我好不容易有一个孩子，让你写一封推荐信你还不写，我们是朋友，你不了解孩子，还不了解我吗？"

张维迎： 这让人很为难，但我还是坚持这一点。这确实与性格有关。

俞敏洪： 你怎么知道你坚持的东西就是对的呢？

张维迎： 首先在逻辑上能够自洽。

俞敏洪：所有人都可以逻辑自洽，我认识的某个坚守自己观点的人便能逻辑自洽，但我认为他坚持的是错的。

张维迎：不能说我坚持的一定对，只能说在我的认知范围内是正确的。现在有一个词叫"思想市场"，**没有人能保证自己绝对是对的，所以才有争论，才要自由地表达。**如果认为某一个人是正确的，就都按他说的做，让其他人别再说话了，那是不行的。我相信自己坚持的是对的，是因为从逻辑上看是对的。当然，还要经过很多检验、观测和实践，比如我对企业家的研究在不断进步。另外，假如有了另外的想法，人就不纯粹了，想说的不能说，就会说一些不想说的，长此以往会很难保持逻辑的一致性。**人是会变的，但要有变的理由，如果你发现一个人的变不是他认知的进步，而是迫于形势的变化，那就不要相信他。**

俞敏洪：时间差不多了，最后推荐下你的书。张教授写了十几本书，今天他带来了两本，我首推的是《回望：一个经济学家是如何长成的》，尽管书里的每个故事都是独立的，但无不情真意切。张教授从回忆自己的父母亲开始，回忆了自己的村庄、山山峁峁、跨沟越岭跟小朋友一起上学的经历，以及走一个小时才能走到学校的经历，记述了在窑洞中长大的孩子为什么会成为中国有影响力的经济学家的故事……我看了以后很感动，从中读到张维迎教授对家乡和老师的热爱，对自己一路成长、自我奋斗的热爱。这些回望对每个人都会有所启发。

张维迎：我确实在书中寄托了很多感情，也希望对大家有所启发。

俞敏洪：这个启发在于，一个在什么都没有的窑洞中成长起来的孩子是如何成为一个如此博学多识、以平和的心态为国家做贡献并为中国经济的发展提供自己观点的人。

《重新理解企业家精神》也值得一读，如果你是做生意或者企业的，这本书对你可能会非常重要。即使不做生意，你也可以读一读这本书，想一想中国的企业家、商人到底在做什么，他们为什么这么做，为什么他们身上体现了企业家精神，等等。

此外，你还可以思考一下，在中国的发展过程中，尽管有一些人做了不地道的事，但整体来说，为什么企业家能为中国社会的进步、祖国的繁荣做出贡献？**最重要的是，读书可以开阔视野，让自己对每一个群体有所了解，这对自己心智的成长和见识的增加有重大意义。**

张维迎：你哪有时间读这么多书？你真读书呀？

俞敏洪： 我真读书，不读怎么能了解你书中的内容并跟你对谈呢？我读书是不求甚解，但会其意。

张维迎： 你读的书很杂，杂到一定程度就可以从中选出好书来。有时候很多人让我推荐书我不敢推荐，我说我喜欢的书你不一定喜欢，也不一定对你有好处，但你不一样。

俞敏洪： 你的书我敢推荐，你写的书我几乎每本都读过，多年前你的书出版，首发的时候找我去对谈，我不读哪敢去对谈？

张维迎： 我记得是《市场的逻辑》。

俞敏洪：《市场的逻辑》《市场与政府：中国改革的核心博弈》《理念的力量：什么决定中国的未来？》，这几本我都认真读过，我读书不是闹着玩儿，但我确实读得不那么详细。但求其意，不求甚解，了解其中的精妙之处是现在这个年龄我读书的标准。

张维迎： 现在有些人读书必须一字一句读，也有很多人像你这样。

俞敏洪： 一字一句是学者的态度，也挺好，但作为企业家必须进行横向的大脑激发和连接。像我们这样的人，太专注的话反而会让企业的发展出现问题。我可以读你的《重新理解企业家精神》，也可以读林毅夫的著作，可以读任何人的著作，从中摘其精要，自己融合、体会，哪个理论能指导我做企业，我就用哪个理论。

张维迎： 你准备干到啥时候？

俞敏洪： 我现在已经处在退休状态了，我觉得退休的状态就是干自己喜欢的事情，比如今天的对谈就是我很喜欢的事情。干自己喜欢的事情无所谓退休年龄。

张维迎： 喜欢的叫娱乐，不喜欢的叫劳动。

俞敏洪： 或者说不喜欢的叫劳作。劳动很中性，劳作是不喜欢但还得去做。现在社会的一个好处是人与人连接的时候不需要强迫。我现在能做到两点：第一，我跟大家聊天、直播、看景点，大家想看就看，不想看可以下线，你不强迫我，我也不强迫你，大家都自由，每个人都有表达的权利，每个人也都有不听的权利；第二，我对身边的同事也是这个态度，你想干就干，不想干告诉我为什么不干，如果有合理的理由，你可以去休息几天，也可以辞职，还可以换工作。时间差不多了，你再跟大家说几句。

张维迎：非常高兴今天借这个平台跟大家交流。我和俞敏洪老师是多年的朋友，特别感谢俞敏洪老师在我困难的时候给我很大的帮助。

俞敏洪：我给过你帮助吗？我都不记得了。

张维迎：有一封信我还留着。

俞敏洪：看来我对朋友还是挺好的。

张维迎：这也是大家喜欢你的重要原因。再次感谢各位！

俞敏洪：今天就到这里了，谢谢大家！

对话王石

在挑战中塑造有质量的人生
对谈于 2023 年 4 月 16 日

王石

  中国知名企业家，万科企业股份有限公司创始人。1951年出生于广西柳州，现任万科集团董事会名誉主席，万科公益基金会理事长，亚洲赛艇联合会终身名誉主席。著有《回归未来：王石的十四国运河穿越》《我的改变：个人的现代化40年》《大道当然：我与万科（2000—2013）》等。

俞敏洪：各位朋友好！今天我邀请的是王石老师。王石老师和我差不多，我们都有热搜体质，动不动就会上热搜。王石老师通常是以英雄形象上热搜，比如攀登珠峰、南北两极，他现在过了70岁还在做攀岩、滑雪和赛艇的推广工作。现在中国不少年轻人对赛艇已经不那么陌生，其中不乏王石老师的功劳。

王石老师在很多方面是我的榜样，比如规划自己的人生，保持身体到思想的活力，以及不管在什么年龄都愿意去冒险、推广公益和自我学习，尤其王石老师前一段时间出人意料地去了哈佛大学、牛津大学、剑桥大学以及耶路撒冷希伯来大学深造学习。

今天他带来了新书《回归未来：王石的十四国运河穿越》。这本书是他在疫情期间做的一些记录，讲述了他如何在各国推广赛艇运动。今天我们和他聊聊人生，聊聊这本书。

——对谈开始——

1. 人生关键词：目标、坚韧、挑战

王石：我看很多网友叫我们"老头"，叫我老头名副其实。

俞敏洪：他们叫了我一年老头了，起因是去年我们卖《老人与海》时，主播指着我的头像说："我们这个老头跟《老人与海》中的老头有差不多的个性。"我发现你的个性与《老人与海》中那个老人的个性更像，海明威本身也是你学习的榜样。

王石：我曾经想打造海明威的船长形象，但我一定是胡子拉碴的。

俞敏洪：你今天也是饱经风霜了。

王石：没有，我是被家里人改造了，让我心甘情愿了，但这些都不是重点，更多是表面形象的维持。一定程度来说，我是不认可高龄的，过去说"人到七十古来稀"，我现在这个岁数当然算高龄。大家都知道，马克龙4月对中国进行了国事访问，他要把法国的退休年龄再提高两岁，遭到了从公务员到各个机构等的反对。

俞敏洪：中国也在讨论延迟退休。

王石：大家不是不愿意当老人，而是不愿意到了这个年龄还在工作。就现在而言，人都比较长寿，老年人很普遍。如果不提高工作年龄，如果人们不继续交社会保险金，这个社会可能会支撑不住，所以我的确认同延长退休年龄。

俞敏洪：我个人观点，对于那些60岁以上的老人，不管是因为身体健康而要延长退休年龄，还是为了解决某种费用问题而延长退休年龄，我觉得这些都不是理由。我认为60岁以后，老人应当自己选择工作或者过自己的潇洒生活。

王石：人是社会性的，需要有经济性的支撑，所以你说的不能成立的理由恰好就是最重要的理由。我们现在的社保已经非常紧张了，未来该怎么解决这个问题呢？当然这不是我们要去解决的，也不是今天讨论的重点，重点在于现在老人已经非常普遍，所以人到七十已经不是古来稀，甚至八九十岁都不是古来稀。如果一个人在社会上不能再创造价值与财富，从社会生物学的角度来看，他就没有价值了。至于是继续在工作系统里工作，还是退休后继续出来做事，这都不是重点，重点是一定要为社会创造财富。

当然，从家人的视角来看，家人希望亲人能一直长寿，但这不太现实。而且高龄老人在社会中是非常孤独的，因为他们熟悉的人可能都"走"了。

俞敏洪：现在的老年跟过去的老年已经不是同样的概念了。小时候我们村庄上70岁的人真不多，他们五六十岁就病怏怏的，也不一定有钱。现在大部分人退休后也比较有活力，广场上跳广场舞的老头老太太多有活力啊！"人生七十古来稀"这句话现在已经过时了。如果没有意外，60～85岁依然是充满活力的年龄。原来一到60岁，人们就觉得人生差不多要结束了，或者做不了什么事情了，现在人们还可以做很多事情，可以重新学习某项技能，比如我周围的一些朋友，他们练了几年书法后，居然有书法家的感觉了。

王石：我非常同意，退休的人，尤其是生活比较优渥的，一般都会去旅游，但如果仅仅为了旅游而旅游，两三年以后就没意思了，往后再做什么呢？打麻将？练书法？

俞敏洪：对于大部分老年人来说，就是这些事情。

王石：我觉得现在应该不是了，现在社会能给老年人提供的活力远远不止这些。

俞敏洪：你今年已经过了所谓的"七十古来稀"的年龄，但这么多年你做了一件又一件事情，确实在很多方面为其他人提供了参照和榜样，提供了一种激励。你是如何思考自己从60岁到现在，以及后续走向80岁的生命的？上次开玩笑的时候谈到这个问题，你很严肃地说还会去爬珠峰。你已经登上三次珠峰了吗？

王石：两次，81岁准备登第三次。

俞敏洪：我真的很佩服。

王石：老年人一定要有目标。青少年有目标，中年人有目标，但往往到了退休年龄，到了所谓古稀年龄，人的目标突然就消失了，生活的价值也几乎没有了。

俞敏洪：大多数60岁以后的人确实没有目标了，或者说没有一个能给他们提供长远活力的目标。你是怎么做到设立一个又一个目标并且坚忍不拔地去实施的？

王石：能不能做到不知道，但这些目标对我而言至少意味着一定要保持状态。你要说出来，说出来本身就是一种承诺，这种承诺牵扯到诚信，如果承诺了但没有努力去做，你的诚信就有问题，尤其对于企业家而言，诚信第一。

俞敏洪：你是企业家的典范了，本来你在万科是可以终身制的。

王石：也不一定。当然我可以有另外一种选择，之所以选择退休和这些目标有关。**对我来说，企业只是我人生过程中的一个作品，作为作品来说，它可以告一段落了。**

俞敏洪：你把万科当作自己的作品，你觉得这个作品可以交出去了，就交出去了吗？

王石：它是一个作品，但这个作品是可以传承的，所以这个作品成不成功，不仅仅看我在的时候它成不成功，而是我不在了，我没有话语权、表决权了，它仍然能继续做下去，如此，这个作品就是成功的。一个人的生命周期可能五十年、六十年、七十年，工作周期不可能是一百年吧？人可以活过百年，但工作周期基本只有七十年左右。而一个企业的生命周期可以是一百年、两百年，比如日本最长的超过了一千年。**所以我的这个作品成不成功，不在于我在的时候它成不成功，而要看它未来是否可以一直传承下去。**

俞敏洪：在我看来，万科已经是中国企业中传承得非常优秀的企业了。在你目光所及之处，你觉得中国有比万科传承得更好的企业吗？

王石：当然有，我前天从云南回来的时候专门去了玉溪，去给褚时健，我叫他褚厂长，去给他扫墓。褚厂长创建的企业，尤其在他退休之后，我觉得做得非常成功。从褚时健的身上我看到了……

俞敏洪：不服输，不买账，要创造社会价值。

王石：褚厂长，我真的很佩服他，敬重他。

俞敏洪：看来中国企业家里，你最佩服的是褚时健，至少他是排在前面的。

王石：也包括面对面坐着的你。若是三年前让我列出十个自己最佩服的企业家，可能不会排到你，但在如今世界大变局的情况下，中国的民营企业家所遭遇的迷茫、挫折是前所未有的。俞敏洪老师做了东方甄选并做到现在这样，无论从哪个角度来讲，无论你主观是怎么想的，你都做了一个示范。

1983年到深圳创业的时候，我在办公桌上贴了两段格言，一段是肯尼迪的**"不要问国家能为你做什么，而要问你能为国家做什么"**。这说明我是有点野心的。现在我也比较理想主义，实际上就是表现自己的能力、责任和姿态。第二个是巴顿将军的**"衡量一个人的成功标准不是看他事业顶峰的表现，而是看他跌下低谷后的反弹力"**。这也是我佩服褚时健先生的原因。

褚时健出事之前已经非常有名了。我欣赏褚时健的其中一点是质量管理，这种管理的概念和逻辑我没有从日本企业家、美国企业家和欧洲企业家那里受到启发，而是从中国云南的一个民营企业家身上得到的，这个启发特别好。所以我非常佩服他。

俞敏洪：你认为企业家核心的能力或者精神要素之一是反弹力吗？

王石：当然，它是人们应对挫折的一种能力，不仅是企业家，政治家、艺术家也一样。**成功之路不可能一帆风顺。**

俞敏洪：说到挫折，你认为在万科时，包括从万科退出的过程中，你所经历的最考验自己反弹力或者重振企业能力的是哪几件事？

王石：我到深圳的时候已经32岁了，我在三个月内赚了40万，在1983年的时候，这已经非常出彩了。

俞敏洪：当时我拿着国家给的22块钱助学金过日子。

王石：当时我做的生意是把玉米从北方运到南方。只要运输能解决，有多少货就卖多少。所以我当时签了很多合同，但并没有那么多的车皮，比如我需要一百个车皮，能给我十个车皮就很好了，所以给多少车皮我都要。但那年8月份发生了一件事，香港媒体报道的一则新闻称鸡饲料里有致癌物，大家都不敢吃鸡了。鸡卖不出去，饲料就没人要，我提供玉米也没人要。

因为没人要饲料了，他们的饲料就卖不出去了，但我是敞口的，他们给多少我要多少，最后全给我了，堆积如山。我后来赔本卖，价格便宜得还不够麻袋钱，不但赔进去40万，还亏70万，一共亏了110万。然后我做了一个决定，我去了北方，到天津、青岛等地卖玉米的进出口公司，跟他们谈判，并辗转到了大连，找到大连粮油进出口公司，询问他们还有多少玉米，他们苦不堪言。了解到他们有1.5万吨库存，我就说我全要。

俞敏洪：你当时哪有钱要呢？

王石：我说货到一百天付款，他们积压着卖不出去，而且积压在仓库里可能发霉。如果不要这些货，我本身也是破产的，要了以后卖不出去，还是破产，对我来说是一样的。但我不相信香港人不再吃鸡。因为那时候大家不吃鸡了吃什么呢？吃鸽子，养鸽子是用豌豆，不是用玉米、豆粕，他们只要吃鸡，就需要鸡饲料，当时只有我有鸡饲料。

俞敏洪：当时公司还不叫万科吧？

王石：当时不叫万科，叫"深特发"（深圳特区发展公司），我是在这个赚钱之后成立的万科。

俞敏洪：后来预测正确了？

王石：后来货到了通知我装船，7000吨的货，我非常紧张，第一条船还有三天就会到深圳，（香港）那边还没有传来人们开始吃鸡的消息，我急得晚上睡不着觉。后来报纸刊登的信息称"之前的报道有误，鸡饲料中不含有致癌物质"，他们就又开始养鸡了，但没有鸡饲料，我说："我有。"他们问："在哪里？"我对他们说:"在仓库里。"他们笑了,但我没仓库,我说:"7000吨的'移动仓库'算不算仓库?"结果一下赚了300万。

俞敏洪:你把这看作企业家的冒险精神、企业家的眼光,还是企业家的无奈之举?

王石:都有。我当时有一种赌博的心态,这些船我都买了保险,它们从东海向南海开,我就盼着刮台风。到底是预测、赌博,还是无可奈何?其实都有。

俞敏洪:我觉得你的成功跟你个性的关系非常密切,比如有意志力、坚忍不拔、做事果断、不怕冒险。最后证明你的冒险精神确实比别人多一些。

王石:这是家族给的。我父亲是军人,母亲是锡伯族人,那是一个游牧民族。小时候在郑州,一放暑假,我就被送到火车站,自己回老家。我记得第一次回老家是我大姐带着我,那时她13岁,我7岁。后来我9岁时也带着弟弟妹妹回老家,从北京、锦州转车,再走七八里的山路。

俞敏洪:父母注重从小培养你们的独立性吗?还是说,当时的环境无所谓注重不注重?

王石:他们工作顾不上,就让我们自己回老家。

俞敏洪:确实,我们这代人成长的过程中独立性比较强,因为父母顾不上,基本是自己能活就活。个性可以通过基因传承或者环境传承,你觉得自己的个性是环境传承更多,还是基因传承更多?

王石:我觉得是环境。父亲就是这样走南闯北过来的,母亲的家族也是这样。

俞敏洪:在培养孩子的独立性方面,你对现在的家长有什么建议?

王石:我的建议是更多尊重孩子的选择。我的大女儿现在已经成家了。当年她在国外上中学的时候,需要选学科,我给她选了两门数学,没有选她非常喜欢的美术,但我没想到她喜欢美术。后来她考大学时,我认为学理科好找工作,就让她选了现代心理学,想让她当医生,没想到她不喜欢,所以学完心理学之后,她又去学了服装设计。

俞敏洪:最后还是选择了美术。

王石:是的,但这耽误了她基础训练的时间。父母希望她能找到更好的工作,没想到完全是错的,所以要更多尊重孩子的选择。

2. 领导万科：与时俱进、长期主义

俞敏洪：万科进入房地产领域是一种战略转型，还是一种偶然？

王石：**战略转移，我做过很多生意，房地产是战略选择之一**。玉米是再也不做了，做玉米太难赚钱了。后来新希望集团做玉米，我跟他们讲："我虽然比你们先做玉米，但我选择放弃。"当然新希望集团做成功了，刘永好他们兄弟转型成功了，在他们转型过程中，很多人有疑问，但我一点疑问都没有，我说："你们做饲料这么成功，做什么都没有问题。"因为做饲料生意太难了，我转型做万科，做电脑，做摄像机容易多了。

俞敏洪：你是先做玉米，然后做各种电器生意，后来发现做这些并不是长久之计，对吗？

王石：对，这也是一个认识的过程，我本身没有受过专业训练。

俞敏洪：你做地产比冯仑他们早还是晚？

王石：我是他们老师。我和冯仑大约是1993年认识的，"四君子"到深圳拜访我，向我学习。那时候我的虚荣心真是得到了极大的满足。

俞敏洪：万科1993年已经小有名气了。

王石：对，它是第一批上市公司，代码是002号，1988年进行了股份改造。

俞敏洪：当时你怎么会有这样先进的理念，要进行股改，而不是做大个体户？

王石：因为我们是国营执照，本来做事的过程中能够证明自己，我已经很开心了，我不是冲着钱去的，但我发现上面会来干涉，他们发现我们账目上有很多外汇，就要调走，我说那是我用人民币贷款得来的，用贷款调成外汇的。我不同意调，他们非常生气，表示如果我不能调，那就把我调走。后来到什么程度呢？他们没把我调走，但随时可以把我调走，于是我决定改变企业的行政管理方法，用股东来说话，从商业的行为来考虑。

俞敏洪：当时居然股改成功了，老柳联想股改成功，累掉半条命。你们比联想的股改还要早很多年。

王石：我们1986年开始酝酿，1988年开始股改。

俞敏洪：万科应该是中国最早股改成功并且上市最早的公司。你的能力和眼光或者做企业布局的格局，是通过阅读得来的，通过跟人打交道得来的，还是你自己悟出来的？

王石： 读书非常重要，**而且我阅历比较广**。我是在北方长大的。我出生在柳州，后来搬到衡阳、广州，之后到了北京。在去北京之前，我随姥姥住在东北，在山村里长大。我们家孩子比较多，老大、老二有保姆，老三就不可能有保姆了，我就跟着姥姥去农村了。这段成长中的"迁徙"给了我很多经验，人在路上见多识广，就不怕什么了。到了深圳之后我能闯，敢那样去做，显然跟这段游动的经历有关。

俞敏洪： 而且你还当过兵，后来还当过工人。

王石： 对。

俞敏洪： 一九八几年进入商海的时候，你的性格、意志已经非常成熟了，对吗？

王石： 对，非常成熟了。去深圳之前，我一直不满意自己的状态。我当过兵，做过工人、技术员、机关干部和外贸进出口人员，我一直不满意自己的现状。所以，**我认为年轻的时候满意不满意自己的状态不重要，我们并不知道自己将来能做什么，但一定要把每个自己不满意的事都认真做好。**

俞敏洪： 为什么万科在中国房地产行业能够独树一帜，虽然它在这次房地产危机中遇到了一定的困难，但却没有遭遇太严重的后果？你从万科董事长的位子上退下来也有不少年了，万科现在运行得也不错，你当初打造的万科的文化、传承到底是什么样的？

我现在也面临新东方的传承问题，如果我离开了新东方，那它还是不是我在时的新东方？谁能来胜任传承新东方文化的岗位？并且，没有了我的新东方还算不算一个成功的企业？还能够一代一代传下去吗？一个企业家的生命不过几十年，一个企业的生命应该有几百年，这才算是好企业。你觉得万科能不能做到？

王石： 我现在也没法确定能不能做到，但我对万科这个作品的要求，首先是"长期主义"，即它能长期存在。不要过多考虑现在，现在它可能经营得很好，但将来能不能经营得很好呢？第二，一个企业、一个品牌不能只追求活下去，还要重视能否在社会上有很好的影响力。"长期主义"是我对自己所创立的企业的要求，**我对我个人的要求也是这样**。比如在万科的时候，一个项目的利润如果超过25%，我绝对不做，我绝对不行贿。

俞敏洪： 当时不少房地产项目的利润是50%，你为何坚持利润超过25%就不做了？这是一种商业头脑还是一种道德底线？

王石：不行贿是道德底线。我辞职之后想拥有独立的人格，不唯唯诺诺。若想做到这样，不仅要尊重别人，而且要得到别人的尊重，所以不行贿是道德底线，而"利润超过25%的项目不做"是我从以往的教训中得出的结论。我之前做电脑真的做过700%的利润，可想而知我当时有多得意。但得意的结果是，当某个生意能赚这么多钱的时候，它赚来的肯定是暴利，一旦市场上其他企业都来做这个生意，产品就会过剩，产品过剩之后，企业得到的就不是暴利了，而是崩溃，这是我得到的教训。市场是很公平的，通过暴利而牟利，一定会受到市场的惩罚。

做房地产的时候我就发现，1992年邓小平南行之后，市场的影响和当年录像机等市场的状况是一模一样的，我就知道不能赚暴利，暴利不可能持久。1992年我就非常明确地确定了策略，"利润超过25%的项目不做"。换句话说，刚开始创业的时候，我也投机过，"光脚的不怕穿鞋的"，但已经上岸了，就不能再那样做了，做企业是要长期做下去的。

俞敏洪：万科现在的主营业务是房地产，你觉得中国的房地产还有未来吗？

王石：当然有未来，但原来那种大批量做民居房地产、办公楼的市场已经过去了。

俞敏洪：你觉得中国房地产市场的未来如何？

王石：我只能说说自己对房地产市场的看法。日本市场跟中国市场是比较相似的，日本泡沫经济破裂已经很多年了，如今日本的房地产是什么情况呢？举个例子，大和房屋是日本三大住宅开发商之一，三十年前他们的收入中，房地产开发占70%，其他30%来自服务行业，但现在房地产开发只占27%，剩下73%左右的收入来自其他和建筑有关的服务行业。

俞敏洪：还是和建筑有关？

王石：一定和建筑有关系。比如仓储物流，万科把普洛斯[①]的亚洲业务买过来并成为股东，还买了冷链。现在仓储物流是我们的一个发展路径。大和房屋现在在日本仓储物流中可以排第一。

俞敏洪：现在万科除了开发民居房地产之外，也在开发这样的项目吗？

王石：和这些有关系，而且不是卖，是出租、管理、服务，更多的是服务，

---

① 一家专注于供应链、大数据及新能源领域新型基础设施的产业服务与投资管理公司。

比如仓储物流，现在万科仓储物流在中国可以排在第一位。

俞敏洪：万科也涉及房地产文旅，比如东北松花湖。

王石：对，我们现在有七十多家酒店。

俞敏洪：在这个过程中，万科已经在潜移默化地布局未来了？

王石：原来更多是盖房子卖，现在盖了公寓以后出租，万科现在是中国最大的公寓出租公司。还有物业管理，原来主要是住宅物业管理，但现在我们买到了戴德梁行中国的控股权，我们现在和全国大约四十家街道办事处进行合作，在整个街道办事处范围内进行物业服务管理。街道办事处是我国基层治理体系的一部分，有的街道办事处附近有三四十万的居民，这部分服务可以说是空间之大，超乎想象。

俞敏洪：万科的转型也给很多企业以启示，它们要么是在最好的时候忘记转型，等到危机来了发现没有任何储备，要么是转型的方向不对或者路径不对，再加上外在的因素，比如产业政策的调整等，很多企业因此陷入困境。

王石：万科也走了不少弯路。

俞敏洪：但万科给大家的整体感觉是一直在比较平稳地发展、转型，而且总能出现比较令人振奋的消息。现在有越来越多的不确定性，国际关系的不确定性，高科技带来的不确定性，经济带来的不确定性，等等。面对这么多的不确定性，你对企业家的建议是什么？

王石：我分享下我遇到困境的时候是怎么考虑的，对大家可能会有参考性。比如，原来我们对电脑是比较生疏的，但在电脑开始运用之后，万科就办了电脑培训班，要求每个人都必须会操作电脑，其中有两个例外，一个是当时年纪比较大的搞行政的党委书记，一个是年纪更大的老大学生。

俞敏洪：万科特别注重全体员工的学习、素质和眼光？

王石：对，20世纪80年代初，我们就提出了文字化、数字化、表格化。万科的第一台电脑是小型机，那时候微机还没有这么普遍，后来出现了互联网、IT、AR（增强现实）、VR（虚拟现实）等，我们没有冲动地想要进入这些行业，这些对我们来说只是工具，但如果不使用它们，我们就会被淘汰。不是AR、VR把我们淘汰掉，而是同行应用了这些工具之后把我们淘汰掉。所以，第一点是一定要与时俱进。第二点是坚持长期主义。对公司来说，生存为第一要务，活着是真理，然后再选择道路。

俞敏洪：你认为企业领导人在公司发展和转型的过程中会起到什么作用？

王石：企业领导人的作用非常关键。企业能不能有活力，我个人觉得传承非常重要，而传承涉及接班人的问题。不妨举个小例子，当时在万科选郁亮做接班人的时候，郁亮很犹豫，因为当时万科的业务是多元化的，郁亮负责金融板块，我们当时还买了三十多家准上市公司的股票，那时万科很明显是要转型做房地产。接班的时候，郁亮说："我不懂房地产。"我说："当一把手关键是当班长，你能懂最好，不懂就用懂的人，当班长最重要的是能把大家的资源结合在一起。"换句话说，**在这方面选贤用能，贤是第一位。**

俞敏洪：我们这一代人慢慢变老了，现在中国很多企业正处于交接的关键时刻。

王石：我们这一代人已经是老一代企业家了，关键是能不能放得下。**很多时候，不是企业离不开我们，而是我们离不开企业。**

俞敏洪：这句话很深刻。

王石：这是一种惯性。我举个自己的例子。我交班的时候，起初各方面都非常正常，直到第二天，当时我还在继续上班，还是董事长，我的办公室也没变，但上班的时候冷冷清清，平时一上班就有人来找我签字、问话。我想怎么今天没人呢？有人说："郁亮在召集开会呢。"我说："开会怎么不叫我啊？"但我马上就醒悟了，我不是CEO了，所以郁亮召开班子会不叫我很正常。

俞敏洪：你有没有冲过去？

王石：没有啊，我像困兽一样在屋里抓耳挠腮，熬了两个月才熬过去。

俞敏洪：对那些自以为企业永远离不开自己的企业家，你有什么建议？

王石：2014年我在剑桥办了一个月的深潜培训班，徐少春、陈劲松去了，他们一个是搞财务软件的大佬，一个是搞中介的大佬。事后我才知道，他们是碍于面子硬着头皮去的，因为他们担心自己离开公司一个礼拜都不行，离开一个月怎么能行？但后来证明，他们离开了公司也运转得很正常。而且事后下属告诉他们，一听他们要离开，大家老高兴了。我举这个例子是想说，有的企业家觉得企业离不开他，更多是自己的心理作用。

俞敏洪：所以企业家不要有太强的自我期许。早晚得离开公司，要么是死了离开，要么是活着好好离开，大家肯定会选择好好地活着离开，这样还能给自己留下开启另外一种人生的可能性。

175

3.回归未来：中国离不开世界，世界离不开中国

俞敏洪：《回归未来：王石的十四国运河穿越》是王石老师将全球推广赛艇运动和运河文化结合起来做的一个一年的推广记录。

王石： 我在书里记录了2021年10月到2022年10月我去十四个国家的运河划赛艇的经历。当时每次进出一个国家，我就会被隔离，长的是"14+7"，短的是"5+3"。去年一年我一共被隔离了十四个礼拜，隔离期间我会把之前划赛艇的经历写出来，经历完了，初稿就出来了。我是在西雅图写完这部书的。

俞敏洪： 你什么时候开始对赛艇感兴趣的？

王石： 赛艇是一个非常传统、古老的项目，第一届奥运会就有这个项目。赛艇比赛的画面有点像流动的五线谱音符，过程中运动员需要各种协作、合作，还有蓝天白云、青山绿水，这让我非常向往，所以我一直喜欢赛艇，但没有机会去划。2001年，那时我大概50岁，我在江西省水上运动管理中心看到有人划赛艇，就让南昌公司帮忙联络。我到码头一看，那里放着摩托艇，我说："我想划赛艇。"他们说："就是这个。"我说："不是这个，是细长的、没有动力的那个。"他们说："那个你划不了，一划就会翻。"我说："我试试行吗？"他们就拿了一个赛艇，让另外两个运动员和我一起划。我在青山湖划了赛艇之后就一发不可收拾了。

当时民间没有划赛艇的，所以我就到江西省水上运动管理中心划。后来万科在全国布局，我到武汉、南京、上海的时候，就到当地的水上运动中心划赛艇，那里的条件非常好，还有教练陪着划。2005年，万科华东地区的人在青山湖开会，开完会，我对华东地区一把手、二把手说："你们要是不急着往回赶，要不要留下来陪我划三天赛艇？"结果他们划了之后就一发不可收拾了。华东地区十个分公司组织了十个赛艇队，华东地区一成立赛艇队，北方公司也跟着成立了赛艇队，万科差不多有二十多个城市的赛艇队。

俞敏洪： 赛艇分为几个种类？

王石： 从人数来讲，单人、双人、四人、八人。

俞敏洪： 这就是奥运会比赛的类型吗？

王石： 是的。从桨数来说有单桨和双桨。单桨是一个人只划一个桨，双桨是一个人划两个桨。

俞敏洪： 你现在划得最多的是双桨吗？

王石： 我平时划四人双桨，最有表演性和竞争性的是八人单桨，参加比赛时

我会选择八人单桨、双人单桨、双人双桨、四人单桨等。

俞敏洪：你是从哪年开始向社会推广赛艇，并把赛艇当作独立创业项目来对待的？

王石：应该是 2014 年。那时候我正好在剑桥。剑桥大学、牛津大学对抗赛是全世界最著名的高校赛艇赛事，他们已经对抗一百多年了，于是我就从剑桥开始推广，把企业家送到那里去。而且我当时有一种想法，企业家有一种动员力量，他们划赛艇，往小了说可以带动企业成立赛艇俱乐部，往大了说可以在社会上成立更多赛艇俱乐部。

俞敏洪：让大家玩赛艇的意义何在？赛艇跟其他体育项目有什么不同？你觉得推广赛艇的意义是什么？

王石：在投身赛艇运动之前，我登上了珠峰，将个人的英雄主义表现得淋漓尽致。爬完亚洲最高峰之后，我的"7+2"[①]就差"+2"了。后来我们穿越北极的时候，有一个女队员身体比较弱，我们差点没穿越成功，穿越回来之后就差南极还没去了，我坚决不带那个女队员了，因为她会影响我按预定时间到南极点。这是我登珠峰的个人英雄主义的极端表现，我在其他方面也会这样，但这是不好的。2006 年、2007 年前后，我才意识到。

俞敏洪：你在书里写的都是自己去各个国家的运河划赛艇的经历。为什么你一定要到运河里划赛艇而不是选择国外的湖泊呢？这种选择背后有着怎样的目的？

王石：中国的改革开放在很大程度上引进了西方的技术、文化，而这种开放文化其实就是运河文化，因为运河本身就是为了解决流通的。我建立的第一个运河赛艇基地就位于大运河很有名的城市——扬州。那里现在仍是亚洲最大的赛艇基地。我们对中国的运河文化十分了解，但从国际交往上看，西方对中国这么重要的一条运河了解甚少，少到什么程度呢？我去瑞士时和世界自然基金会的总干事谈大运河，我谈得兴高采烈、眉飞色舞，后来发现他理解的大运河和我说的大运河不是同一条。我说的是中国的大运河，他理解的"大运河"是威尼斯大运河，那条运河的长度才 3.8 千米左右。

俞敏洪：大概有多少西方人知道中国有一条大运河统一了中国南北？

---

① 指攀登七大洲最高峰，且徒步到达南北两极点的极限探险活动。

王石：很少，只在学者范围内。他们一般知道长城，很少有人知道大运河。

俞敏洪：所以你在运河中划赛艇，是对中西文化交流的一种宣传？

王石：毫无疑问，这不但是一种交流，也是在了解西方文化、西方文明。西方虽然没有像中国京杭大运河这么长的大运河，但西方运河扮演的角色和作用很有意思，比如我们有时会提到烂尾工程，世界上有一条非常伟大的运河烂尾了，科林斯运河。

俞敏洪：是把伯罗奔尼撒半岛与希腊大陆腹地切开的那条运河吗？而且它是峡谷运河，得挖下去一百米。

王石：为什么它会烂尾？当时古罗马的尼禄皇帝是一个暴君，据说他用金铁锹挖了第一锹。当时，他从巴勒斯坦掠夺了几千个犹太犯人，让他们挖运河，但很快就挖不动了。后来为了跨过这个距离，人们用的办法是把船拉到岸上，用木头滚到对岸去。

俞敏洪：你是一个企业家。我没听说你对历史有多深的研究，但在这本书中，你写了大量西方历史文明交叉点的故事，这是你到了某个地方之后刻意去研究的，还是自然而然地便把它们连成了连贯性的东西？

王石：我对文史哲很感兴趣，如果让我主动选择，我想考文史哲等，但我考不上一流大学，我的语言表达能力非常差，数学非常好。

俞敏洪：现在看来，你的语言表达能力也是非常好的。

王石：我之所以一直坚持写，是因为我的文字非常费劲、伤脑，非常出力不讨好。但我的人生就是这样，什么不行我就克服什么，不过我确实写不出华丽的文字。

俞敏洪：这点太厉害了。我读了你写的好几本书，你的文字很真诚。华丽的辞藻有时会掩盖一个人的真诚，掩盖故事的生动性、原始性。比如《回归未来：王石的十四国运河穿越》，人们就可以从中读出一种真诚。你说一下，大家为什么要读这本书？

王石：在这个不确定的时代，尤其是 2020 年以后，大家都有点躺平了，都有点无可奈何。很多人出不去，我出去之后，就成宝贝了，为什么呢？外国想了解中国，我恰好是从中国出来的，我从国外回来之后，中国人也想了解一些国外的情况。我发现，我的责任就在于此。

我尽量不夸张、不情绪化地介绍一下我在国外的经历。**我觉得中国离不开世**

界，世界也离不开中国。首先是中国离不开世界，我们是外向型的，我们经济上有相当一部分依靠出口，技术方面仍需要进口。而之所以说世界离不开中国，倒并非出于经济方面的考虑，而是感情。

改革开放之后，我们和外部世界来往多年，已经有了感情，如果突然不与之来往了，他们其实是会想念我们的。但我感觉双方的感情哪怕再好，长时间不接触也会淡薄。尤其是去年的时候，我觉得我们不能这样了，再不来往就会被忘记，好在今年我们来往了。

俞敏洪： 你讲的真的让我很感慨。在疫情时期，很多人由于各种各样的客观原因，觉得自己什么事情都做不了。但在那几年中，有一些人依然做出了很值得纪念、值得骄傲的人生安排，甚至是很大的人生成就。比如王石的《回归未来：王石的十四国运河穿越》不仅仅是一本书，因为他在家里待一年也能出一本书，他是在用生命、时间实践他的理念。

王石不仅勇敢地走出去，而且去学习文化、弘扬文化、理解文化，去促进中西方文化交流。所以，在运河中划赛艇有非常深刻的内涵和意义，因为运河本身就是一种连接的象征。如果没有大运河连接中国南北，中国南北的统一极有可能不会如此顺利。世界上的大运河都是因为想冲破某种阻隔才被挖开的，就像科林斯运河的出现缩短了往来船只的航行时间。

整个世界的发展其实是一种连接，王石用他的亲身实践告诉人们，即使在互相阻隔之时，我们依然可以与世界连接。毫无疑问，王石做的这件事有非常大的文化意义。大家读王石的这本书会发现，他真的能做出这么多事情。一个70岁以上饱经风霜的人依然在开拓自己的生命，推动世界的交流，依然在为世界变得更美好、人们生活得更健康而做出努力，我们或许也会被激励到。

4. 从极限运动到留学海外：塑造有质量的生命

俞敏洪： 除了划赛艇，大家知道更多的是你登山，攀珠峰。

王石： 对，大家都知道我登山，不知道我划赛艇。我划赛艇有二十年了，登山的时间更长一点。

俞敏洪： 你第一次登珠峰是哪年？

王石： 2003年，是在划赛艇之后，但我1999年就训练登雪山了，登了三座雪山。

俞敏洪：你第一次登珠峰是为了什么？想让别人觉得王石这个人不可战胜吗？

王石：就是"我能你不能，我与众不同"。我不但能，还要去第二次。我到哈佛大学后，教授都很好奇，问我："你登珠峰真的登顶了吗？"我故意轻描淡写地说我上去了两次。

俞敏洪：第二次登珠峰还有"我能你不能"的感觉吗？

王石：好多了，第二次登珠峰就不太在乎能不能成功了，第二次登峰就想着环保登顶，一定要把垃圾带下去。

俞敏洪：登珠峰给你的人生带来什么影响？让你有怎样的人生感悟？登珠峰前后，你对世界的看法会有区别吗？

王石：简单来说，无论做任何事，我都更有信心了。很多人觉得珠峰上不去，实际上不是这样的，也不是说我上去了就了不起了，因为人在自然面前太渺小了。实际上以我的水平，登珠峰就得在最好的季节、最好的时机，还要聘请最好的探险公司协助我，再加上一定的运气才行，我是这样上去的。**但确实登上珠峰之后，我做什么事都会更有信心。**

俞敏洪：会不会对大自然有更多敬畏了？

王石：毫无疑问，人类太渺小了。

俞敏洪：会不会一方面有信心，同时也觉得任何一个人都很渺小？

王石：太同意了，所以我在处理一些事情时更有信心了，原来觉得不可克服的困难，现在觉得可以试一试，试一试也没有什么损失。

俞敏洪：我们认识的时间挺长了。从你的态度中我能感受到，你过去那种较为外在的自信，现在内化成一种比较谦虚、谦让的态度。

王石：是的，可能跟年龄也有关系。我这个人喜欢发火，我知道发火是因为修养不够，但我就是忍不住，发火搞得我身体不舒服，心脏怦怦跳，恢复得很慢。身体告诉我，我不应该发火了，所以现在我很少发火。江山易改，本性难移，并不是因为经历了这么多，我的修养变得更好了，当然可能也有这方面的影响，但比例不确定。

俞敏洪：但那种信心还在，比如你说81岁要再登珠峰。

王石：哪有信心？实际上登珠峰主要是克服心理关。很多人登珠峰过不了心理关。一头疼，睡不着觉，紧张焦虑，第二天就下山了。所以不要太焦虑，可以适当放松，放松也是一种休息。

俞敏洪：我到现在也没打算登珠峰，我更倾向于轻松愉快、不那么花力气的运动及生活状态。

王石：我前天就很焦虑，因为《中国企业家》办了一个年会，主题是"木兰会"，是谈女企业家的。会上让我发言，我没有准备，就很焦虑。焦虑着焦虑着我就想到该讲什么了。所以焦虑是很重要的，一定是某种困境使人产生焦虑，焦虑了就想办法克服。对我来说，发火时憋着可能会憋出毛病。我现在不发火了，因为身体受不了。

俞敏洪：我跟你不一样，我很少发火，宁可憋在心里。你现在不怎么发火了，能心理调节了，**这样的生命活力和对未来美好的期待，你是怎样保持的？还是说，你天生就有这样的一种生命活力？**

王石：我和你比较一下。你是农村出来的，非常不容易，考北大考了三次。但最终考上了北大，你不是走后门进去的，也不可能有走后门的机会。对我来讲，第一，我是工农兵学员，正常来说，我有可能考个一流大学，但北大、清华绝对考不上。第二，我非常喜欢体育运动，但我最优秀的体育表现就是在校足球队当板凳队员，没人轮了才能轮到我，当时很多优秀的学生踢得很好，他们训练时吊儿郎当，但我训练得特别认真。就运动成绩来看，我从来没得过冠军，最好的成绩是在初中部时候的跳远第二名、推铅球第三名。所以从某种程度来讲，我是有自卑心态的，**恰恰不是因为我有优越感**，而是因为这种自卑让我不服气，**所以我一直在努力**。

俞敏洪：后来就登上了珠峰？

王石：我 2000 年飞滑翔伞时就创造了中国滑翔伞的攀高纪录，这个纪录保持了十六年，2016 年被打破了，是一个专业运动员打破的。

俞敏洪：你太厉害了！

王石：不是厉害。我飞滑翔伞的起点特别高，通常而言，人们是从 1100 米起飞，飞到 4700 米，而我是从 4500 米飞到 5100 米，别人起飞的高度比我低得多。站在巨人的肩膀上，我要么不起飞，起飞就一定要破纪录。当时起飞之后，由于气流的影响，一下就上升了，我吓死了，但那个纪录已经到 5100 米了，我就这样破了纪录。这也算是相对优势吧。

俞敏洪：滑翔伞、登珠峰都是风险比较大的运动，如果要学得小心一点，但赛艇是可以学的。

王石：我现在非常提倡赛艇，我还要说服你攀岩。

俞敏洪：有一次你、我和周鸿祎一起去攀岩，我是最厉的。因为我没练过攀岩，只能在最简单的路线上攀上攀下。你一个70岁以上的人，倒挂攀岩就攀上去了，我看得目瞪口呆。很多人到了这个年龄骨头酥了，身体也僵硬了，万一摔下来得把自己摔得半死不活的，你为什么还要去做这样的运动？

王石：我在深圳有一个房子，地下室有攀岩墙，是二十年前建的。我划赛艇有二十年了，攀岩也有二十年了，但我真正认真攀岩是在疫情之后，那段时间没地方可去，我就在室内攀岩，我原来也不那么喜欢攀岩，只把它当作一种训练，后来我确实感受到了攀岩的乐趣，以前攀岩是没有乐趣的。

俞敏洪：为什么原来没乐趣，现在有乐趣了？

王石：一旦投入进去，就会体验到它的精妙之处。比如人的手指各有分工，你用哪个手指打枪？

俞敏洪：右手食指。

王石：那十个脚指头有分工吗？

俞敏洪：没有。

王石：就攀岩来讲，脚指头是有分工的，它们之所以成为脚指头，是有其功能的。人的功能被开发出来，这就是一种乐趣。70岁以后，我突然发现了自己的新功能，这种新奇感妙不可言。攀岩把人整个身体都打开了，过去我做不出来的动作，现在都能做出来了。而且到了老年，我们会面临各种老化、各种不方便，唯一让自己克服这些毛病，甚至让自己逆生长的方法可能就是做一些以前不能做的事，而这些功能都可以通过攀岩被开发出来。

俞敏洪：攀岩总共有多少级别？

王石：业余是到八级以上，但我到不了八级。一般的年轻人差不多在五级上下。

俞敏洪：你运动方面的爱好年轻时就有吗？

王石：对，我小学的时候就喜欢踢足球、打乒乓球、跳远、跳高、推铅球、中长跑等。

俞敏洪：你觉得运动对人的个性有怎样的影响？

王石：运动是竞争性的、不服输的，运动要训练，要吃苦，所以运动对人的

性格培养非常有益。这也是为什么现在国家强调要增加学生课外运动时间，这也反映出原来的教育导向可能有一些问题，但这方面的改革能不能成功，现在还不确定，无论如何，户外运动是非常重要的。

俞敏洪：你做这么多运动，比如赛艇、登山，现在还攀岩。你觉得对于像你这样年龄的人来说，运动是会潜移默化地加快自身机能的衰老，还是有利于逆生长？

王石：科学已经证明这种方法有益于延年益寿。我更看中的是，在这个过程中我是愉快的。所以，即便生命缩短了也无所谓，毕竟我乐意。**人生就是一个过程，这个过程是延长十年，还是缩短十年，我觉得无所谓。**

俞敏洪：**有质量地活着和没有质量地活着是两个概念**。现在的医疗条件或许可以让人活着，但并不一定能让人有质量地活着。

王石：人的健康曲线一开始是整体上升的，一定年龄之后，各种病开始出现，这一曲线就开始慢慢下降，最后不过是质量非常低的苟延残喘。我希望我的曲线下降到一定程度就不下了，人直接说"走"就"走"了。我已经设想了我的追思会，我希望大家在追思会上提起我时，说的是"他昨天还很愉快"。人出生之前什么都不知道，不存在痛苦，也不存在苦恼；"走"了以后，也不会留下任何记忆，所以最后那段很痛苦的人生有什么意义呢？对自己来说没有意义，对亲人而言也是负担，对社会来说也是负担。

俞敏洪：对于死亡，你是不是已经想得很清楚了？

王石：人到七十古来稀，人生无常，**我希望我"走"的时候没有任何遗憾**。

俞敏洪：依然希望后面二十年活得非常精彩？

王石：我预期我81岁登珠峰应该是没有问题的，80岁能登珠峰，81岁应该也可以。

俞敏洪：现在登上珠峰的人，最大年龄是80岁吗？

王石：对，我的目标是创造世界纪录。三浦雄一郎80岁登顶，他现在已经90岁了，我三年前到东京看他，他还每天走10千米，而且小腿绑着沙袋。他没说自己有再登的打算，但我感觉他90岁时还要尝试。如果他90岁尝试了，我91岁也要尝试。所以，首先要健康地活着，这是一个生活目标。

俞敏洪：每个人都有不同的活法，我更喜欢舒适、轻松、没有太崇高目标的人生。

王石：20世纪80年代，我恨不得春节都不过，天天工作、创业、挣钱，但我觉得现在则是该休息就休息，该工作就工作，该疯狂就疯狂。

俞敏洪：你原来主要在国内做万科，登山也是在国内。后来，你到哈佛大学学了两年，当时你英文水平不是那么好，完全是强行把自己放在另外一个文化环境中。然后你又到英国待了两年，接着是耶路撒冷希伯来大学……你在国外待了差不多六年，需要克服非常大的语言困难。你原本的身份是一个中国企业家，为什么突然想到做深度的文化连接和沟通？你最终的目的是什么？

王石：我简单讲一讲契机。我是 1983 年到的深圳，但我从来没准备当职业企业家，我觉得这只是一个展示的机会，赚点钱后我想要出国留学。但我没想到在深圳一做就做下去了，一直做到 50 岁，我才打消了留学梦。

俞敏洪：你那时候就想出去留学？

王石：对。50 岁时我就不想再出去深造了。可以聘请硕士生、博士生来弥补知识的短板，我就打消了这个念头。2008 年我开始在大学兼职当教授，第一个聘用我的是香港科技大学商学院。我讲课很认真，同学们也觉得很有收获，但我发现演讲是一回事，讲课又是另外一回事，系统讲课对我来说非常吃力。而且直觉告诉我，学生之所以听得那么津津有味，可能是因为我是名人，大家好奇我的经历罢了。你在北大接受过专门训练，而我没有。在学术上、理论上，我发现我的学术训练是不够的，所以我就萌生了继续学习的想法。

我先找了国内的学校，跟比较熟的周其仁等说我想学术深造，想当访问学者。他们不相信，以为我在讲笑话，他们说："你来了要给学生上课，怎么可能来听课呢？"但我是非常认真的。在这种情况下，哈佛大学发出了访问学者的邀请，短则三个月，长则一年。当时我已经 58 岁了，我的兴趣一下子被挑起来了，我就说要去一年。所以我并不是一定要出国，只不过国内的大学没有积极回应，觉得我在讲笑话，所以我才去了国外。

俞敏洪：是的。但你刚去哈佛大学的时候，我以为你最多待半年就回来了，当时你的口语不是那么好，大部分课程也听不懂，在那边也没有朋友。你怎么适应国外生活的？

王石：这和我的性格有关。我小时候就走南闯北，不害怕陌生环境，能独处，能静下来。而且，那时我有一种需要，我需要学术上的基本训练。

俞敏洪：你后来还去了英国牛津大学及耶路撒冷希伯来大学，连续多年去不同国家、不同学校，为什么？

王石： 那时候我有个三年计划，在哈佛大学一年，伦敦政治经济学院一年，伊斯坦布尔半年，还有一个没确定是去柏林还是东京，但我没想到在哈佛大学的第一学期度日如年，苦不堪言，随时准备放弃。后来我问自己："这是最后一次机会，放弃了会不会后悔？"

俞敏洪： 你当初为什么没想着先把英文学好再过去？

王石： **人最不能战胜的是自己。** 之前我有没有学英文？有的；有没有请家庭教师呢？有的，还是一对一，但效果非常差。所以我问自己会不会后悔，是不是真的熬不下来。第二学期就没那么度日如年了，不像第一学期那么难熬了，但我觉得还没学到什么东西，还得继续学习，所以我在那儿待到了第三年。

俞敏洪： 第三年你还在哈佛大学吗？

王石： 对，我2011年去的，2013年还在那儿。其间有一个故事，MIT（麻省理工学院）那边知道我在哈佛大学待了一年，我选了很多MIT的课程，因为它们互相承认学分，当时张永和正好在设计院当院长，他说："你就换到MIT吧。"若是按照过去的虚荣心，我肯定过去了，但他们是有圈子的，不能东一年西一年的，所以为了混圈子，我抵抗住诱惑，继续留在哈佛大学了。

两年过去了，本来按照计划我联系了伦敦政治经济学院，但他们程序很慢。后来正好剑桥大学几个教授到万科总部谈事情，他们聊起我，万科的人说："我们董事长现在在哈佛大学。"剑桥大学的人说："怎么不去我们剑桥大学呢？"我当时想哪儿邀请得快我就去哪儿。剑桥大学很快把邀请发过来了，我就没去伦敦政治经济学院。

俞敏洪： 这几年的跨国学习对你的人生有哪些影响？

王石： 影响了我的认知，认知自己的民族，认知自己的文化。

俞敏洪： 你的开放性思维、外向性思维、深刻认识中华文化发展需要的思维，实际上是这几年的学习带来的吗？

王石： **到了哈佛大学之后，我发现有很多人选修中国传统哲学课。** 哈佛大学有很多大家的课，比如曼昆（Mankiw）的传统经济学，人多的时候能有一千人听课；其次是桑德尔（Sandel）的论正义，也有八九百人听课；第三大课是讲中国传统哲学的，有很多本科生听，而且这不是必修课，而是选修课。我很好奇，为什么他们听得这么认真呢？因为他们在研究中国。我们在研究西方，西方也在研究中国。为什么有这么多西方人学习中国传统文化？因为他们非常重视中国的改革开放、中国的影响力，他们觉得自己过去对中国的认识不一定正确。他们这么认真，但作为一个中国人，我反而不太了解自己的传统文化。学了以后，我就开始重新认知了。

俞敏洪：这种认知实际是更加全面的学习过程。你本来想深入学习西方文化，他们也反过来向中国学习，这就形成了世界文化互相学习的闭环。在这个闭环中，你不知不觉有了一个认知上的维度升级，你认识到了西方文化的重要性和中国文化的重要性，以及这两种文化的相互借鉴。我感觉经过这几年的学习，你讲话的格局明显扩大了。

王石：完全不一样了。

俞敏洪：我还记得你第一次用英语照着稿子演讲，当时我想你才去了半年，怎么水平这么高了？所以我觉得学习能力非常重要。

王石：我非常同意。**读书和经历都非常重要**，不读书就得经历，经历是没法回避的，读书是非常重要的。

5.尾声

俞敏洪：我跟王石老兄认识二十多年了，是从我崇拜他开始的。我第一次认识他是在电视节目中，他在一个少数民族地区跳舞，轻松、难看，又充满自信，让我感受到了他的魅力。后来参加各种企业家论坛，我们便逐渐熟悉了，有了很多交往，我对他所做的事情很佩服。

今天我们探索的一个主题是王石为什么成为王石，我觉得有以下几点。

第一是坚忍不拔的个性。没有人不会遇到困难，但遇到困难时的人生态度和个性决定了他能不能走向未来。王石喜欢各种各样的体育运动，这本身就是对自己的挑战，体育运动做到一定程度是对耐力、精力、体力、体能的全面挑战。聊到创业的时候，王石描述了买卖玉米时生不如死的经历，他能扛过去的主要原因是坚强不屈的个性，这也是作为一个男人必须要有的气质。尽管我的个性比王石老兄柔和不少，但我之所以做到今天，背后也有不服气、不买账、不放弃的精神。

第二是正气。正气非常重要，比如底线问题，不管是做生意还是为人处事，如果做事情没有底线，可能会给自己带来很大的后遗症。万科到今天为止之所以没有大问题，不仅是因为万科的商业模式做得好、转型做得好，王石、郁亮领导得好，更重要的是万科一直是有底线的企业。万科的掌舵人有底线，而这个底线逐渐会变成企业文化的一部分。不管谁来传承这个企业，如果不遵循底线，员工都会不答应，这就是正气。所以我觉得一个人的正气实际上构成了他的人生之路或事业之路能够走多远的基本条件。

第三是学习能力。王石是工农兵学员毕业，他在最年轻、最能够吸收知识的时候失去了机会，但他后来到哈佛大学、剑桥大学留学，以及在20世纪80年代全中国没有几家公司股改的时候成功把万科进行了股改并且上市……这些都是学习的过程。如果只专注于赚钱，如果没有学习力，就算有再大的赚钱能力，人也会停止成长，其所从事的事业也会停止发展。

第四是传承力，或者叫包容力。谈到企业传承的时候，王石说"不是企业离不开我们，而是我们离不开企业"。为什么中国代代相传的企业不是很多？除了客观的历史原因，也有企业家本身的原因，那就是企业家的传承能力。现在中国的企业家大部分是一代、二代企业家，企业家的传承能力是不够的，设计能力同样不足，比如企业制度的设计能力、传承机制的设计能力等，这些都是能让企业长久发展的能力。王石的厉害之处在于他真的把企业交出去了，而且交得非常好，这也是让我非常佩服的地方。

第五是冒险精神，或者是挑战自己的勇气，可以把它叫作挑战力。一个人50多岁登上了珠峰，几年后又登一次，现在计划81岁再登一次，虽然这个挑战背后有一定的虚荣心，但更重要的是想要证明自己在这个世界上不是废物，而是一个有用的人。推广赛艇，推广碳中和，参与世界环境保护组织的推广活动，等等，背后凸显的是一个70多岁的人是可以有活力的，他不仅能享受自己愉快的生活，还能为世界做点什么。这本《回归未来：王石的十四国运河穿越》是很好的总结，希望大家能从王石身上学到一些东西，何况你们比我们更年轻。时间差不多了，你再和大家说几句。

王石：非常感谢大家。实际上进入老年，我最担心的是自己对社会没有价值了，所以我们应该积极地做自己认为有价值的事情。今天来听直播的应该大多是年轻人，大家现在可能比较焦虑，比起前几年，现在似乎没有那么多机会了，但和我们当年相比，现在的环境仍然是非常好的。大家现在要做的就是不断积累，这样才不辜负自己的成长。**任何苦难的经历都会成为财富。**最后，再次感谢大家的积极参与！

俞敏洪：谢谢大家！各位朋友，再见！

对话刘永好

每一次失败,都是下一次的跳板

对谈于 2023 年 4 月 25 日

刘永好

  中国著名企业家和社会活动家，新希望集团创始人。1951年出生于四川省成都市新津县。1973年考入德阳机器制造学校（今四川工程职业技术大学），1982年作为专业户从养殖业起步创业，后创立新希望集团，1996年投资金融行业，发起组建中国第一家民营企业投资的全国性商业银行中国民生银行，并带领新希望集团进军房地产、金融、乳制品等行业。

俞敏洪：大家好，今天的嘉宾是新希望集团创始人刘永好，我们主要和大家谈一谈中国的创业、中国的农业，以及民营企业的发展等话题。刘永好还带来了他的传记《焕新：刘永好和新希望的40年》。

——对谈开始——

1.创业史：跟随时代步伐

俞敏洪：你为中国的农业发展做出了巨大贡献，很多人说你是一个农民，但除了在农村插队那几年，你并没有真正在农村待过，你为什么会对农业如此钟情？

刘永好：我母亲在一个农村小学当老师，所以我出生在农村。16岁的时候，我下乡当知青，干了四年零九个月的农活儿，我学农、做农、干农，创业的四十一年中，有四十年我都在做农人。所以我生于农村，长于农村，大家当然会说我是农人，甚至说我是老农人。

俞敏洪：你年轻时脑子非常灵活，尤其是经营的脑子非常灵活，农活儿也干得不错，更重要的是，有一件事情奠定了你在老百姓心中非常高的威望。当时你看到农村小镇上大家喜欢吃爆米花，就让生产队买一台做爆米花的机器，你推着机器到处做爆米花赚钱，这其实是一种经营，一般的农民不可能想出来做这个生意。那时候你是怎么想到用这个方法让农民增收的？

191

刘永好： 那大概是我十七八岁的时候，如果在生产队干一天满工分能拿 1 毛 2 分钱。我拿不到满分，一天只能拿 9 分。整个生产队一年下来能分到几百块钱。快春节的时候，糖果等食品很少，有一个爆米花机，黑黑的，摇一摇，砰……一下就能卖几分钱，不加糖精的两三分钱，加糖精的 5 分钱。我算了一下，那不是很赚钱吗？我就跟生产队长说："我们干一天活儿 8 分钱，人家几分钟就能赚这么多，我们是不是应该买一台爆米花机为生产队挣钱，增加收入呢？"队长将信将疑："行吗？"我跟他讲了之后，他就相信了。他说："哪来的钱呢？"我们就把生产队一个打草绳的机器卖了，凑了几十块钱买了爆米花机，之后队长和我一起干，我当时挑着担子，前面装着炮弹一样的爆米花机，后面装着柴火、炭，队长负责放炮，我负责生火、拉风箱、摇爆米花机，砰一下，声音很大，小孩儿都跑过来了。

俞敏洪： 我小时候，有做爆米花的人到我们村，我就拿半斤玉米放到机器里摇，摇一会儿，砰一声，就可以吃到爆米花了。那时候你就很有商业头脑了，是不是赚了不少钱？

刘永好： 当时春节前后几个月，我们赚了差不多 1000 块钱，相当于整个生产队全年要分的钱，于是农民朋友就对我特别好，觉得我为生产队贡献了价值。一个人贡献了价值，大家就会对他好，所以后来我在生产队做了很多坏事，大家也原谅我了，因为我给大家赚钱了。比如没有饲料养猪，我就把猪放出去乱拱人家的地，吃人家的红薯；养的鸡我也不管它们，我出去做爆米花，鸡就跑出去抢吃的；我在生产队干活儿累了就到井里面洗澡，全村人喝我的洗澡水，但大家都原谅我了。队长说："永好，你不应该到那里洗澡，我们全村都喝那里的水，你这样是不对的。"我说："是的，今后我不这样做了。"

俞敏洪： 当你为老百姓做出贡献、赢得利益的时候，中国老百姓都挺宽容的。

刘永好： 那当然了。

俞敏洪： 我记得你在 1980 年前后创业过一个音响公司？

刘永好： 第一次创业是 1979 年年底，做音响。那时候我们是无线电爱好者，几个兄弟收来矿石收音机、二极管收音机、半导体收音机，再拿里面的零件自己组装电视机。我们是新津县第一家拥有私人电视机的，当时很多人到我们那里看电视。

俞敏洪：为什么后来没做下去呢？

刘永好：当时我们的音响产品做出来了，并且我帮农民、学校的老师装了好几台，大家都特别喜欢。我们算了一下，效益挺好的，后来因为没钱，我们跟生产队长说了这件事，队长特别高兴，把库房腾了一半给我们，找了几个年轻人跟着我们学。后来大队长知道了，他说："永好，这事比较大，你们跟生产队一起做得请示领导。"我说："请示谁？"他说："找一找公社书记。"我们把音响放在架子车上，一边走，一边放，一直放到了公社书记那儿。公社书记看外面那么热闹，开门问："你们是干什么的？"我们说："音响。"他又问："音响是干什么的？"我说："我们要做。"他问："谁做？"我说："生产队做。"他问："生产队怎么做？"我说："生产队给我们私人做。"他听了这句话后几分钟没说话，定在那儿，然后一拍腿说："集体经济哪能给私人做，这不是走资本主义道路吗？坚决不行。"这事就被叫停了。

俞敏洪：当时中国还缺乏民营经济的土壤，这件事比年广九卖瓜子还要早吧？

刘永好：对，年广九卖瓜子是1980年左右，我们是在1979年年底的时候。

俞敏洪：四兄弟当初本来想做音响，但创业没有成功，后来又遇到了什么样的机遇，促使你们继续做生意？

刘永好：第一次创业做音响是在1979年，失败了。后来我们想还能干点啥呢？当时城里很多事不让做，不让做电子工厂，我们就到农村鼓励专业户，本来想在农村通过养鸡赚钱，差点又受骗。后来我们发现，鸡蛋那么大，鹌鹑蛋那么小，鹌鹑蛋2毛钱一个，鸡蛋才不到1毛钱一个，一个鹌鹑蛋可以换两三个鸡蛋。那时候大家认为一个鹌鹑蛋的营养价值超过了三个鸡蛋，我们也觉得它的能量、蛋白、繁殖率、成长性都很好，就开始养鹌鹑了。养鹌鹑确实比养鸡好，养鹌鹑周期更短，繁殖更佳，我们通过养鹌鹑赚了一笔钱。

因为养鸡、养鹌鹑，我们接触了饲料，发现饲料里大有文章。60%、70%做养殖的都是用饲料，里面有玉米、大豆，富含蛋白质营养。当时氨基酸和一些维生素等都依赖进口，为了生产鹌鹑饲料，我到广东、深圳等地买氨基酸和维生素，结果发现那边有一个外国饲料公司，很多四川人都会去买，甚至全国都到那儿进货，而且排队要排十几天。

我认真研究，发现他们生产的是高档的、全营养价值的颗粒状饲料，我们就决定向他们学习。因为从全国来看，四川养猪的最多，他们跑那么远买饲料，豆腐都会变成肉的价钱了，所以我们觉得如果在四川生产饲料，一定会更好，于是淘汰了全部的鹌鹑生意，开始做饲料生意，一干就是四十多年，一直做到现在。如今无论是在中国还是在全球，我们饲料生意的规模都很大，我们在东南亚、埃及、南非有几十家工厂，都做得不错。我们的产品已经走出国门，面向全球了。

俞敏洪：你们在埃及还做了饲料厂？

刘永好：对。在埃及，我们做的鸡饲料、鱼饲料规模最大，我们还做牛饲料、马饲料、驴饲料、兔子饲料，猫饲料、狗饲料也做，什么饲料都做。我们做产业链首先做饲料，然后是养殖，比如养猪、鸡、鱼、鸭、牛，接着是食品加工，比如猪肉、鸡肉、鱼肉、鸭肉等的加工。每年我们会销售超过500万吨的肉蛋奶，是中国最大的肉蛋奶生产企业之一。这几年我们生产的肉食品、牛奶食品越来越多。

俞敏洪：在新希望集团四十年的发展过程中，你们一直在为老百姓做好事，或多或少支持了中国老百姓的发展。据说到现在为止，你们的技术系统还在帮助很多养猪户科学化养猪，使他们能够有更好的收益。

刘永好：是的。

俞敏洪：新希望集团已经做了四十多年，依然如日中天，产业链发展十分完整，成了全球最大的农牧业公司之一，你觉得其中最重要的几个要素是什么？

刘永好：第一是大时代，国家改革开放，我们才有了这样的机会；第二，那时候我们正年轻，可以做事，那时候什么都供不应求，不管是创业还是下海，只要去做，只要有胆量，一般都能赚钱。

2.年轻人能向企业家学习的五种能力

俞敏洪：你的商业头脑是四个兄弟中最好的，你往往能从一件事情中看到商机，比如你从爆米花中看到了商机，几个月就为全村人赚了1000块钱，这在当时绝对是超级巨款；音响没有做成，你又看到市场上鹌鹑蛋的超级商机，后来整个新津县家家都养鹌鹑，你发现如果再这么卖下去，这个产业必然会出问题，于是张贴了《告全县人民书》，告诉全县人民再养鹌鹑可能会有危险；你到深圳正大康地饲料厂门口转了一圈，又发现猪饲料是一个超级商机……在新希望集团四十年的发展过程中，你至少经历了五六次巨大的转型，而且这五六次新的商业机会的发现都是超级前瞻性的，比如你在一九九几年的时候就开始筹建中国民生银行。

我觉得做生意勤奋很重要，想法和思考也很重要。商人或者企业家并不是人人都能当，因为这需要有敏感性、前瞻性，而这恰恰是引领行业发展的最重要的特质。你认为你的敏感性、前瞻性是怎么来的？

刘永好：这更多是一种学习能力，这个学习能力和读了什么书、毕业于哪所名校没什么必然联系。我是中国社会大学的第一届学员，中国社会大学就是以前的电视大学[①]。那时候我通过电视学习，获得了正式的大专文凭。迄今为止，电视大学可能是在校生最多的社会大学，所以我很骄傲，我是它的第一届学生，而且是其中的佼佼者。

俞敏洪：中国的电视大学超级有生命力。就像你说的，一个人会不会做生意、有没有前瞻性眼光，跟上什么大学没有必然联系。那你觉得现在那么多人去上工商管理学院还有用吗？

刘永好：工商管理学院教的是历史上企业的案例、经验，但那毕竟是历史的。今天跟从前是有差距的，今天很多新的科技、新的技术、新的管理、新的社会关系和过去是大不一样的，如果完全去学工商管理学院的东西，不见得管用，在商战中学习可能会更好。另外，**工商管理学院总结的东西有一定普遍性、规律性，但如果完全按照统一的标准、规律去做，很多企业往往不容易做好。我们要有自己的独特性和创新性。**

俞敏洪：对，任何一个企业的发展都有其独特的发展历程和企业家对于发展的独特的布局和看法。有人说"工商管理学院可以培养管理者，但没办法培养企业家"，你同意这句话吗？

刘永好：我觉得这句话有道理，不能说工商管理学院培养不出企业家，不过很多企业家不是通过学工商管理成长起来的，而是在实践中成长起来的。

俞敏洪：你高考以后上的是德阳机器制造学校，从某种意义上说，你是社会大学毕业的，并不算是真正受了四年或者八年科班正规教育，但你走的每一步，像我们这样受了所谓正规教育的人是想不出来的。你的眼光是怎么培养的？

刘永好：第一步学习，第二步实践。我比较善于学习，爱学习，我每年总要

[①] 电视大学始于1960年，学习方式以函授自学为主，电视讲授为辅，并由学员所在单位协助组织学员学习。

195

拜访三五个企业。

俞敏洪： 你拜访的企业是跟你的领域相关的企业吗？还是说，不那么相关的企业你也会拜访？

刘永好： 我觉得应该跳出所在领域去学习、拜访，看看其他企业在做什么，特别是科技型企业。这么多年来，我拜访的很多企业都做得非常好，它们有做互联网的，有做智能制造的，有做新能源的，有做农业食品的，还有做教学的，等等。虽然大家行业不一样，但管理的思维、基本理念是一致的。

俞敏洪： 有时候能够带来灵感。

刘永好： 是的。

俞敏洪： 在中国这么多企业家中，你肯定很佩服自己，除了佩服自己以外，你还佩服哪些企业家？

刘永好： 我觉得你就不错，在教育行业压力特别大的时候，你没有被压倒，反而去做直播，而且还很有人气，满血复活，我打心眼儿里觉得值得我学习。

还有我的一个好朋友张文中，他在北京做商业零售，现在搞了多点 DMALL。他那时是全国工商联常委，我是副主席，他是从海外归国的年轻留学生，是博士，方方面面都相当不错，后来被误判，被关了很多年。出来以后，他没有躺平，而是继续奋斗。我觉得他非常值得学习，遇到那么大的困难，仍然心态很好。

俞敏洪： 是的，一般人可能就垮掉了。

刘永好： 他仍然对事业有追求，不断地在学习，而且他还做了一些社会公益。

俞敏洪： 他还在里面读了很多书。中国民营企业四十年的发展确实推动了中国经济的发展。**你觉得企业家这个群体的哪些特点值得年轻人学习？**

刘永好： **要有学习精神。** 不管做什么，有学习精神、有爱好、有兴趣是非常重要的。如果有兴趣，你就会去探索，去努力，去获取新的格局，当机会来了，你才能把握住。拿我来讲，我是做饲料的，后来又养猪、养鸡、做食品。

现在与从前情况不一样了，尤其是年轻人，拿出手机点一点，饭菜很快就被送上门了。我在想，这是不是一个普遍现象。我看北京的年轻人几乎都是这样，我去成都调研也是如此，重庆、上海也是这样，我老家新津县城也是这样，甚至全国都是这样。这种现象背后意味着什么？意味着中央厨房体系的大发展，意味着冷链物流必须大力发展，同时调味品、生产加工体系等也必须与之适应。

大概在七八年前，我们就发现了这种规律，我就想，我们可不可以做冷链物流。我们讨论过很多次冷链物流，作为一家生产企业，我们生产的牛奶、肉要靠冷冻车运输，一辆冷冻车四五十万，很贵，但冷冻车的利用率不太稳定，而且我们还要建冷库，建冷库需要很多钱，有时候它又空在那儿，利用率很低，但我们又不得不要。

我们的企业如此，全国那么多的企业肯定也是如此，大家会遇到同样的问题。我们就想，有没有可能把冷链物流做得更加社会化。于是我们把自己牛奶厂、食品厂的冷链车、冷库剥离出来变成一个公司，让它为自己服务，也为社会服务，这是我们的第一个决定。

第二个决定是用数字化技术武装。我们成立了100~200人的数字化队伍，针对新希望集团运力进行数字化研究。

第三个决定是采用合伙制，集团占大股，合伙人占一部分股份，再到社会募集一些资金，通过几条腿走路。今天看来，这个选择绝对是对的。原来我们每年大概有不到10亿的业务，而且都是自己的，这几年业务量每年都在涨，今年有可能做到200亿。冷链物流能做到200亿，绝对能称得上头部企业了。

俞敏洪：已经独立上市了吗？

刘永好：没有上市，是一个独立公司，叫鲜生活冷链物流有限公司。第一，我们全国布网，现在全国各地有四五十家分支机构。第二，我们的冷链物流大数据体系非常完善。第三，我们发现自己去买车、建库太重了，用市场的更好。原先全国有二十几万辆冷链物流车，绝大多数是个体户自己的，他们不容易接到活儿，我们就说服他们加入我们的体系，我们来提供技术支持、产品支持、市场支持。然后，全国有那么多餐饮的连锁店，我们去找厂家，说服他们来我们这儿运输，因为我们是大企业，我们的肉蛋奶本来就多，他们对我们也很信任。最后，我们在市场上找冷库，把市场上闲置的冷库整合起来使用。今年是第七年，我们的销售规模每年都翻番。

我们从产业思维、科技思维、合伙人机制的角度来做。我们最多的时候一年亏损不到2000万，这两年开始赚钱了，而且能够做到现在一二百亿的规模，并且为新型餐饮体系的冷链领域做出了贡献。现在国家政策支持，市场需求巨大，我们本来就做肉蛋奶，自身也有很多需求，而且我们这样做，冷链物流车的车主特别高兴，他们申请加入我们的体系，按照我们的要求做硬件改造，配备上智能化设备。他们出门之后，按一下手机就能收到去哪里取货送货的通知，特别方便。这些司机的收益能够提高20%，甚至30%，所以他们非常愿意。我们对他们也有要求，他们的硬件必须改造，必须按照规则来。

连锁餐饮企业最大的担心是什么？第一保证供给，第二保证质量。以前这些是分散的、不清晰的，不知道断没断链，断链后出了质量事故就不得了了，如果和我们签合同，我们会承诺绝对不出问题。另外，我们有一个数字终端，在厂里就可以看见货在哪里，车在哪里停了几分钟，为什么停车，为什么亮红灯，车门开没开……这些全都看得见，人、车、货的动态全部在线。

俞敏洪：冷链车的滴滴。

刘永好：是。我们找到了新的增长点，这就是创新，这种创新也源于学习。我到滴滴学习过，也去其他很多企业学习过。我看过京东、顺丰的做法，他们的很多经验值得我借鉴，以前我们为自己服务，现在我们95%是为市场服务。

俞敏洪：你们的冷藏车、冷库本来是自己使用，但这是一个非常零散的活动，甚至给企业增加了很多成本和负担。当把它放在全国乃至全球的冷链业务中去考虑的时候，它就变成了可以被无限放大的机会。这可能就是企业家和普通人不同的地方，普通人只看到表面现象，而企业家能意识到现象背后有重大变革或者重大商机。这是一种透过现象看本质的能力，也是企业家比较重要的能力。

刘永好：我觉得这跟是不是企业家没有特别大的关系，这取决于是不是爱学习，是不是有想法。

俞敏洪：爱学习，有创新力，并且能够看到现象背后的逻辑，这是从企业家身上学习到的。你觉得我们还能从企业家身上学到什么？

刘永好：从不同企业家身上学不同的东西。有些企业家有打不死的精神，比如张文中先生，你身上也有这样一种气质，很多互联网企业家用科技、新技术、数字的能力非常值得我们学习。今天创业跟以前不一样，以前只要有胆子，只要认真做，大概率能成功，而今天需要科技、技术和能力，今天的很多科技型企业家都是名牌大学毕业生，而且都是学霸型人才。

俞敏洪：今天草根创业成功的可能性要比原来小很多。

刘永好：也不能这样讲。现在一些从优秀大学毕业的人，他们更容易掌握新科技、新技术，或者他们本来就是学这个的，他们占先机。这对科技型创新比较有用，但能否创业成功，我认为跟他们的学历高低不完全一致。现在几乎没有完全的文盲了，像我这样的仅有大专文凭的人仍然可以创业，仍然可以成功。只是今天高学历者创业成功的比例正在增长，因为他们跟高科技和世界的联系更加密切。

俞敏洪： 也就是说，不管有没有创业能力，不管有没有成为优秀企业家的潜质，学习能力和系统性学习的经历都非常重要。你女儿便是在国外大学经过了系统的训练，这一点在她身上也能得到印证。可以这么说吗？

刘永好： 对。

俞敏洪： 我总结一下，我们从当今企业家身上能学到什么。

第一，企业家的成就与其学识或者学位不完全是正相关，更重要的是拥有在现实社会中以及在学习中寻找机会的能力。

第二，看到现象以后能够抓住机遇的能力。比如同样是吃一顿饭，有人吃完就走了，而张勇吃完火锅以后却思索火锅要怎么做，最后弄出了海底捞。刘永好看到一颗鹌鹑蛋能卖2毛钱不是想着用2块钱买十个鹌鹑蛋，而是想到如果自己养鹌鹑、卖鹌鹑蛋能挣多少钱。表面上是一个现象，背后却可能是一个产业。这种目光深远、看到未来机会的能力，我们普通人也能学习。

第三，要有打不死的精神。只要你想做事业，就会遇到各种各样的困难，比如这两年养猪的亏损对你们来说绝对是重大考验，但你们又不能把猪场关掉，必须继续养猪，直到下一个周期的来临。再如我在教育领域遇到困难也要有一种打不死的精神才能坚持下去。这对普通人也适用，大家会在日常生活中遇到各种各样的困难，比如工作中的困难、家庭中的困难，拥有打不死的精神才能撑下去，甚至要有"不要脸"的精神，要厚着脸皮去寻找能够帮助自己复活的资源。

第四，之所以新希望集团现在发展得很好，跟新希望集团的转型有重大关系，你们转型期间的一个重要思考是对高科技的应用，让数字化进入了大家根本想不到的行业。据说，现在见到刘永好的猪比见到刘永好本人还难，因为猪是在数字化的高科技系统运营中成长的。

第五，对产业的系统化思维能力。一般人只能看到点，但企业家能透过点看到面，比如一般人买了冷藏车，造了冷库之后只会为自己所用，但刘永好能想到把全国的冷链整合起来，做成另一个市场，这就是一种透过点看到面的能力。

3.面对困境，乐观向前

俞敏洪： 你是我兄长，是我老大哥，尽管从年龄上看，我比你年轻，但你的心理年龄比我年轻很多。在我认识你的这二十年中，你的人生态度，尤其是做事业的态度让我印象深刻。你一直比较乐观，在创业过程中，你遇到过好几次困难，比如做养鸡的生意时被骗，赔上全部财产都无法还账，但你积极应对了这些困境。每当遇到困境的时候，你拥有一种什么样的心态？

刘永好： 我遇到过好几次大的困境，但困境总会过去的。

俞敏洪： 实在不行躺平。

刘永好： 那时候我们想过解决办法。最简单的是跳岷江，一了百了，能过去；躺平，也能过去；跑新疆去，也能过去……最后我们选择用最大努力挽回损失，拼下去。把它们卖出去是我们的一种选择，但那次我们选择对了。十几天内我们几个兄弟每个人都瘦了十几斤，但我们还清了账。

俞敏洪： 这挺了不起的。现在很多年轻人在生活中遇到了各种各样的困难。不管是外部环境还是内部环境，尽管中国的经济总体上变得更好了，但现在创业并不见得比我们那时更容易。你女儿也算是年轻人，你对中国年轻人面临的这种局面有什么建议？

刘永好： 今天的年轻人跟当年的年轻人都是年轻人，都生活在中国，但时代不一样了。当年整个国家经济很差，很多人吃不饱饭。现在经济发展了，吃不饱饭的人少了，但社会依然存在差距，有的人开很好的车，有的人住很好的房，有的人收入很高。

我们应该有这样一种心态：努力做事，只要能往好的方向去做，或许就会做得更好。如果能这样想，我们就会变得更好。我几乎从不抱怨，抱怨是没用的。而且每当我认真地争取把事情做好，往往就朝着解决问题的方向前行了一步。

俞敏洪： 遇到困境的时候，不要陷在困境里面，困境在就让它在，但身处困境中的我们要去寻找努力的方向和出路，并且往那个方向走，慢慢困境就会被我们甩到身后。是这样一种感觉吗？

刘永好： 是的。

俞敏洪： 前两天有人采访我，问我如何看待失败。**我心中没有失败，因为每一次失败都是成功的跳板。所谓乌云遮天蔽日，但太阳总会升起。**

刘永好： 我非常赞成你这个观点。几年前有个媒体问我："你焦虑过吗？"我说："我为什么要焦虑？"他说："你面临各种困难，又是猪瘟，又是猪周期亏损，你不焦虑吗？"我说："焦虑解决不了问题，不会因为焦虑，我就赚钱了，焦虑一点用没有。"不焦虑、积极应对更有价值，积极应对更有可能帮助我们找到解决问题的办法。**做事都是如此，人们焦虑也好，不焦虑也好，困难总是存在，不焦虑会让人们更理性，可能会更好。**

俞敏洪：焦虑无错，但解决不了问题。面对困难的时候更加理性、长远地去思考，进一步努力布局发展方向，其实比焦虑更加重要。

刘永好：我赞成你的观点。

俞敏洪：有网友说你真的好年轻，还这么欢乐，身体也很好，根本看不出来你的年龄。有的人觉得到这个年龄差不多已老态龙钟，但你完全不是那种状态，你是怎么保持的？

刘永好：我心态好，不做亏心事。不做亏心事就少有反对者，少有竞争对手，没有人恨我，所以我睡觉睡得特别好，而且我吃饭多，不抽烟，不喝酒。

俞敏洪：总结一下，有三点。第一，保持良好的心态，遇到困难的时候积极乐观的心态非常重要。第二，不做亏心事，一个人可以犯错，也可以做后悔的事情，因为人无完人，金无足赤，但原则上不应该突破做人的底线，有一句古话"不做亏心事不怕鬼敲门"，如果不做亏心事，任何时候都会心情坦荡。第三，吃好喝好睡好很重要。适当的体育锻炼还是有的吧？

刘永好：对，我现在每天大概走一万步，有时候还会游泳。养成习惯以后，不走路我就觉得不舒服，一定要走路。

俞敏洪：走路可以让整个身心放松下来。

刘永好：对，走一走路适合我这个年龄段的人，锻炼是很好的。

俞敏洪：你从来没吃过安眠药吧？

刘永好：一次都没吃过。

俞敏洪：这特别了不起。我有一段时间不吃安眠药能坐二十四个小时，一分钟都睡不着。听说你也不喝茶？

刘永好：我不反对喝茶，别人给我倒茶我也喝，但我大多时候都喝白开水。

俞敏洪：我要靠喝茶来保持精力旺盛，你是怎么做到不喝茶也能保持精力旺盛的？

刘永好：你跟我不一样，我是农民出身，你是知识分子。

俞敏洪：我也是农民出身，我18岁之前连火车都没见过。

刘永好：18岁之前我坐过汽车，20岁左右买了中国最早的一种私人汽车，叫拉达车，我记得是21,800块钱。

俞敏洪：那时候我到北大上大学，北京马路上都是拉达车。

刘永好：对，那时候有一辆轿车不得了。

俞敏洪：那时候一定有一大群姑娘跟在你后面。

刘永好：比这还早。我在农村当知青的时候，我父亲被打成叛徒、特务、走资派，工资被扣了好多，穷得不得了，饿得不得了，经常吃不饱饭，后来调查清楚我父亲不是叛徒，不是特务，也不是走资派，他就补回了之前的工资。我买了一台相机、一辆凤凰牌二八自行车，我穿着绿色背心、短裤，戴着军帽骑在自行车上人很高，在路上有半条街的女孩看。

俞敏洪：你十几岁就挂着相机在马路上到处乱窜，在和李巍大嫂正式谈恋爱之前，你谈过多少次恋爱？

刘永好：想法很多，考虑也很多，暗恋的也不少，结果胆量不够。

俞敏洪：我认识你快二十年了，一直觉得你特别开心。其实你的压力也不小，比如养猪，一不小心一年就会亏几十亿，但你依然坚守。之前你亏损的时候，我们在一起开会、吃饭、聊天，你依然是笑呵呵的，我一点都感觉不到你有压力。你这种心态是从小养成的，还是慢慢历练出来的？

刘永好：可能小时候比较苦。加上我们兄妹五个，我父亲需要用一个人的工资养七口人，经济很困难。我20岁以前几乎没有穿过买的鞋，穿的都是自己钉的草鞋、帮帮鞋，我的衣服也都是我哥不能穿了再给我的。吃不饱是最根本的问题，那时候确实很难，但都过去了，现在比以前要好很多，所以我特别开心。

俞敏洪：当时你穿烂鞋也很开心。据说你15岁时穿着烂鞋去北京见了毛主席。

刘永好：对，那年我当红卫兵，到北京见毛主席，见毛主席要庄重一点，我在废品店买了一双军队的解放鞋，虽然已经烂了，但我把它补好了，结果在训练的时候，不知谁踩了我一脚，鞋跟和鞋底完全分开了，我气得不得了。后来我想了一个办法，我住在清华大学，发现清华大学医务室的人很认同红卫兵，就和他们说自己脚扭了要绷带，他们给了我三卷，我就用绷带把脚跟、鞋底拴在一块儿了。

俞敏洪：最后见到领袖了吗？

刘永好：见到了。我们出发的时候是早上四点多钟，同学们说："你怎么成新四军了？"我说："新四军的伤病员也要见毛主席。"当时我们在公路边，毛主席和中央领导的轿车慢慢驶过，他们慢慢招手，所有人都热泪盈眶，拿着《毛主席语录》，戴着毛主席的像章，喊着毛主席万岁，我印象特别深。

俞敏洪：这段经历对你后来的人生产生了怎样的影响？

刘永好：当年去见毛主席是一件特大的事。第一，我可以穿买的鞋，尽管变成了绷带鞋；第二，我妈给我做了一条裤子，我以前从来没穿过新裤子，那时候要发布票，一人一年三尺，要六尺半才够做一条裤子，我妈花了两个人还多一点的布票做了一条新裤子；第三，我穿了一件呢子衣服，那是我父亲穿了之后留给我大哥，大哥留给二哥，二哥留给我的，尽管被穿了一遍又一遍，但毕竟是英国的进口呢料，看起来很威风。

那时候天气已经很冷了，由于鞋坏了，我穿着那件衣服在王府井大街上打着赤脚。一个大爷问我："小朋友哪里的？"我说："四川的。"他说："你们在四川都打赤脚吗？"我说："是的。"

4. 家庭教育的正向影响

俞敏洪：你们兄弟四人一起做了很多共同的创造，到了一定阶段，又分开各做各的，而且是非常友好地分开了。你们最初的猪饲料厂，现在还是四兄弟拥有吗？

刘永好：对，新希望集团的第一个老厂跟今天的新希望集团其实是完全分开的，我们四兄弟轮流管，现在是我三哥在管。最早的时候这个厂效益不错，规模也比较大，现在我们在全国各地发展，甚至在全球发展，它的规模就更大了。

俞敏洪：对你们四个兄弟而言，现在这个厂在经济上的贡献并没有那么大了。你们之所以继续保留它，是不是想要保留一种兄弟联结、一家人一起做事的象征？

刘永好：是的。原来我们共同创业的时候是以它为主，我们还有一个食品厂，大家都有股份，由我来控股。如今食品厂、饲料厂、科研所都还在，是几个兄弟的纽带，从来没有分过，只不过在新的领域，或者新的地方，我们新的发展是分开的，因为存量还在，所以不能说我们分家，只不过新的增量是分开的。

俞敏洪：当时二哥永行找你，说兄弟几个能量太大了，放在一起有点浪费，所以大家分开干。现在他们退休了吗？

刘永好：永言大哥是科学型人才，他头脑好，学的东西多，很多科学的、化学的、数学的、物理的东西，我们看不懂问他，他几乎都知道。他也研究发明了很多东西，现在他做的变频器在全球都有一定的影响力，他做的大规模中央空调体系现在在联合国很多地方都在卖，卖得也挺不错的，他的人造宝石也做得不错，而且现在还在做。他主要搞科研，今天仍然主要做科研。

二哥永行还在第一线，尽管他的儿子已经参与公司管理并且做得相当不错，但重要的事还是二哥决策。第一，他的管理雷厉风行，管得好；第二，他学习能力非常强，他比我爱学习，比如学管理，学技术，学专业；第三，很多产品、产业他拿来以后不是照搬图纸，而是先看这样做对不对，能不能更合理，规模能不能再扩大，结果到他手上以后，别人不赚钱的他赚钱了，人家做不好的他做好了，非常有竞争力。

老三永美搞农业、农艺，他的"花舞人间"做得特别好，现在有更多的职业经理人参与了管理，都做得不错。

俞敏洪：你们四兄弟在保留原有产业的前提下，又各自开发了自己新的产业。就目前来看，四兄弟各做各的产业算不算一个成功的决定？

刘永好：现在来看总体还是好的，我们四个人都比较有能力，也都比较有个性，分开以后能按照自己的想法做事，阻力会小很多，而且四个人在不同领域都有发展，总体上发展得相当不错。

俞敏洪：你妹妹在做什么？

刘永好：我妹妹原来在集团里负责财务工作，现在年龄大了一些，算是半退休状态。

俞敏洪：你们兄弟姐妹五个，为什么每一个都发展得很好？尽管你没有上大学，但你的智商、情商、决策力非常高，你的三位哥哥也是如此。如果说是家庭教育带来的某种成果，但你们小时候又很穷，家里连柴火都没有，父亲当时还受到打压。请问父母对你们有哪些影响？据说你母亲上过黄埔军校？

刘永好：影响非常大。第一，**我父亲特别爱学习**，学习成绩很好，是一个特别努力勤奋的人；第二，**他特别追求真理**，正因为这样，在抗日战争的时候，他以一名学生的身份参加了抗日救亡运动，同时加入了中共地下党，后来他由于种种原因脱党了，又参加了民主党派，新中国成立以后以民主党派人士的身份加入了政府，"走"的时候是我们新津县农业局的副局长。

俞敏洪： 本来你父亲有机会成为中国顶级的高层管理干部之一。

刘永好： 这倒没想过，但他那种不屈不挠的精神，比如学习精神、追求真理的精神、勤奋的精神对我们非常有帮助。我记得在那段困难时期，他被关进了牛棚，那时我经常去看他，他让我给他带书，那时候书并不多，他在牛棚里看英文书，看数理化的书，还教我们怎么理解。

俞敏洪： 即使被关在牛棚里，他依然在学习。

刘永好： 依然在学习。或许这是他的兴趣爱好，或许他是想给我们做榜样、表率。夏天晚上蚊子很多，蚊帐又很破，我在他那儿睡觉的时候，上床第一件事是打蚊子，一拍手上都是红的，第二天早上蚊子还有很多。但在那么困难的情况下，他坚持下来了，而且教我们怎么样不气馁，怎样坚持学习。

俞敏洪： 母亲对你们的影响主要体现在哪些方面？

刘永好： 我母亲对人好，很慈善，她特别会处理邻里关系。我特别感动的是，我们创业的时候，每年都会给母亲分点钱，但她并不怎么用，我们就想她可能攒着呢。结果她"走"了以后，我们发现她几乎没存下什么钱，我们都觉得很奇怪。后来我们看到一个本子，本子上有笔记，我们翻开一看，上面记着哪年哪月哪日因为什么原因给哪个员工家属看病3000块钱，哪年哪月哪日给哪个有困难的邻居补助了多少……我们给她的钱，她都散出去了。

俞敏洪： 老太太没告诉你们，但背后一直在做善事。

刘永好： 对，一直在做好多善事，帮助员工家属、周边邻居、亲属等，这一点让我非常感动。

俞敏洪： 这在某种意义上是完整的积善之家，这种善良是不是影响了你们的人格成长？因为你对周围的人也特别好。

刘永好： 是。我们要做善事。1994年我联合10位民营企业家发起光彩扶贫事业，这也是民营企业扶贫的重要形式，我做这样的事是受到母亲乐善好施的影响。我自己在光彩扶贫事业里投资超过50亿，得到了国家的扶贫特别奉献奖，这让我感到很高兴。

俞敏洪： 你认为父母对你们兄弟四个最大的影响是什么？

刘永好： 第一是学习精神，这是从父亲身上学到的；第二是善待别人，这是从母亲身上学到的；第三是隐忍，在困难的时候要学会隐忍。

俞敏洪：在那段艰苦的时期，父母以一种乐观的精神带领你们兄弟几个生活，并且不抱怨，隐忍着，等待好时代的来临。

刘永好：对。

俞敏洪：这个很重要。我想对家长朋友们说，现在孩子们的生存状况比我们当初好很多，但父母们往往抓不住要点，比如只管老师布置的家庭作业，剩下的不管，而且在交往的时候，常常不小心教孩子投机取巧、斤斤计较，或是占便宜。实际上对孩子的成长来说，这种教育表面上让他们得到了一点好处，但对孩子长久的成长、一生的成功有重大伤害。

因为当一个人走向社会的时候，社会欢迎的往往是能善待别人的人、乐于帮助别人的人，以及遇到困难能等待时机将苦难转化为机会的具有隐忍精神的人。另外很重要的是学习精神，学习精神不仅仅是指把课本学好，还包括对这个世界有好奇、有追求，并能寻找机会学习。这是父母能够传承给子女的最重要的能力。尽管你们兄弟几个个性不同，但在这几点上基本是一致的。

刘永好：基本上差不多。

俞敏洪：人不管多么充满活力，终会老去；企业不管被我们管理得多好，也会被交给其他人经营。在这方面，你给很多企业家树立了榜样，选择女儿刘畅作为接班人差不多有十年了，在刘畅接班以后，新希望集团从破千亿的难关到现在两三千亿的规模，总体来说是比较顺利的。今天新希望集团的重大决策，有多少是刘畅独立做的，有多少是你想到以后告诉刘畅？在整个公司运营和发展的大方向上，她有多少决策权？

刘永好：第一，我们集团的农业和食品主要是新希望六和在做，刘畅是董事长，她担任董事长已经超过十年了。新希望六和的重大决策主要是她和董事会成员及领导班子来决定。对于一些比较复杂或者她觉得应该征求我意见的事情，她也会私下听我的意见，但一般情况下都是她来决策。

第二，刘畅既是新希望六和的董事长，也是新希望投资集团的董事长，比较创新的业务都是她在负责。新希望投资集团在机制设置、新赛道选择、人才培养、产业发展、科技赋能等方面做了很多尝试，这些尝试基本是她领头在做。我们投资了很多家机器人公司，比如怎么用机器人来除粪、检测，怎么用机器人养鸡、养猪，怎么用机器人切菜……这些都由她负责。

她在创新变革方面有很多想法,这方面我不如她。第一,她更年轻,对这方面的学习更多;第二,她科技型企业的朋友特别多,他们交流沟通得比较多,有时他们交流沟通时会把我请去,我以家长代表的身份参加,某种角度上来说,她在引导和帮助我,我也增加了学习机会,我们互相帮助,互相学习。以前更多是我带动她,现在更多是她带动我,毕竟我年龄大了。

俞敏洪: 你觉得自己是真的退居二线了,还是以另一种方式在一线?

刘永好: 我基本上从运营生产一线退下来了,但在战略考量、学习、创新问题上,我还是一个学生。因为退休了,我才有时间学习,学了新的东西又可以对集团的重要问题发表意见。

俞敏洪: 你还有一个儿子在上大学,未来你打算让他回到新希望集团工作,还是让孩子自己选择?

刘永好: 我一直让他自己决定。我现在明显感觉他蛮上心的,他学工商管理,同时学习生物科技、智能制造等。我看他对公司有一定的信心。

我比较尊重他。他上高中的时候会跟我说自己要做什么事,如果我觉得能够锻炼他,我就会支持,后来他有的赚钱了,有的亏损了。我特别高兴的是,他在北京的国际学校念书之时,喜欢穿时尚的鞋、限量版的鞋,他说做这方面的生意很好,他从认识的人那里拿过好多双鞋,都赚钱了,他需要增加资金,希望我投资他。我问他:"投多少钱?"他说:"过年前凑了 2.5 万,准备全部投进去。"我说:"会不会赚钱?"他说:"肯定会,每个月能有 20%~25% 的回报。"我说:"那一年不就有 200%~300% 的回报吗?"他说:"是这样的。"我说:"可能吗?"他说:"可能,我已经观望半年了。"

我想了想,做这个生意每年 200%~300% 的回报一定是不可持续的,失败的可能性很大,但我没有告诉他。我说:"既然你愿意,那就试一试。"他把 2.5 万全部投了进去,第一个月他很高兴,赚了 20%;第二个月赚的少了一些,赚了 10%;第三个月,他觉得这个生意受到一些影响,可能要等一等才有回报,等到第四个月、第五个月,他不仅没赚到钱,那个公司的人也不知道去哪儿了。他很生气地说:"怎么会这样呢,明明说好每个月有 25% 的回报。"我说:"每个月 25% 的回报本来就不靠谱。"但我对这事特别高兴,他虽然亏了 2.5 万,但今后可能会少亏 2.5 亿。

俞敏洪: 小成本,大经验。

刘永好：失败的经历太重要了，年轻人一定要有这样的经历，没有尝试过怎么知道会失败呢？这件事对他太有帮助了，当然他也做过很多成功的尝试。

俞敏洪：万一你儿子要回来接班，刘畅他们又做得比较成熟了，等于这个公司有两个接班人，你会以一种什么样的态度来对待呢？

刘永好：我们四个兄弟分家的时候，原有的存量没变，只是在增量上各自发展。现在时代不一样了，他们更年轻，更有想法，而且他们姐弟关系特别好，刘畅和天天今后要怎么做，他们自己会商量着解决。

俞敏洪：对自己的孩子有信心，孩子感知到的最积极的信心就是父母对自己有信心。

5. 尾声

俞敏洪：时间差不多了，推荐下你的书。《焕新：刘永好和新希望的40年》是新希望集团创始人刘永好先生的传记，是在秦朔老师的策划下写的，内容非常真切，尤其是对企业转型以及一个人的成长写得比较透，语言比较生动，逻辑思路非常清晰，可读性非常强。凡是做企业或者想要创业的人，都可以认真读一读，可以从中读到一个企业家成长的心路历程、成长路径，也许对大家做企业有帮助。

刘永好：关于创业、发展、创新、分家、兄弟关系，以及各个兄弟做得怎么样、怎么学习、怎么克服困难等，这本书里都有写到。"焕新"是什么？我们老了，我们干了四十多年企业，老企业、大企业容易患"大企业病"，要减少"大企业病"的影响，要让企业有生机和活力，有创新精神，就必须焕新。怎么焕新呢？这本书讲到了四十年来我们的所想、所思以及所做的事。

俞敏洪：2020年，我做了一个节目叫《酌见》，当时采访刘永好，我们差不多聊了一天半的时间。当时我们去了你们最初起步的希望饲料厂，真的能感觉到筚路蓝缕的创业过程，当时也有各种各样的关于新希望集团的报道和故事。这本书值得正在做生意的人，或者想要创业的人一读。

这本书有两条主线，第一条是时代主线，记述了民营企业如何从过去的时代慢慢走到今天的时代，怎样从封闭到改革开放。当时民营企业家做音响都被认为是资本主义，今天民营企业则变成了中国经济发展的重要力量。这本书记录了时代背景下一个企业的发展和变迁。如何跟上高科技发展，如何转型，如何融入全球化轨道，等等，书里交代得非常清楚。

第二条以时代中的人和其所创造的企业的发展为主线。我们可以在这本书中读到刘永好的成长历程，读到刘永好的个性、品德、做事风格，以及这些是如何对新希望集团的发展产生影响的。这本书从刘永好"上山下乡"开始讲起，记述了艰苦生活对他的锻炼、兄弟几个在一起创业的艰苦，以及新希望集团的发展等，书中还记述了刘永好是如何开创很多新领域，如何产生新的想法、新的创意，以及如何努力将这些想法和创意付诸实践的，比如民生银行就是在刘永好的倡导下成立的。

总而言之，这是非常值得阅读的一本书。大家只要想做事情，就可以从这本书的字里行间获得很多感悟和体会。

刘永好：这本书差不多已经出版一个月了，我没有想到除了企业家、创业者，一些十几岁的小孩儿也特别喜欢读。我一个朋友说他把这本书买回去以后，他的孙子看得津津有味，把这当故事来读。我们这代人当时吃不饱饭，没有鞋穿，现在的孩子完全不了解我们以前的生活状态，所以他们看了以后会觉得很有意思，觉得阅读这本书能够增加对社会和历史的认识。

俞敏洪：前几天我和莫言老师对谈，他小说中的很多人物有吃不饱饭、被饿死的经历。有网友说中国人民怎么会吃不饱呢？这是对历史的不了解。**中国有过人吃不饱饭、很多人被饿死的时代，尽管今天我们见不到这种情况了，但这段历史不应该被忘记。**

对谈的最后，我们看看网友们有什么问题。

◆ 问题1：在创业过程中什么是最重要的？

刘永好：决心。创业必须有最大的决心。在遇到困难的时候，甚至可能失败的时候，必须要坚守、调整。坚守不是说一根筋地坚持到底，而是发现问题后能够适度调整。所以要一边坚守，一边做些适度的调整。

俞敏洪：我觉得有两点。第一，如果要创业，就不要给自己留后路，第一件事没成功就去做第二件事；第二，一旦发现某个地方有机会，即便艰难也要坚守，就像你们当时孵了小鸡卖不出去，全家都要破产了，兄弟几个依然坚守一样。

◆ 问题2：你会举债创业吗？

俞敏洪：其实你举过债。

刘永好：而且差一点就破产了。

俞敏洪：我的建议是，如果能找到投资者是最好的，这样即使创业失败了也不至于给自己带来太沉重的负担。如果必须举债，就要计算好创业失败的成本，不要让自己陷入绝境中。

◆ **问题3：怎样处理政商关系？**

刘永好：首先是心态，第一，我们要感恩这个时代，比如我父亲，他的经历非常曲折，他比我努力，比我更拼，学习成绩也很好，但有人认为他的成就不如我，毕竟我创造了一个世界500强的企业，他只是一个县的农业局副局长。其实这是不能比的，因为时代不同，我们考虑的问题不一样。所以我们要感恩这个大时代，这个时代促进了经济发展，提升了人们的生活水平，调动了大家的积极性。第二，感恩我们的员工和身边的亲属、父母、儿女。第三，感恩社会的方方面面和我们的客户。我经常讲，**感恩之心离财富最近，创业者必须要有感恩之心。**

俞敏洪：**我们应该光明正大地做生意，按照真正的市场规律做生意，按照正常的政商关系做生意。**过去人们刚开始创业的时候，很多方面还不够规范，而今天中国的市场经济在某种意义上已经比较成熟了，社会主义市场经济体系已经建立起来了，与其去搞政商关系，不如对产业以及高科技的发展方向做更加深入的研究，管理好自己的团队，创造新的财富。

刘永好：我非常赞成这样的观点，我们没必要特别去搞政商关系，只要把企业做好，就能解决一些就业问题，增加税收。如果我们为社会做出了贡献，做了应该做的社会事业，如扶贫事业等，通常就会得到认同，而且是市场的认同、老百姓的认同。

◆ **问题4：没有读书天赋怎么办？**

俞敏洪：没有读书天赋但可能有做生意的天赋，很多做生意的人不太喜欢读书。当然，刘永好是很喜欢读书的，但我估计他不读文学书籍。

刘永好：文学书籍读得比较少。

俞敏洪：孩子如果真不喜欢读书，就不要强迫他，可以引导他。而且，孩子不喜欢读书也没关系，可以看看孩子有没有其他天赋，比如做生意的天赋、某个专业技能的天赋，让孩子把自己的天赋发挥出来，只要能用以谋生，就可以给孩子创造最幸福的生活。倘若非要让孩子读书，他可能会更加厌恶读书，失去了人生乐趣，反而更加不好。

由于时间关系，今天的直播就到这里了，永好大哥和大家说声再见吧！

刘永好：很高兴和大家交流、沟通，我从中学到了很多东西。今天来到新东方，发现你们的办公室和我们的办公室大不一样，你们办公室小朋友特别多，办公桌上摆了很多人物、动画的摆件，更有生活味儿。

俞敏洪：我们允许所有员工展示个性，只要能把工作做好就行。再次感谢大家的陪伴，各位朋友再见！

对话于晓

人生的道路并非从一而终
对谈于 2023 年 4 月 14 日

于晓

　　中国著名企业家，1980 年考入北京大学西语系英国语言文学专业，后考入北京大学英语系，攻读硕士学位，1989 年赴美国洛杉矶加州大学攻读社会学博士学位并于 1995 年弃学经商。曾任曼哈顿资本集团董事总经理，80 创成副董事长兼首席执行官，以及《中国大百科全书·社会学》撰稿人，翻译作品有恩斯特·卡西尔的《语言与神话》、马克斯·韦伯的《新教伦理与资本主义精神》，以及杰弗里·C. 亚历山大的《社会学的理论逻辑》第一卷。

俞敏洪： 大家好！今天我邀请了北大的同班老同学于晓一起对谈。我们都是1980年进北大的，当时中国比较缺外语人才，北大的英语专业招了挺多人。我们班有五十六个人，这五十六个人又分成了三个小班，王强是我小班的班长，于晓是五十六个人的大班的班长。后来于晓当了系学生会主席，把我们系带得"乱七八糟"的，破了当时不少规矩、规范。（笑）

1984年毕业后，于晓继续在北大英语系攻读硕士学位，师从李赋宁老师。李赋宁老师是我的本科导师，发现我朽木不可雕也，结果找了更加朽的"木头"雕了一下。（笑）

于晓： 也没雕成。（笑）

俞敏洪： 于晓在1985年，也就是他硕士阶段的时候，加入了"文化：中国与世界"编委会。《文化：中国与世界》是20世纪80年代"文化热"时期的三大著名丛书之一，主要是翻译国外名著，另外两个著名丛书是金观涛主编的"走向未来丛书"和汤一介以"中国文化书院"的名义主编的"中国文化丛书"。

1987年，于晓和我们班另外三个同学一起翻译了马克斯·韦伯的名著《新教伦理与资本主义精神》，于晓当时开创性地把这本名著引入中国，这本书现在依然是值得一读的非常优秀的著作。1988年，他又翻译了恩斯特·卡西尔（Ernst Cassirer）的《语言与神话》，这也是一本非常了不起的著作。

研究生毕业后，1987年到1989年之间，于晓在中国社会科学院社会学研究所做助理研究员，是《中国大百科全书·社会学》卷的撰稿人，并翻译了杰弗里·C. 亚历山大（Jeffrey C.Alexander）的《社会学的理论逻辑》第一卷。后来，他去了美国加州大学洛杉矶分校，攻读社会学文化社会学专业博士学位，师从多位世界著名社会学家，但据说他学着学着就失去了兴趣，后来没拿到学位。

我以为于晓会一直在学术道路上走下去，没想到从那以后，他就"堕落"了，（笑）他"弃学从商"，从1995年到2005年，差不多十年时间，从事汽车零配件贸易。但能干的人总能出彩，于晓在这十年间把汽车零配件贸易做得风生水起，还被花旗银行（Citibank）投资，获得了当时业界单笔最大投资4000万美元。2005年左右，他卖掉了公司，获得了经济上的自由。

于晓自由以后没事干，他看新东方做得风生水起，就特别嫉妒我，（笑）于是在2010年找了几个同班同学，说要跟我一起创业，为年轻人的创业和发展添砖加瓦，我们几个就创立了"80创成"，"80"是因为我们都是1980年进的北大，"创成"就是创业成功的意思。我们差不多干了八九年，最终没干成，主要是因为于晓在里面，如果让我干，估计两年就关掉了，不会干八九年。（笑）于晓和我投了不少钱，我们这样的创业老将干新事业也未必能成功。

2017年左右，于晓受到了我写游记的"感化"，看了我的游记他连连摇头，说俞敏洪写的游记误人子弟，如此浅白易懂，历史事实陈述得也不充分。于晓从60岁开始周游世界，在三年间去了世界不少地方，并记录下自己的心路历程，写成了一本书。于晓的历史文化知识比我的丰富很多，他为这本书起名《长城、骆驼和马：一个中国现代学人对丝绸之路的历史回望》，这本书主要讲中国和西方的关系，以及丝绸之路给人类文明带来的影响。这本书图文并茂，里面的风景图片和人物图片基本都是于晓拍的。从拍摄结果可以看出，于晓并不是专业摄影师，但他很真诚地把每一张图片都附在了书里。书中有不少精美图片、各种旅游示意图，还有非常丰厚的知识以及对于历史、人文、地理的讲解。

今天我们会聊人、聊文化、聊文明，于晓绝对有资格跟我们聊这些。我进大学第一天，有个同学在读《第三帝国的兴亡》，我问他："在大学还要读这种书吗？"他看了我一眼，没理我，继续读书。这个人就是于晓。所以今天我心里还对他充满着"仇恨"。（笑）但是，他如今依然学识渊博，不仅可以当班长，还可以当我的老师。

——对谈开始——

1. 从部队到北大：以阅读为轴

俞敏洪：你肯定在进北大之前就开始阅读了，否则不会进北大第一天就躺在床上读《第三帝国的兴亡》。你能读下去那么厚的书，对我产生了重大刺激。你有意识地开始读书，大概是在什么时候？

于晓：还挺早的。我中学是在新疆读的，那时候有些老师家里藏有《人民文学》之类的读物，读了一些以后，我就喜欢上了读书。而且我出身于军人家庭，特别喜欢看各个国家的战争史，比如俄罗斯的。当时我家里有《星火燎原》《红旗飘飘》《朱可夫元帅》《第三帝国的兴亡》等，那时候市面上没有这样的书，但北大有。

俞敏洪：你是在特殊时期上的小学、初中、高中，你高中毕业是哪年？

于晓：1976年。

俞敏洪：你上学那么晚？我高中毕业也是1976年。

于晓：南方毕业早，我们都是初中三年、高中三年，上学比较晚。我1969年跟父母到了伊犁，在新疆待了八年，那时生活上不错，但文化方面比较贫乏。

俞敏洪：你成长于军人家庭，当时处于一种漂泊的状态吗？

于晓：是。

俞敏洪：你出生在云南，后来回到北京，又去了新疆。你父亲不是被调过去了，而是在特殊时期受到了某种冲击。你的小学、初中、高中都是在北京完成的吗？

于晓：我在北京读到小学三年级。

俞敏洪：所以你北京口音这么重，是小时候奠定的基础吗？

于晓：乡音难改，但对我而言很重要的时期是在新疆的那段日子。1976年年底我就当兵了。

俞敏洪：1976年的时候高考还没恢复，所以你就去当兵了？

于晓：对，没有其他出路。

俞敏洪：在1978年之前，当兵是很好的出路。

于晓：对，军人有崇高的地位，待遇相对好，大家穿蓝衣服的时候，我穿一身军装是很牛的。

俞敏洪：我们当时如果有一身没有帽徽、领徽的军装都会觉得很厉害。我1978年报考时，第一志愿是军校，1979年我的第一志愿也是军校，1980年我眼睛近视了才没敢报军校。

于晓：你是读书读成了近视眼？

俞敏洪：农村没有电灯，我每天都在煤油灯下复习，从晚上六七点复习到晚上十二点。煤油灯就那点亮度，一年下来我的眼睛就近视了。所以到1980年我才报的普通高校，如果我1978年、1979年就考上，我上的可能是洛阳的中国人民解放军外国语学院。

于晓：那你现在可能就是军人了。

俞敏洪：你参军后直接就去"老山前线"①了吗？

于晓：没有，我参军后在湖北的部队学习，在神农架边上，山沟里面。当时部队里有一些工作上的需要，所以我有幸学习了外语。

俞敏洪：从部队考到北大，你是怎么学习英语的？要想进北大英语系，英语成绩是标配，单项英语必须到90分以上，你居然能在部队、战壕里把英语学好。你是当兵以后才真正开始学英语的吗？

于晓：对。我是在新疆上的中学，当时学的是俄语。到部队当兵的时候，我一个英文字母都不认识。当时我们正好要学英语、数学，我发现自己学数学不行，学英语比较简单，因为记单词靠背功很容易掌握，我觉得英语只要用功就可以学好。所以那时候我不觉得自己很聪明，因为当兵的很多战友比我聪明很多，但我很勤奋，我比别人晚睡，熄灯号吹了，我仍然在背英语单词，我也比别人早起，每天比战友至少多学四个小时，坚持两三年下来，就很厉害了。

俞敏洪：当时有什么动力？

于晓：1977年有了高考，我觉得怎么样也得考个大学。

俞敏洪：你是第一年参加高考就考上了北大吗？

于晓：对。

俞敏洪：你当时在部队有两个选择。第一，你可以继续留在部队，你有一定基础，以后肯定能上军校；第二，你可以选择军校，比如洛阳的中国人民解放军外国语学院。你为什么选择了北大呢？

---

① 曾经位于云南省麻栗坡县的一个战略要地。

于晓： 家人都非常支持我考军校，我父亲是军人，洛阳的中国人民解放军外国语学院是部队学校，许渊冲老师说："你最稳的就是考中国人民解放军外国语学院。"但我年龄比你大，我当时22岁了，要么直接考本科，要么只能考师范。我说不成功便成仁，就试这一把，结果成功了。

俞敏洪： 太厉害了！当时上北大是分数达到了，还是你本来就有考北大的梦想？

于晓： 我只选了北大。

俞敏洪： 就填一个志愿吗？

于晓： 对。我爸说："你再填一个保险。"我说："不填，上不了我就不上了。"最后我考上了，考得还非常好。**从这件事中，我悟出一个道理，只要努力，只要坚持，每天比别人多花一个小时、两个小时，持之以恒，一定会有结果。**

俞敏洪： 当时我们班同学的年龄基本在16~18岁，我当时18岁，尽管我参加了三年高考，但我16岁就开始考了，于晓比我们大一些。于晓先在部队待了五年，在部队的时候他没有气馁，认真学习英语，最后考到了北大，那时候他23岁。当时我们是非常纯洁的"高中生"，于晓已经是"老江湖"了。23岁进北大后，他没有任何悬念地成了我们班的领袖。我们班很多男同学基本上大学四年都围着于晓转，所以后来都"误入歧途"了。幸亏我在大学离他稍微远一点，没有跳到坑里去。（笑）

很有意思的是，于晓比我们大五岁，围着他转的女生并不多。在20世纪80年代初，人们的恋爱观是更加倾向于找同龄的人，大了五岁，就是"老大爷"了，而且于晓那时候比现在胖，我们在班里从来不叫他班长、于晓，而是叫他"老胖子"，这个绰号我们一直叫到大学毕业，延续到今天。

我跟他打交道比较早，但是是不愉快的交道。所以于晓希望我给他的这本书写个序，我就"咬牙切齿"地写了一个序。我是这样写的："当时的北大学生宿舍有大有小，小的住6~8个人，大的要住十几个人，我从江苏扛着大包小包，坐三十六个小时的绿皮火车到了北大，被分配进大宿舍。我在床头把行李放好，一抬头看到斜对面下铺有人躺在床上看一本很厚的书，书名叫《第三帝国的兴亡》，我一直以为进大学就是来学英语的，根本没想到还要读课外书，就用南方普通话问了他一句：'在大学还要读这种书吗？'他把视线从书上移开，非常鄙视地看了我一眼，大概觉得怎么会问出这么傻的问题，之后就没再理我，继续读书。我很

219

尴尬地退到一边，知趣地不再言声，但内心从此埋下了自卑的种子。"我在北大四年的自卑就是被你弄出来的。

"入学一周我就开始明白，来北大不仅是学英语的，也不仅是来学教科书的，而是要大量阅读各种课外书籍。那时几乎所有同学都抱着课外书猛读，弗洛伊德、尼采、叔本华、康德，还有各类世界名著，不一而足。后来和于晓回忆这一段的时候，他一直坚持说他一点都没有鄙视我的意思，只是无意瞄了我一眼，可就是他这一眼让我在北大至少多读了一百本书，我在北大图书馆借的第一本书就是《第三帝国的兴亡》。"你不觉得这是对我的再一次侮辱吗？如果你鄙视我说明你眼中还有我，如果你根本没在意我，表示你眼中根本没有我。无视比鄙视还恐怖。（笑）大家知道，如果有人鄙视你，说明他看得起你，如果无视你，反倒说明你在他眼中根本不存在。当时在于晓眼中，我就是不存在的一个人。

于晓：这肯定是不对的。我总是怀疑这件事的真伪，虽然俞敏洪说得比较多，搞得有时候我也相信了。我从来都觉得自己和大家是一样的，我没有比别人特殊，在大学宿舍里，我更没有这种感觉。但有时候一个人无意中做出的一个举动，就会对别人产生终生难忘的影响，这种事是经常发生的。

俞敏洪：我刚刚读的这段话是我给于晓老师的《长城、骆驼和马：一个中国现代学人对丝绸之路的历史回望》写的序。这本书是于晓老师写的一部非常精美的旅游图书，记录了于晓老师旅游中的所思所想，里面充满了对文化、文明的历史描述，语言也比较生动。大家可以支持一下于晓老师，至少让他知道，老同学这么多年尽管怀恨在心，但并没有真正记仇。

于晓：这就是同学情谊。

俞敏洪：有人说"俞老师之所以觉得当时于晓老师鄙视他是因为俞老师来自农村，比较敏感"，确实是这样，自卑的人确实比较敏感。我来北大短短半个月就陷入了自卑之中，这当然不是因为看见于晓读书，而是因为我发现每个人的学问和才艺都比我厉害。20世纪80年代能考上北大英语系的人在某种意义上都在中学经过了一定熏陶。我们班农村来的孩子总共就两三个，其他的人基本都来自城市。我这样的农村人到了北大，看到大家学习那么好、风姿绰约、才华横溢，真的会陷入自卑状态。但我相信你在北大从来没有感觉到自卑，只有兴奋和带着同学们勇往直前学习的激情，我当时能感觉出来。

于晓：也不能说完全不感到自卑，那时候咱们校园里的人，比如预科读协和的那些人、物理系的人、数学系的人，都是全国最牛的，他们学的很多东西是咱们学不了的。但在另一个环境里面，比如在咱们班，就是另外一回事了。因为我岁数大，辅导员就让我当班长了，不到一年我又当了系学生会主席。当时被置于那个位子，我就要往前走，要比别人多做一点，所以我往上有点自卑，往下又有一点优越感。

俞敏洪：在北大四年，你是不是觉得像我这样的人拖了全班的后腿？

于晓：有一点点，不完全是。咱们班每个人都很有特点，很有个性，谁都不服谁，谁都有自己的东西，其他人都不知道某个人在干什么，比如一周可能只会碰见某个人一次。但我觉得每个人都铆着劲往前冲，不论往哪个方向冲。回过头一看，四年以后大家完全不一样了。

俞敏洪：到今天为止，我们班的同学依旧各有各的个性，各有各的看法。

于晓：每个人的人生走向也完全不一样。

俞敏洪：你大学四年读了不少书，你在大学是怎么读书的？

于晓：我什么都读。那时咱们英语系有几个好处。第一，咱们上的英语课可以都是文学类的；第二，咱们还要学一般的知识，比如上中文课，上哲学课。业余的东西我读得比较多的还是哲学类的。

俞敏洪：你怎么会对哲学，尤其是西方哲学史感兴趣？是因为当时北大有这样的思潮，大家都喜欢读哲学、美学类的书，还是你确实喜欢读这类书？

于晓：首先是北大有这样的思潮，那时我认为文科里哲学是最牛的，理科里物理、数学是非常牛的。

俞敏洪：如果不能讲点某个哲人的名句，就会被同学看不起。

于晓：对，大家纷纷抄下来背诵，包括包凡一背的《文心雕龙》，我们都震惊了，怎么会有人背这样的东西。

俞敏洪：那是他的童子功。包凡一后来是新东方合伙人之一，他父亲是浙江大学研究《文心雕龙》的文学教授，所以很多段落他能从头到尾背出来，背得咱们班同学都觉得他很厉害，其实他也就会背《文心雕龙》。（笑）

于晓：对，而且那时候学校活动很多，北大的书也很多，我们可以开阔眼界。我觉得在北大的四年，我真正地开阔了眼界。

俞敏洪：一个开放的时代。

于晓：我们系可能是北大最早请那么多外国人来授课的院系。

俞敏洪：当时在北大，只有外语系的课有外国人教，其他课没有外教。

于晓：对，所以我印象特别深。这些东西刺激人读书，这是对我们影响最大的。从我个人来说，读这些思想的、哲学的东西可能会显得自己更深沉一点。

俞敏洪：能向女同学炫耀，但从来没成功过。后来于晓才意识到，向女孩子炫耀知识是不管用的，长得英俊才是实在的。

于晓：没错。

2.北大：人生的第一次改变

俞敏洪：在我印象中，你应该会走从政的道路，因为你进入北大就是大班长，领导全班同学，后来成了系学生会主席，毕业后又在北大读了硕士，师从李赋宁老师，而且你还有一定的家庭背景，父亲也是老革命。你为什么没有走这条路？

于晓：我有过这样的想法，也有过这样的机会。我们毕业的时候，大学生很少，从北大毕业后肯定会有这方面的机会，也有很多人给我提过这方面的建议。但那时候我觉得孔子给我们指了两条路，要么去从政，要么去当老师，我就想试试搞学问，因为我们家之前从来没出过读书人，我是家里第一个读书人，我想走这条路试试，就开始读研究生。正好碰上同学组织出版《文化：中国与世界》，因为创办这套丛书的人都是哲学系的，他们就问有谁认识能翻译的人，正好有人认识我，我就参与了。

俞敏洪：这些人都是我仰慕的人。他们的思想、做法或多或少影响了你的选择，如果没有他们，从北大毕业后，你极有可能往从政的道路走。

于晓：是。本科毕业的时候，咱们系一位老师的先生是外贸部的，她对我说："于晓你要不要到外贸部？"我说："到外贸部干什么？"她说："你可以到杜邦（DuPont）做中国首席代表，我们专门培养你。"我说："杜邦是什么啊？"她说："很有钱。"我说："钱有什么意思？我不做这个。"你说得非常对，当遇到一群人，这些人在中国社会有巨大的思想影响，你会觉得跟着这些人干太好了，所以我就"误入歧途"，走到那个方向了。

俞敏洪：我觉得你如果往从政方向走也不会太差，因为你不贪色、不贪财，而且从能力来看，你能为国家做不少贡献。你有没有发现，我们班同学几乎没有从政的，有一两个后来被分到了文化和旅游部，到处长级别就上不去了，你觉得这是什么原因？

于晓： 我瞎猜一下。我们班同学，包括从政的同学，他们追求的某些东西超越了工作的东西，这也是我当年不愿从政的原因之一。我记得你当时说过一句话，做事情一定要"宁为鸡头，不为牛后"，不管生意有多大，不管怎么去做，那是属于自己的"自留地""可耕地"，我们可以做主，这是最重要的，至于能把生意做多大是另外一回事。所以，我觉得我们班的人都比较渴望有一个小小的属于自己的空间，可供自己发展。这是很重要的一点。

俞敏洪： 我觉得跟北大，尤其是北大外语系的氛围有关系。首先，学外语的人相对比较自由散漫。我们属于较早接触西方很多学术著作、文学作品、影视作品的人，心态相对比较开放，不太能做那种朝九晚五、唯上拍马的事。其次，跟北大独立思考、桀骜不驯的氛围有关。同其他大学相比，北大毕业生从政的比例相对小一点。我不是说从政不好，而是想要表达所在的氛围对一个人未来职业选择的一种影响，这种影响是很显著的。

刚刚于晓提到我说过的一句话，"宁为鸡头，不为牛后"，当时我的原话是"做事情要宁为鸡头，不为牛后，越是自己能做主的事情，越要努力去做，因为这样你能对自己的事情是否做成负责"。交朋友是"宁为牛后，不为鸡头"，在北大我算是"牛后"，你们都是"牛头"，不管是组织活动、在学校的岗位，还是资历，你们都比我这个农村来的人要好一些。

我之所以在北大能够成长起来，就是因为有你们这些很牛的同学。一个人会被周围的同学影响，周围的同学或多或少会拉着他往上走。所以我在北大这么多年，包括在北大当老师那些年，一直是"牛后"，但只要"牛头"往前走，"牛后"就不可能落下，我只要坐定"牛后"，就能跟"牛头"一样快。交朋友要交比自己优秀的人，我最幸运的是我们同班同学的水平基本都比我高，我跟着跑尽管很累，但学到了不少东西，如果没有这些同学，就不可能有后来的我，就不可能有新东方。

于晓： 你说的是实话？

俞敏洪： 百分之百的实话。到今天为止，讲到学问，我对你们还是有些妒忌，因为你们做学问和系统性研究的能力比我强。我做生意的能力还可以，在做生意的人中，我的学问还算不错。我觉得北大和同学对我的影响非常深，对你来说，在北大的七年给你带来的最大的影响是什么？

于晓：是世界观、人生观、价值观彻底的改变。我觉得，在北大的日子，我最大的收获是有一份追求，这个追求并不意味着一定要当官或者当教授，而是说我可以走不同的人生道路，北大给予了我巨大的信心，让我去走自己想走的路。每每踌躇的时候，我就会想，至少我们是从这样的学校毕业的，无论怎么样我都不怕，我可以做更多的选择。

俞敏洪：北大给了人打理自己人生的某种底气。**在任何一个大学学的学问都是有限的，但眼界、三观、信心、对未来不懈的追求……这些方面的能力是无限的。**我能从同学聚会中感受到，大家在北大时内心的那种火苗到现在也没有熄灭。你之所以愿意在60岁的年龄满世界跑，寻找人类的智慧、人类历史的渊源，并且从中寻找人类变得更好的道路，也是源于当初内心燃起的火苗吗？

于晓：对。

俞敏洪：当初的北大跟今天的北大其实有点不太一样了，整体来说，今天北大学生的读书热情不如我们那时候高，对现实的焦虑增加了。毕业后他们要自己找工作，我们当初是国家分配。对现在北大的学弟学妹们，以及全国的大学生们，你有什么样的建议？

于晓：无论在中国的哪所学校，读大学都是不容易的，对很多家庭来说也很不容易。我相信现在很多大学生仍然是家里的第一代大学生，能做第一代大学生是非常荣幸的事情，因为给家族带来了希望，所以无论如何都应该珍惜。

那么在大学需不需要学习很多专业知识呢？**我觉得专业知识最后都会被替代，因为现在科技的进步、知识的更新非常快，反而是人文教育、通识教育或者博雅教育，尤其是文史哲这类东西，对人的素质影响最大。**因为我们跟他人的交往以及对所有事情的判断是由这些学识综合决定的。

俞敏洪：人应当建立正确的是非观念，而不是人云亦云，毕竟现在假消息、假观点、极端的东西等到处都是。你是做人文研究的，你觉得有什么办法可以让人们对社会上的是非有自己的判断？比如贯通儒释道、博览文史哲是不是就能明辨对错？

于晓：我觉得不一定，学习书本知识不一定能提高判断力。很多人认为智商很重要，但对错是不分智商的，不能说没有受过教育的人就不能明辨对错。

俞敏洪：没有受过教育的人同样明辨对错，有一句话说"聪明是老天给你的，但善良是你自己的选择"。

于晓：没错。一个人能否明辨对错和他的出身、教育、才智等没有必然关系。

俞敏洪：孟子说"恻隐之心，人皆有之"，如果人心是向善的，为什么有些人明明知道事情是错的，还会去做？有人以恶为傲、善恶不分的诱因是什么？如果恶人过得很好，善的人可能会想"我是不是恶一点也可以"。**所以整个社会不能光靠抽象的道德，也要避免这种善恶不分的情况出现。**

于晓：社会学很大程度上探讨的就是这样的问题。我们常说社会制度在某种意义上就是一些规则，法律归根结底也是规则，这些规则是什么？是人的行为规则，比如哪些事情该做，哪些不该做，比如你们新东方做事业，那些可以做的事你们会放心大胆地做，你们会不断为别人提供服务。企业一定要提出共同愿景、理想，树立相应的规则，让大家共同做事。

俞敏洪：如果有人破坏规则，就说明规则有"破窗"？

于晓：是的，而且大多分成两种：一种是一些社会底层的人确实很穷，吃不上饭，他们过不下去了就会揭竿起义，中国历史上有很多这样的人；另一种是权力过大导致贪腐，这个问题很难解决，它和一个人是不是有宏伟的理想没有关系，有时越是宏伟的理想越有可能带来某种"后遗症"。

俞敏洪：我觉得一个人向善还是向恶，可以进一步反映出一个社会向善还是向恶。主要基于以下几点。

第一，从个人层面来说，很多人之所以做坏事是因为欲望过大，比如对名利的欲望、权力的欲望、财富的欲望。当然有欲望也有好处，因为有欲望就有动力，如果把这种欲望放在正道上可以创造出好的东西，如果放在歪道上就容易出现问题。

第二，很多人在交往过程中比较容易受伤害，容易放大别人的本意，进而造成恶果，比如云南大学的马加爵事件。当我们放大别人的想法之时，可能别人根本没有那种想法。

第三，整体的社会状态。如果整个社会向善，人们基本都会向善，他们知道做了恶事以后会受到社会的鄙视。在非流动社会中，在一个村庄里，相对而言作恶的人非常少，因为只要作恶，他在那个环境中就没有出头之日了。当今社会处于一种流动状态，在这种状态下，骗子会多一些，因为骗完就离开了，不会承担后果。

第四，社会法治体系。比如拐卖妇女儿童，如果社会法治体系特别完善，这种事情就会大量减少，如果犯罪成本太低，或者惩罚力度不够、量刑太轻，他们就会重复犯罪。再比如"碰瓷"，如果对"碰瓷"之人的惩罚力度不够，"碰瓷"之事就会屡屡不绝。所以"为善为恶"可以从个人和社会两个角度来看，当二者都达到比较完美的状态时，绝大多数人会往向善之路走，而不会向恶。

于晓： 你说得比较对。总体来说，你提的这几点都涉及社会学的问题。

3.学问到创业：商业的价值

俞敏洪： 你为什么决定到美国攻读博士学位？

于晓： 这是偶然。因为我翻译了马克斯·韦伯的《新教伦理与资本主义精神》，这本书在整个西方社会学领域被视作名著，马克斯·韦伯、卡尔·马克思（Karl Marx）、埃米尔·迪尔凯姆（Émile Durkheim）是社会学三大奠基人。

俞敏洪： 你去美国的时候就已经决定这辈子要做学问了？

于晓： 对，而且要研究社会学。当时我翻译了马克斯·韦伯的《新教伦理与资本主义精神》，美国很多学校给我抛出橄榄枝，他们觉得既然于晓把这本书翻译成中文了，今后可能会成为中国著名社会学家。

俞敏洪： 中国的杰弗里·C.亚历山大。

于晓： 后来发现不行，我不是那个料，做不了学问。

俞敏洪： 你最开始做学问做得很好，而且投入进去了。按理说，你在加州大学洛杉矶分校毕业不是难事。你当时是学不下去了，还是真的不想学了？

于晓： 我觉得两方面都有。

俞敏洪： 读社会学的博士确实很苦。

于晓： 那时候我突然发觉，在北大读书太容易了，在北大读书是自由地读书，不是做学问式地读书，想读多少就读多少。到了美国我才知道，读社会学博士要一天到晚地读书，那时候学社会学还要学统计学、数学。而且那时不像现在这样有互联网，更没有ChatGPT这种东西，要学什么得自己到图书馆查，记成卡片。后来我一想，这太苦了，干脆算了，做生意简单，比学社会学容易多了，挣钱好像也容易一些。

俞敏洪： 你还是挺有勇气的，大部分人会觉得读了三四年博士以后再放弃，沉没成本太高，死活得熬下去。现在有不少中国学生在国外读书，读到最后读不下去了，父母也会给孩子压力，说："你都读到大三了，都花了十几万美元了，你不读下去对得起爸爸妈妈吗？"孩子读到最后可能会精神崩溃，这种情况很多，尤其是在国外读人文博士，真的是要剥掉好几层皮。

于晓：我对中国的同学也是这样的想法。比如很多人都在读研究生，我觉得不可能那么多人都有学术才能，不论是自然科学还是社会科学方面，有些人并没有做学问的天赋。与其读研究生，不如做好一件事情，好好做一件事情能让自己生活得更加充盈，让自己更有信心，因为简单的事更容易做，做那么难的事很难获得成就，与其浪费自己的青春，不如踏踏实实做好一件事。

俞敏洪：虽然上进心必不可少，**但要尽量做自己可以接受的、能干的事情，而不是攀登自己根本爬不上去的山**。凭你的聪慧，博士毕业肯定没问题，但你发现读博士已经失去意义了，苦熬做学问的日子不是自己想要的，对吗？

于晓：是。读完博士是一回事，但倘若我想要当教授呢？七年之内就得上去，无穷无尽。

俞敏洪：那是当初我们很多同学追求的道路。

于晓：那是最好的路之一，需要心无旁骛地去做。

俞敏洪：所以我觉得我是咱们班醒悟得比较早的人。我本科毕业后，不想到机关朝九晚五，于是选择在北大当助教，当助教需要继续深造，所以我读了北大的在职研究生，读的是中古英语，差不多读了一个学期，我就决定放弃了。不是因为学不下去，而是我这个人比较讲求实在，读中古英语对我个人和社会有什么好处呢？我有多少机会用到中古英语呢？除非变成大学教授，否则我觉得发挥余地有限。

我也想过去国外读书。社会学、国际关系、比较文学之类的，这些领域我都申请过，因为英语专业是杂学，所以我申请任何一个专业都有可能。非常幸运的是，当时没有学校给我全额奖学金，如果任何一个学校给我全额奖学金，我都会去，这是我当时唯一可以选择的道路。当然，有可能到国外了我会读不下去，也有可能读完之后成为一个平庸的大学教授。我后来选择从北大出来，不仅是因为北大给了我一个处分，更因为我在 1990 年认识到，我这辈子不应该搞学问。

做了新东方以后，我发现这才是我该干的，又轻松，又好玩，又不用动脑子，不过是力气活儿，而我是从农村出来的，干力气活儿还怕吗？所以直到现在，我还以获得北大的学士学位而骄傲。现在想想，**人的命运正如罗伯特·弗罗**

斯特（Robert Frost）那首诗所描述的："一片树林里分出两条路——而我选择了人迹更少的一条，从此决定了我一生的道路。"

于晓：至少我们这代人是这样的。

俞敏洪：你读了这么多年书，到国外以后发现做学问不是自己的特长。但这对你来说也存在一种落差。你1995年的时候在读博士，而且已经读了好几年，突然就不读了，转而做汽车零配件贸易，比我做培训还"没面子"。我当初从北大出来做培训的时候，人家就骂我"个体户"，我要是知道你做汽车零配件贸易，会劝你别做了，还是到我这里来吧。

1995年、1996年的时候我正在招兵买马，没想到当时你在做汽车零配件贸易。做了这个以后，你觉得自己的人生观有怎样的改变？按照中国的传统，"万般皆下品，唯有读书高"，士农工商，商排在最后，那时做生意还没现在这么开放，你是怎么做生意的？做生意的十年给你的人生带来了哪些改变？

于晓：我觉得做生意是我的第二次改变，上大学是第一次改变，如果没上大学，我会在部队一直干下去，去国外又开阔了我的眼界，然后我就突然做起了生意。

俞敏洪：你现在后悔吗？

于晓：没有。孔子认为读书人有两条路，要么从政，要么当老师。我去美国后发现这两条路都是挣钱少的路。那时我们系的导师都是有名的社会学家，我问一位导师："您挣多少钱？"他说："钱都花不完。"我说："到底多少钱呢？"他说："每年十几万呢。"后来我看了报纸上的信息，且不说大企业家，一般人都比他们挣得多。我当时穷，如果走这两条路，显而易见会挣不到钱。我喜欢钱，喜欢到什么程度是另外一回事，但不能用不正当的方式赚钱，所以我觉得一定要去做生意，去试一试。

俞敏洪：老实说，你有多少钱是通过不正当手段取得的？

于晓：基本没有。我们俩做生意基本是在同一时期。我做汽车零配件，把国外的品牌进口，做批发，做零售，这其实是在给别人提供服务。我第一次感受到，不管卖什么东西都需要别人购买，而他们是有选择权的，他们可以拒绝。

俞敏洪：你做的是To C生意，想要贪污也不可能。

于晓：对，贪不了。我之所以对钱非常有好感，是因为我刚开始做生意的时候，没有人因为我是北大毕业的，因为我是留学生，就多给我一分钱。

俞敏洪：是的。北大毕业的来卖汽车轮胎，也是一样的。

于晓：在钱面前，我们绝对是平等的。做生意一定要为别人提供服务，产品服务也好，其他服务也好。这是对我很重要的一个改变。

俞敏洪：最初从商的时候，你鄙视自己吗？

于晓：有过，只不过为了生计得撑下去，管它做什么，先挣了钱再说。但做着做着逐渐有一种轻松感，我开始去琢磨生意到底是怎么回事。从前训练、学习的东西，后来带给我很多收获，让我清清楚楚地感受到了什么是生意，深刻理解了什么是市场经济。

俞敏洪：你要找理由说服自己做生意是很崇高的事情？

于晓：很崇高。

俞敏洪：你现在也觉得做生意崇高吗？你不觉得这是一种"阿Q精神"吗？

于晓：非常崇高。我觉得当年《新教伦理与资本主义精神》给我奠定了基础。我回来以后，跟一些人聊天，那时候"全民经商"，他们听说我翻译了这本书，跟我说做生意是有精神的，我是在实现一种使命。

俞敏洪：就是今天的企业家精神吗？

于晓：企业家精神便出于此。企业家精神其实很简单，一个人拼命挣钱、拼命节约会产生利润，企业家没有全部自己消费，而是将其进行投资，投资能够让社会更加繁荣。

俞敏洪：创造更多的工作机会，贡献更多的财政收入。

于晓：比如你做了很多公益，因为你个人不可能消费这么多。做公益和做投资都是回馈社会的方式。

俞敏洪：从美国的博士生到卖汽车零配件，你用了多长时间说服自己这是有价值的？

于晓：大概用了一年左右。刚开始很不习惯，当时我从美国到上海做生意，上海离我们家很远，我爸妈都不知道我回来了。上海的商业气氛比较浓，我发觉可以从中学到很多东西，比如生意是怎么回事，财务报表怎么看，怎么去规划……我的外语能力也可以得到发挥。

俞敏洪：在当时和今天的中国，做汽车配件的，包括做4S店的，能流利讲英文的人并不多。

于晓：而且做生意的过程中，我必然要读很多管理方面的书。那时候中国大量引进管理学的东西，我觉得自己经历的事情和书上的某些内容很匹配，感觉很好玩，非常有意思。如今再看那些书，包括我以前读博士时读的社会学著作，我发现那些东西更加栩栩如生，我对它们有了更深刻的理解。

俞敏洪：你做生意以后还坚持读书吗？

于晓：读，不过读管理类的比较多，人文和哲学的少了一些，但读管理类著作会涉及哲学问题，比如企业应该怎么做，人应该怎么做，应该怎么动员、激励员工……所有的东西都和现实社会有联系。互联网兴起以后，可以从网上读书。

俞敏洪：现在只要打开手机就可以读书，非常方便，所以我已经好几年没进书店了。

于晓：而且可以碎片化读。

俞敏洪：十年经商，你最大的收获是什么？

于晓：对我来说，第一肯定是挣钱，不挣钱肯定做不下去。但要想挣钱，就要为客户提供某种价值，而且是他们乐于接受的价值。所以一定要找客户的痛点，分析他们为什么要买我的东西，我的和别人的有什么差别……在这一过程中，我还能学到很多做人做事的道理。

俞敏洪：对商业逻辑有了更深刻的理解。

于晓：对，其实是对做人的理解。**用对的方法做对的事情才能挣钱**。教训则是不能太贪，不能做德不配位的事情。

俞敏洪：你有过欲望过大的时候吗？

于晓：做了一些不成熟的事情也不要后悔。我觉得在我们那个领域里，我做生意的方式是比较先进的。我开了很多行业先河，比如融资，当初行业里没有人融资，我是首创，再如进行连锁经营，全国性铺网……这些都是别人没做过的。我觉得我也有缺陷，比如没能把握好时机，没能用正确的方法组织人，这也可能是由于我的领导力不够。

人做事情的时候，需要天时地利人和。我觉得你做的很多东西，比如东方甄选，都是别人没做过的，但你却能把握住精髓和要素等。不像我，我当时很"膨胀"，花旗银行一下给了我4000万美元，我觉得很多，就开始膨胀了，觉得自己什么都能干。人一旦觉得自己什么都能干，就会出现问题。

俞敏洪：后来你做生意出了点问题，跟这4000万美元有关系吗？

于晓：对，人有时候不能一下子有太多钱，不能感觉自己什么都能做，一定要了解自己能做什么、不能做什么。

俞敏洪：要头脑清晰，人很容易在金钱、权力的包围下变得膨胀而不清醒。后来你怎么不做生意了？是意识到人生苦短要做点别的事情，还是觉得恰好到了一个很好的时期，"出手"是最有价值的？

于晓：我觉得是因为没有做得很成功。融了资就得上市，我当时步子迈得大了一点，后来没成功，那我就急流勇退好了，把该清理的清理了，该赚的赚了，再琢磨其他的。再后来就是咱们几个一起创办"80创成"了。

俞敏洪：其实我差一点就和你有相同的经历了。2004年，新东方第一批融资以后，老虎基金（Tiger Fund）给了我一笔钱，只有3000万。当时王强、徐小平等几个老同学跟我一起创业，如果新东方不能上市，我们之间的矛盾会到无法解决的地步，新东方也一定会垮台，因为我们都期待着通过兑现来解决矛盾。

所以从2004年到2006年，两年的时间，我全力以赴，殚精竭虑，弄清了所有的上市流程和规矩，说服相关部门同意我们去美国做上市试点，最后居然成功了。当时差点功亏一篑，但就是这样一步解决了我们的很多内部矛盾，使我能够有余地和资源继续推动新东方向前发展并一直发展到今天。电影《中国合伙人》中也描述了其中一部分事情，但实际情况比电影里要复杂许多。

2010年我们几个老同学又聚在一起做"80创成"，当时我有点不想做，原因非常简单，我已经跟老同学做成了一家公司，但里面的酸甜苦辣只有我自己知道。后来大家做了七八年"80创成"，但没有做成，最后和平散伙。你感觉老同学共同创业的优势和劣势分别是什么？

于晓：我觉得和同学创业各有利弊，好处是同学之间相互信任，信任是最基本的。而且我们做"80创成"的时候，大家没有说再做一个新东方，或者想要完成我当年没实现的上市梦，大家没有想那么多。当时我们是想给大学生提供一些创业、就业辅导，但我们又高估了自己的能力，高估了大学生对我们服务的期待或者紧迫性。

不利的是，同学之间不容易说"不"。如果我们当时自己做这个生意，可能早就不做了，因为不赚钱，也不会再尝试各种商业模式了。但因为大家是同学，彼此特别熟悉，抹不开面子，很难说这件事不行，于是总想再试试这个方法、那个方法，试了很多方法发现还是不行。如果及时止损，我们不可能流那么多血。

俞敏洪：对，其实我觉得同学一起创业不是坏事，因为大家互相理解，互相知道对方的个性、脾气和人品，相对来说比较容易讨论事情，比较容易目标一致地往前走。但同学一起创业有一个坏处，同学之间没有企业管理的载体，很难说谁管着谁。而且同学一起创业，总会有少数服从多数的时候，如果其中一个同学不愿意了，其他人为了顾面子，有可能就做不下去了。

一旦产生利益问题，同学之间争夺的方法和手段往往更加复杂，因为大家表面上抹不开面子说"这个工作不行，你得一年多给我 50 万我才干"，于是互相抹面子、和稀泥，最后矛盾更多。当然同学一起创业有成功的也有不成功的，新东方是几个同学经过千难万险创业成功的结果，"80 创成"没有成功，后来之所以没有闹矛盾是因为我们已经成熟到对一切东西都有"挥一挥衣袖不带走一片云彩"的洒脱了。

4. 一个中国现代学人对丝绸之路的历史回望

俞敏洪：为什么你会产生 60 岁开始旅行的想法，而且是深度旅行，还开始写文明史、游记？

于晓：其实挺偶然的。2017 年我去了日本福冈，本来是想给朋友们推荐福冈这个地方，我觉得很好玩，可以自由行。那时候正好和你们在合作，新东方有一个国际游学，我就想结合一下，看看游学是怎么回事。中国有人将"游学"解读为"壮游"。大概从英国女王伊丽莎白一世的时候，英国以游学作为绅士教育的最后一环，一定要从英国到法国，再到瑞士的日内瓦，翻越阿尔卑斯山到罗马游一圈，才能成为真正的绅士。当时英国创造了这样一种教育手段，游学成了贵族阶级受教育的一个过程。19 世纪以后，中产阶级也开始到处游学。

俞敏洪：对，在工业革命之前，老百姓分成两种，有钱的贵族阶级和没钱的普通老百姓，几乎没有中间阶层。工业革命之后才有了中间阶层，中间阶层的一个特点是向贵族阶层学习。

于晓：对，我觉得从某些方面来看，东西方的古代社会是一样的，都是"劳心者治人，劳力者治于人"。"劳心者"全是读书人，读书人才有钱有闲去游学。你似乎解读过王勃写的《滕王阁序》？

俞敏洪：对，李白、杜甫都有游学的经历。

于晓：他们都有壮游的经历，几乎都是士大夫，都是有钱人。后来出现了中产阶级，中产阶级劳动很繁忙，但有假期，他们会在假期旅游，虽然这不是游学，但我觉得二者的性质是一样的。看网上的介绍时，我有时觉得网上介绍得不够深入，所以我当时的想法非常简单，既然我退休了，有点闲，也不做其他事情了，要不就把大家不愿意花工夫查的东西查一查，写一写。通俗来说，我就是知识的搬运工，加之受过学术训练，我能把那些信息组合在一起，使之变得更有意思。

俞敏洪：你在学习过程中受到的训练以及积累下来的知识并没有浪费。你做生意的时候，这些东西没有体现出来，但你写的书很明显地体现出来了。如果让我写同类的、很完整的、很深刻的书，我没有你这样的本领，因为我没有受过系统训练。你受过训练，对文明已经有了比较深刻、系统化的看法，并且还会去寻找文明新的落脚点。

读你的书，我有一种感觉，文明的秘密在角落里，帝王的历史只是文明的一部分，文明真正的发酵及成长往往在意想不到的角落里。你在这本书中便探索了角落里的文明是如何发展成文明的基石的。

于晓：对，这本书是对我以前人生的一个大总结。但如果没有做生意的经历，可能我永远写的是帝王将相史、诗歌等。

俞敏洪：你从做生意的过程中体会到历史的创造真的跟普通老百姓相关？

于晓：没错。为什么这本书叫"长城、骆驼和马"？长城是国家的象征，骆驼代表商业，马代表军事、骑兵。**社会学主要讲的便是这几种大的力量，国家的力量、商人的力量以及军事的力量。** 过去打仗的时候，马匹基本都是北方的匈奴、契丹、蒙古骑兵带来的，欧亚大陆上几乎都是马，此外还有骆驼。这些文化、宗教的东西，是我学社会学训练出来的。

俞敏洪：确实如此。实地考察了世界文明以后，你对世界文明发展的路径有怎样的体会？

于晓：有两个体会。第一，只读书不走，绝对不行；第二，只走不读书，对**我们这些人可能又不太够。**

俞敏洪：不读书地走，就是瞎走。

于晓：旅游中需要见一些新鲜的东西，给自己带来快感、美感和幸福感，这是所有人的共性。由于历史偶然的际会，我进了北大，翻译过书并且去过国外读书之后，我觉得只行走是不行的，每到一个地方，我都边走边读书。所以我从来不觉得自己是在旅行，而是在游学，我要把"学"贯穿其中。

俞敏洪：这本书讲了大量有关丝绸之路的历史、人文和故事。其实丝绸之路代表的就是商业，假如没有丝绸之路，你觉得中国会是一种怎样的情况？

于晓：我觉得应该不怎么好。

俞敏洪：假如没有丝绸之路，是不是就没有汉朝的繁荣、唐朝的兴旺，也没有儒释道三家融为一体的传承？

于晓：**迄今为止，能将全世界连在一起的最和平的方法，是商业**。商业能把某个地方好的东西带到其他地方，其他国家的人之所以了解我们的茶叶、瓷器和丝绸，便是通过商业，而这一过程又带来了文化、文明的交流。最早给丝绸之路命名的李希霍芬（Richthofen）认为，这个走廊是在传播文明。

俞敏洪：对。"丝绸之路"最早由德国探险家李希霍芬于1877年提出。很多人以为"丝绸之路"是由中国人最早提出的，其实不是，尽管这条路确实存在于中国。

于晓：丝绸之路对中国文明、欧亚大陆文明，乃至世界文明产生了巨大作用。它以前就存在，但最初对它进行命名的是德国人，从而衍生出后面的研究。很多东西原本就存在，但我们能否把握并理解它，则是另外一回事。

俞敏洪：丝绸之路让文明繁荣，让国家之间交流。国家的商业发达了，老百姓必然会变得富有。为什么中国历史上存在重农轻商的观念？

于晓：我觉得不仅是中国，西方工业革命以前也是如此，做生意被排在最后。而且世界上所有的君主，实际上都是在不得不的时候才允许人们做生意，因为做生意会对统治产生影响，尤其是西方，奢侈曾引发堕落。

俞敏洪：听说罗马帝国的灭亡跟他们到中国买丝绸买穷了有关系。

于晓：有关系，所以他们很在乎商业，他们允许的大部分商业是国际化商业，毕竟要把别人的东西拿过来使用，比如当时罗马帝国皇帝衣服所用的丝绸主要是从中国来的。

中国同样如此，某些朝代之所以富裕也与贸易有关。我那时候在美国看了很多资料，当时李鸿章等清朝官员穿的皮大氅、戴的皮帽子，都是通过贸易而来。所以如果没有贸易，中国的发展不会持续。中国历史上最开放的朝代是唐朝，不论是秦始皇坑儒，还是汉代的独尊儒术，都是对思想的遏制，但到了唐代，佛教被引入，社会也繁荣起来了。**对思想的开拓而言，贸易是极其重要的一个因素，正因如此，它推动了文明的传播**。比如其他国家的留学生会到中国留学，我们的思想、生活方式、书法、绘画等也会通过贸易传播到其他国家，他们会向我们学习，我觉得高度文明的核心就在于此。

俞敏洪： 人类社会是从什么时候开始真正意识到商业的力量并开放全球性的商业？

于晓： 这个问题非常有意思，我们知道大经济学家亚当·斯密，他的《国富论》是1776年发表的，这一年美国独立。

俞敏洪： 这是1776年的两件大事。

于晓： 这是当时影响全世界的两件大事。那时英国、法国等已经开始承认商业的力量，开始探索金融的革命。这一年，美国独立，美国开始成为世界上较早的以做生意立国的国家，他们的宣言中说："人生而平等，造物者赋予他们若干不可剥夺的权利，其中包括生命权、自由权和追求幸福的权利。"怎么追求幸福呢？挣钱，这是他们当时的认识。

俞敏洪： 美国立国的时候，最大争论是成为农业社会还是商业社会，最后选择了商业社会。

于晓： 对，托马斯·杰斐逊（Thomas Jefferson）就认为对美国而言，小农（自耕农）最好，小农发展起来能做什么事情？一定是做生意。比如我们那些年经历过的"万元户"。你母亲也是农民，只要把东西卖了，钱就有了。中国十几亿人，如果人人都这样，能不富裕吗？

俞敏洪： 这是改革开放带来的成绩。

于晓： 我觉得那时候的活力是最强的。从1776年美国独立到托克维尔（Tocqueville）于1835年完成《民主在美国》上卷，相距五六十年。

俞敏洪： 朝气蓬勃，乱中取胜。

于晓： 每个人都有活力，你只要比"邻居"快一步就行。

俞敏洪： 最后一个问题，读者读完这本书会有什么收获？

于晓： 我觉得有两方面：首先从内容上来说，我相信很多人旅行的时候，导游会讲很多东西，而他们可能只是打个卡、照个相而已。而且导游讲的很多方面或许没有我讲得深刻，毕竟这是我的所学、所长。

此外，我是用白话文、简单的汉字写的这本书，可能会戳中读者的感受，谈及读者认为深刻的道理。我觉得五四运动最大的一个好处就是推广白话文，让读书人和不读书的人使用同一种语言，促进了平等。总而言之，我希望能给这个多样化的世界增加一点东西，让人们能用另外一种眼光看待世界，用另外一种方式解读世界。

俞敏洪：人们年轻时或许会先做有意义的事情，将有意思的事情放在第二位，我现在完全颠倒过来了，我把有意思的事情放在第一位，不管是把文字呈现出来给别人看，还是做一些其他事情，我都追求有意思、有意义。你写这本书追求的是有意思还是有意义，抑或两者的结合？

于晓：我觉得是两者的结合。我们上大学的时候学的是古典的东西，我们做生意的时候接触的是市场经济，这是另外一个层面的东西。那时候我们还寻找做事的意义，比如做生意的意义、生命的意义。所以我要通过马克斯·韦伯为自己辩护，我所做的事是有意义的，而后现代则注重体验，体验的东西没高低之分，体验是个人的，俞敏洪的体验一定不是于晓的体验。

俞敏洪：比如朱自清和俞平伯都写了《桨声灯影里的秦淮河》，两个人在同一个场景下写出来的文字完全不一样，感悟也不一样，**每个人眼中的世界都是独特的**。

于晓：没错。社会学家费孝通先生曾经说过"各美其美"，俞敏洪的美一定和我的美不一样，你眼里的"情人"肯定和我眼里的"情人"不一样，这是第一。第二，美人之美，尊重别人。去世界各地要抱有好奇之心，因为它们呈现给我们的基本都是好的东西，要学会美人之美，美美与共，天下大同。

5.尾声

俞敏洪：时间差不多了，你还想对大家说什么？

于晓：今天和老同学交流非常有意思。大家听完以后，或许计划旅游时就有目的地了。希望每个人都能活出自己的美好。

俞敏洪：感谢于晓！我们从于晓年轻的时候聊起，于晓老师之所以能考上北大是因为喜欢阅读。所以我也对家长朋友们提一个建议，孩子的学习成绩基本能跟上就行，但读书是一定要重视的，读书能开阔孩子的视野，提高孩子对世界的包容度，而且书中常常有榜样可以为孩子提供努力学习的精神激励。

我们也聊到进入北大以后我们有什么样的改变，最大的改变是眼光和格局的改变，因为每个人的个性都比较独特，每个人的想法也比较独特，每个人读的书也不太一样。我们在北大做得最多的事情就是在宿舍里争论，同学之间会因争论而互相讽刺、打击，但这些构成了个人成长的要素，这也是为什么我们到今天为止还会那么怀念北大四年的时光，怀念大家在一起时热闹的大学生活。

当然，**人生的道路并不是从一而终的，人生的道路可以改变，不变的是人们想要把自己的生命和生活打理得更好的志向和梦想。**于晓最初想做学问，在北大读了硕士，到美国读了社会学博士。但在读博士的过程中，于晓意识到人生也许有比做学问更好的道路，于是他毅然决然改变道路，转向了商业。人生并无高低之分，重要的是选择一条路并认真走下去，所以家长朋友们对孩子的要求没必要那么严格。

于晓我们都无意识地加入了中国商业力量的"大军"。在那些年月，中国成千上万人走上商业之路，中国以最快的速度进入商业社会，这是中国的纵身一跳，跳上了高台。中国现在依然有上亿人在努力做生意。做生意没有高低之分，某种意义上来说，做生意是崇高的，因为它可以增加社会的活力，增加国家的财富，增加整个社会的就业。

所以，只要不做伤天害理的生意，其他任何生意都是好生意，这是我和于晓得出的结论。现在整个社会对好好做生意越来越看重，今年开始，政府领导对民营企业和民营企业家投以更多关注。确实，不管是在网上开一个小店，还是做出一个大企业，都或多或少构成了中国繁荣进步的力量。所以，我们要向那些认真做生意的人表示敬意。

于晓老师60岁以后不做生意了，也不做学问了，但无论是做生意还是做学问，都在他身上留下了很深的烙印。我们都喜欢读书，都喜欢行走，读书和行走增加了生命的丰富性，也构成了继续努力的诱惑。于晓老师从60岁开始周游世界，并把心中所有的学问和见识跟旅游结合起来写成了这本书。从书名就可以看出，于晓老师的学识比我好，我要是出版游记，书名会是"远方的脚步"或者"站在高处呼喊"之类的，一看就很俗气。

我们同时意识到，人一辈子经历的事情从来不会白白流失掉，不管是最初的做学问，还是后来的做生意，于晓都将其总结到文字中，我们可以从中看出一个人人生的厚重。**人生千万条路，任何一条路都是好路，只要你愿意满怀信心、满怀生命热情地走下去。**对于孩子来说，任何一个职业都是好职业，只要孩子喜欢，并且真心愿意做下去。

总而言之，我们到世界上来一趟不容易，希望大家能活得既充实又开心，前提条件是内心永远基于一种寄托，那就是对世界和未来变得越来越好的希望，对自己变得越来越好的希望。我和于晓相识几十年了，我们有一些特点，我们的内心都充满了对生活的热情，都充满了愿意跟大家交流的热情。人际关系搞好，把自己打理好，将内心的热情表露出来……人生无论如何都不会太差。

由于时间关系，对谈到此为止，谢谢大家的支持！

于晓： 谢谢大家！

对话张朝阳

永远折腾,永远年轻
对谈于 2022 年 7 月 31 日

张朝阳

　　中国著名企业家，搜狐公司创始人，搜狐公司董事局主席兼首席执行官。1964年出生于陕西省西安市，1986年毕业于清华大学物理系，同年获得李政道奖学金赴美留学，1993年年底在美国麻省理工学院获得博士学位，1996年持风险资金回到中国创立爱特信公司，并于1998年推出"搜狐"产品，将公司更名为搜狐公司。

去年夏日，张朝阳约我去他的农场做了一场"星空下的对话"，我们坐在星空下吃着火锅，聊了许多话题：关于人生，关于追求，关于世界，关于微观，关于宏观，关于宇宙，关于外太空……那是天马行空且酣畅淋漓的一夜，今日与各位分享。

——对谈开始——

1. 理科生在火星，文科生在金星

俞敏洪： 大家好，今天不是俞敏洪对话张朝阳，而是张朝阳对话俞敏洪，这是张朝阳的直播节目，叫"星空下的对话"。我们的女主持人是北大数学天才张一甲女士，"甲子光年"就是她一手创办的，主要做科技行业的媒体和智库；男主持人是搜狐的卫然，毕业于北京电影学院。

张朝阳： 你真的好会和网友互动，我平常讲物理课根本不看弹幕，也不跟网友互动。

俞敏洪： 你讲的都是广义相对论、狭义相对论、暗物质这些高深莫测的东西，有几个人能跟你互动？

张朝阳： 他们都是"哦，好吧""理解了""知道了"。

俞敏洪： 拼命点头，假装听懂了。

张朝阳： 其实只要有几个人能听懂，我就已经很高兴了。

俞敏洪： 我觉得人的脑子只要有一个"分权"开始发展了，另外一个"分权"就很难得到发展，比如我已经往文科的方向发展了，所以一听到数学、物理、化学，我就浑身颤抖。我唯二感兴趣的中间学科是生物学和心理学。对于物理、化学、数学，我只有膜拜，这三门学科是推动社会发展的核心学科，我们今天能有这么美好的生活很大程度上是物理、化学和数学带来的结果。人们在不知不觉中享受着伟大科学技术带来的幸福生活。

我觉得学科没什么高低之分，张朝阳是物理学博士，我是文学学士，我用语言给人们带来欢乐，他用物理知识教导人们如何继续推进科学技术的发展。我觉得人类社会就是两者的结合。坦率地说，如果只有文科的东西，确实没办法让人的生活水平不断提高，所以必须要与科学相结合，因为科学发展对于人类生活水平的提高有着极其强大的作用。

张朝阳： 文科能让人们学会如何有效地管理自己。

俞敏洪：文科在某种程度上能让人管好自己的灵魂，因为如果内心不够充实，那么不管拥有多少物质财富，你都不会感觉幸福。

张朝阳： 我觉得心理学特别重要，大家可以学习心理学，它能解决很多问题。

俞敏洪： 你在清华上了五年是吧？

张朝阳： 对，清华物理系，当时只有清华是五年制。

俞敏洪： 当时清华男女比例七比一，进到清华放眼望去全是男生。

张朝阳： 悲惨的校园生活。

俞敏洪： 每到周末，北大都有舞会。北大的舞会比清华多很多，因为清华的舞会都是男的搂着男的跳，所以他们一到周末就会到北大参加舞会。清华的男生好像有一种朴实的吸引力，跳的次数多了就把北大的女生吸引走了。我们北大的男生肯定就不干了啊，因为北大的女生本来也不多。

张朝阳： 那会儿清华和北大的男生会聚在东门打架。

俞敏洪： 对，北大的男生到北大东门堵着，看见清华的学生坚决不让进，最后双方都动砖头了。我参加过两次，当然我也只是在边上站着。

张朝阳： 你是1980级，我是1981级，我们都很悠久，而且我们的时空有重叠。

俞敏洪： 重叠了整整五年，你1986年毕业，我1985年毕业。

卫然： 可能某一天你们在学校里短暂相遇过，但彼此都不知道。

俞敏洪： 相遇也不可能有交集。张朝阳那时满脑子都是物理，大学一毕业就拿到了李政道奖学金，直接到麻省理工学院继续深造了，一读就读到了博士，然后继续在那边做研究，而我当时连"麻省"这两个字都不知道。他是中国第一个看到互联网机会的人，正是在他的带领下，中国互联网才做了起来。他确实算得上中国互联网的"祖师爷"。

卫然： 我们要做"百年老店"，跑长跑的。

张朝阳： 人生很长，我觉得人活着就得搞事情，可以是公司的事情，也可以是个人的事情。

张一甲： Charles[①]，你看过新东方的直播吗？

俞敏洪： 他肯定不看。

张一甲： 刚才放音乐的时候，Charles 一直跟着哼，我觉得这是理科生的浪漫和柔和。

俞敏洪： 理科生有好多唱歌唱得好的，中国很多流行歌手都是清华出来的，比如水木年华、李健、高晓松，但北大却没出几个，为什么？因为郁闷出歌手，清华的一些男生特别郁闷，他们周围没有女生。

张朝阳： 没错，压抑。

俞敏洪： 这就是张朝阳既能唱歌又能跳舞的原因。

张朝阳： 我一说自己是教物理的，大家就把我判定成理科生了，实际上我是个文艺青年！

俞敏洪： 如果不出国，你没准就成歌手了。

张朝阳： 我大学的时候整天读小说，是标准的文艺青年。

张一甲： 很多理科生都是文艺青年。

张朝阳： 我们那个年代流行的小说，我比较喜欢张承志的《北方的河》、礼平的《晚霞消失的时候》，还有张贤亮的《男人的一半是女人》。20世纪80年代的时候，有一大批欧美文学进来了。

俞敏洪： 1983年左右，欧美文学一进来，大家就开始转向欧美文学，比如《红与黑》《安娜·卡列尼娜》，还有狄更斯写的一些小说。

[①] Charles，张朝阳英文名。

张朝阳： 再后来朦胧诗发展起来了。

俞敏洪： 朦胧诗 1983 年就已经出现了，1984 年、1985 年的时候达到了高潮。我的同学西川就是当时著名的诗人，跟海子他们齐名。海子算是我师兄，他是 1979 级，我是 1980 级。我也写过朦胧诗，但一首都没出版过。教我们写朦胧诗的导师叫谢冕，是北大中文系的教授，我大四的时候曾经编过《大学生诗刊》，编了整整一年。

张朝阳： 你是诗刊主编啊！厉害。

俞敏洪： 因为自己的诗出版不了，所以我才编了一本诗刊，这样就可以把自己的诗放上去了。但我终究没能成为一个诗人，因为我是从农村出来的，写出来的东西缺乏想象力。但当时我周围的好几个大学同学都是诗人，不过后来他们都去当大学教授了。

张朝阳： 我们那个年代特别流行写诗，一个人要是会写诗，别人都会仰望他。女孩如果会写诗，就会显得特别美；男孩如果会写诗，女孩就会倾慕他。

俞敏洪： 20 世纪 80 年代初的时候，几乎只有诗人能吸引女孩子们的注意力，这也是我们写诗的原因，可惜我写得不好，女孩子们看不上我。

张一甲： 现在写诗的年轻人好像很少。

张朝阳： 他们现在拍短视频。

俞敏洪： 现在如果喜欢某个女孩，可以录个短视频发过去，但我们当时一定要写一首诗。时代不同了，人们的表达方式不一样了，但没有高低之分。

张一甲： 当时您看海子写的诗吧？

俞敏洪： 我和海子是一起写诗的，他的诗能发表，我的发表不了，我是农民诗人，只会说"太阳真圆啊""庄稼长得真好啊"。现在我的话术还是一如既往的朴素，因为肚子里实在没货。

张朝阳： 你这叫逆向"凡尔赛"。

俞敏洪： 网友们评价我的文字"朴实无华"，他们不知道我写不出来"有华"的东西，所以只能"朴实无华"。我发现我最喜欢吃的粉条被你们吃没了。

张一甲： 我想问一个物理问题，为什么粉条下到辣锅里会特别辣？

张朝阳： 粉条下到辣锅里会特别辣和从夜店里出来头发上有烟味的道理一样，和冬天跑步的时候手指、耳朵特别冷的道理也一样，涉及体积面积比的问题。一个萝卜被切成丝，萝卜的体积没有变，但是切成丝后，它的表面积大了很多，面积代表热交换或者辣交换或者冷交换的量，体积代表存储的量。虽然手指头的体积小，但它表面积特别大，所以冬天手会特别冷，这就是我们戴手套的时候要把拳头握起来的原因，这是一个几何问题。

2. 人活着，就是要折腾

张一甲： 上一次你们忙里偷闲是什么时候？

俞敏洪： 我从来没有跟他这么玩过。

张朝阳： 我也不怎么玩，这次也是开拓一个新模式。

俞敏洪： 而且我觉得这也不算奢侈，不过是家常便饭。我们这些 60 岁左右的人，能在享受的同时做点有益的事，真的很让人欣慰。刚才提到了退休的话题，对于我们来说，不会像公务员退休那样，到了那天就不工作了。**我们的退休更像是浪潮，老一代的浪潮不断往后退，年轻一代的浪潮不断往前推，而且我们希望年轻的浪潮能够更加强劲有力。** 我前两年只把 20% 的时间放在新东方上，但最近这几年我必须勇往直前，所以相对来说花在新东方上的时间多了一些。即便如此，我依然把 40% 甚至 50% 的时间留给自己，所以我现在才会接受 Charles 之邀来参加"星空下的对话"。

张一甲： 俞老师，如果现在突然让您闲下来一个礼拜，您会有罪恶感吗？

俞敏洪： 我是闲不下来的，不是指工作闲不下来，而是说如果有空闲时间，我会背上一个包，徒步三四十千米，穿镇走乡，把某个地方的历史文化用文字记录下来，或者干脆边走边直播，跟大家分享我的快乐。除了徒步，我还可以在家里读四五本书，一周读四五本对我来说还算比较轻松。我还可以找 Charles 这样的人对谈。这些对我来说就是闲着了。

张一甲： 听起来没有一个是真正闲下来的。我说的"闲"可能是指在家里躺着。

俞敏洪： 当然，我也可以躺在家里想问题、品人间，但想问题不一定要想新东方的问题。

张一甲： Charles 每天早上五点多到办公室，从早上七点工作到晚上七点。您要是哪个礼拜不工作会觉得有罪恶感吗？

张朝阳： 我没有罪恶感，我工作是因为爱好。

俞敏洪： 通常年轻人才会有罪恶感。我们这个岁数的人如果还不能部分意义上掌控自己的人生，就比较悲惨了。虽然年轻人容易冲动，冲动以后可能会做错事，但做错事是年轻人的特权，老年人已经没有时间再去做错事了，可能来不及纠正。所以我跟Charles现在做任何事情基本都会三思而行，但偶尔也有冲动的时候，毕竟不是所有人都能达到孔子"从心所欲，不逾矩"的境界。相对来说，我们可以做到不那么在意世俗的评价。我跟Charles有一个共同特点，我们俩的公司都遇到过巨大的困难，而且至今仍谈不上是业界最好的公司，但我们的内心都保持着相对比较纯的状态，他保持了理科生的纯，我保持了文科生的纯。当然这两种纯是不一样的，比如我看到夕阳会激动，Charles看到夕阳会分析它到底有什么作用。

张一甲：两位老师觉得从低谷中走出来更难，还是在高峰保持清醒更难？

张朝阳：我觉得从低谷中走出来更难。

俞敏洪：我觉得从低谷中走出不难，因为我习惯低谷了。与张朝阳相比，我一无所有的时间实在是太长了。我当初甚至是靠国家的助学金度过了整个大学时光。所以我一直觉得，只要不把命丢了就没事，想干什么就去干什么，实在不行就回农村，反正我家还有一块宅基地。所以我对低谷并不担心，相反，我觉得人在高峰会很容易忘乎所以。

张一甲：您有过在高峰丧失清醒的时候吗？

俞敏洪：我从来没有觉得自己站上过高峰，但我一直觉得张朝阳很厉害，我觉得一甲你也特别厉害，可以把数学学得这么好。我觉得我一点都不厉害，号称自己学英语，英语没学好；号称自己喜欢中文，中文没学好；号称自己喜欢教育，教育也没做好。

张朝阳：我觉得你有逆向"凡尔赛"的嫌疑。尽管你说自己一无所有，但你考上了大学，那会儿大学生是"天之骄子"，况且你还考上了北大，应该会觉得自己是人上人。我当时从西安坐火车到北京上学，大家一看见清华的校牌就会觉得这人特别牛，所以那时候我特别骄傲。

俞敏洪：我跟你不一样。我从北大出来之后立刻就把校牌摘掉了，唯恐人家发现我是北大的，我怕给北大丢脸。我大学一二年级穿的都是打补丁的衣服，甚至体育老师上课的时候都会叫我"大补丁"，因为我屁股上那块布打了一块巨大的补丁。

张朝阳：尽管那时候物质比较匮乏，但你这种情况确实有点过了。

俞敏洪：如果一个人家里真的很穷，但他非常有才华，那么才华就弥补了他的贫穷，因为当时的女生还是很喜欢有才华的男生的。可惜我既没钱又没才华。

张朝阳：你还在"凡尔赛"。

俞敏洪：我真没才华。你知道当初我为什么能把王强、徐小平他们从美国叫回来吗？他们当时想得特别简单："俞敏洪都能在中国把事情做成，那我们回去没有做不成的道理。"因为在他们眼里，我算是班里一个挺没出息的学生。当然，他们也是放心我的人品所以才回来的，但最主要的原因是他们觉得自己一定能比我做得更好。

不过我觉得自己有些地方还是挺值得大家借鉴的。**一方面是做事情比较坚韧，坚韧就是有弹性，看准一个目标就会努力前行，不管遇到什么问题都不会退缩。**当然，坚韧也包含了不怕失败，虽然我来自一个很普通的家庭，但我觉得就算自己失败了，也有一个底在那里支撑着我，所以我可以想干什么就干什么。**另一方面，我觉得自己比较善于学习。**这种学习不是指成绩好，大学四年我的成绩不怎么样，但我善于持续性地观察别人做事情的方式，而且我看到的都是好的一面，然后我会对这些好的方式加以模仿。

比如 Charles，我看到的都是他值得我学习的一面。他这次做直播引发了很大的关注，我觉得他就应该这么做，因为做公司的意义和自我展示的意义不一样，这跟我做新东方和自己做直播是一个道理。尽管他直播讲物理很小众，但他知道能听懂他物理课的人是一群高智商并且对物理有兴趣的人。所以当这些人给他点赞的时候，他在心理上会得到极大的满足，而这种满足和他做搜狐得到的满足是不一样的。因为把一个企业做成功并且让人们长久地保持对这个企业的赞扬需要特别长久的过程，但自己做直播讲物理课随时随地都可以获得满足感。

张朝阳：人活着，就是要折腾。每个人都在寻求这个世界对自己的认可，这是无可厚非、天经地义的。说得更通俗、更长远一点，每个人都会关心自己死亡之后墓碑上如何描述自己。所以人的折腾，比如出名或者做一些有贡献、有意义、让别人认可的事情，是非常光明正大的。我们不应该说一个人瞎折腾，因为人活着就应该折腾，如果不折腾，活着干吗呢？

每个人都是一丝不挂地来到这个世界上并终会离开这个世界，所以一定要留下痕迹，要创造意义，创造价值，给别人做一点贡献，让环境有所改善，为这个社会带来一点进步，这是生而为人的本质。现在很多大佬开始折腾，比如直播、拍短视频，他们开始做各种各样的事情，我觉得这真的挺好的。但网络上经常有很多恶评："你都老大不小了，这是干什么呢？"这其实是没有自己想法的表现。所以我觉得，年长的人要折腾，年轻人更要折腾，人一定要做有意义的事情，要对这个社会有所贡献。

俞敏洪： 你教物理的时候有这样一种感觉吗？

张朝阳： 对，一箭三雕。第一，这是我的个人兴趣。一个人会被赋予很多角色，而且角色的分配极具偶然性，因为每个人的出生都是偶然的，比如我爸我妈刚好碰到一块儿，所以有了我。不过，尽管一个人的经历、成长、所处的时代是偶然形成的，但其人生轨迹是唯一的，所以他被赋予的角色是非常重要的，人要为自己的角色负责，比如我被赋予的角色是对物理感兴趣的人，所以我在中学、大学的时候对物理特别感兴趣。如果这辈子没有搞明白物理，我就会觉得自己没有对自己的角色尽到责任，所以我必须要将它研究清楚。第二，这对搜狐的业务也有好处。第三，我们的直播能对社会产生贡献，因为很少有人在中文网络平台上做物理学科或者自然科学的教学内容。

俞敏洪： 你觉得你做物理课的直播会给大学教授带来压力吗？

张朝阳： 其实圈里人看到以后都非常高兴，他们以前觉得自己好像是在象牙塔里做研究，觉得自己不被社会认可，因为别人不了解自己是做什么的，就算他们说自己是物理老师、物理教授或者物理科学工作者，大众也不太理解这份职业，所以他们是有点孤独的。我直播以后，大众对物理学越来越了解，他们觉得自己的职业似乎有点接地气了，所以很高兴。

而且，我确实有一种和别人不同的观点，比如牛顿、伽利略、麦克斯韦、开尔文和爱因斯坦等，我认为人类在很早的时候就已经能创造出完美的理论了，人类的智慧真的太伟大了。所以那些完美的理论在两百年以后理应成为人类的一种通识教育，因为它们对这个世界的构成贡献了非常大的价值。**所以很多物理圈的人对我直播这件事感到很高兴，因为我把物理变得大众化、接地气了，让更多的人开始思考一些重大问题，这是一种传播。**

俞敏洪： 你对自己做的这件事越来越认可了吗？

张朝阳： 对，自我认可，渐入佳境了，因为我的水平也在提高。我以前不是搞物理的，虽然我中学物理学得特别好，但大学时有点厌学。而且我到美国做实验物理以后，在理论方面就没什么长进了，所以现在做直播等于自我再造，过去的四五年里，我重新发掘了自己。

俞敏洪：从想法到实践，你花了多长时间？

张朝阳：2016年的时候，我就已经开始再造人生了。虽然那时候我还没有完全从阴影中走出来，但已经开始往外走了。那会儿我直播教英语，教了几年英语之后，又开始直播讲物理课。那时候我对物理还是有些兴趣的，在生活中我经常会算一算，从决定讲到实际开讲，也就用了一个月的时间。

有一次，在我们公司高管团建爬香山的路上，有人说到了同步卫星角速度的问题，他们问马斯克的卫星在上边能绕多少圈，本来我是完全不想这些事的，但我觉得他的卫星应该是同步卫星①。当时在下香山的路上，我靠心算就得出公式了，然后我按照公式算出他的卫星一天要转十六圈。后来我们发射卫星的时候，我就预测它会转十六圈，结果一看新闻报道，完全一样。所以我从2021年11月就开始讲物理了。

张一甲：离开这个世界的时候，你想在自己的墓志铭上写下什么？

张朝阳：我生活在中国从封闭走向改革开放的年代，很幸运，我在学习方面足够好，并成了一名在物理学领域深耕的学生。后来，我看到了互联网时代，成了早期把互联网带向中国的几人之一，并创办了一家不错的公司，这家公司未来可能会更好。虽然后来我没有继续深入研究物理，但在物理学科的传播方面，我还是起到了一定作用。而且我热爱运动，热爱生活，所以我的人生还不错。

张一甲：这个墓志铭好丰富，我觉得Charles的内心是十分丰满的。

俞敏洪：我觉得他的墓志铭很简单：这里埋葬着张朝阳，一个有意思的灵魂。

张一甲：那您呢？

俞敏洪：我觉得我活得还凑合，虽然不能学会世界上所有的知识，但我在用仅有的能力让自己生活得更好，让周围的朋友和家人生活得更好，并且在这个过程中还为社会做了点贡献。回过头来看，我做的绝大部分事情都对得起自己的良心。我觉得这就可以了。

张朝阳：我觉得还有很长的时间留给我们去书写。我这辈子可能只做了三分

---

① 人造卫星绕地球的周期和地球的自转同步称为同步卫星，同步卫星的优点是使用者只要对准人造卫星就可进行沟通而不必再追踪卫星的轨迹。

之一的事情，还有三分之二的事情正等着我去做呢。

俞敏洪：明天和意外哪个先来，真的没人能知道，所以一定要过好每一天。

3.要尽早确立人生观、价值观

张一甲：如果能给20岁的自己发一条短信，两位老师会发些什么？

张朝阳：保持谦卑。

俞敏洪：坚持住。

张朝阳：如果不保持谦卑是会有很多遗憾的。

俞敏洪：我觉得年轻的时候不要"保持谦卑"，到我们现在这个年龄才要保持谦卑。因为经历得越多，越会觉得这个世界广阔，越会发现自己渺小。所以年龄越大越要保持谦卑，年轻人必须要有勇往直前的精神。

张朝阳：人生很短暂，一晃就过去了，所以做某件事情的时候，一定要珍惜机会，认真对待。

俞敏洪：人生短暂也没关系，因为人只有回头看的时候才会觉得时间过得很快，往前看的时候总会觉得还有时间。所以人生的长短实际上取决于向前看还是向后看。比如我和张朝阳觉得时间过得很快，因为他做搜狐和我做新东方的时候才30岁左右。但现在回头一看，我们都快60岁了，所以我们觉得时间过得很快。

当我们回头看的时候，关键并不在于回顾自己人生过得快慢，而在于评判自己的人生是否有意义，所做之事是否对得起自己消耗的时间，如果答案是肯定的，那就足够了。至少对我来说，我觉得不后悔。而且人本来就不应该对自己的选择感到后悔，既然选择了，就要争取最好的结果，选择了往西半路又想往东，那是不可能的。

张朝阳：我觉得中国的小孩成长得比较慢，很多孩子明明已经不小了，但始终不明确自己未来要走的路，这就很浪费时间。我在美国的一些同学，他们大学的时候，甚至是中学的时候就知道自己未来要干什么了，而且特别明确。他们成熟得很快，便有很多时间去认真做自己想做的事。为什么我现在每天工作这么长时间？因为我觉得我之前浪费了很多时间。现在我终于成熟了，但这个成熟花了太长时间。如果能重新来过，我希望我能更早成熟，这样就可以有更多的时间认真做想做的事情。

俞敏洪： 我觉得搜狐确实成功比较早，早于BTA[①]。当时Charles确实是生活在云端。

张朝阳： 我说的跟公司没关系。我是某一天突然发觉自己对自然科学特别感兴趣，然后才树立了自己的科学理想。所以实际上我们没有中国古代知识分子的那种"修身、齐家、治国、平天下"的专一理想。我们并没有很好地树立起自己这辈子要做什么的观念，以至于浪费了很多时间，变成了渴望出人头地的精致利己主义者。出人头地成了我们的主要目的，但仅有这种价值观是远远不够的。

俞敏洪： 你觉得做搜狐浪费了自己的时间吗？

张朝阳： 倒没有浪费，我抓住了很多机会。但那时我的价值观还没有确立得很好，所以很多时候我都没有认真去做，但现在我正在认真做。

俞敏洪： 如果没有过去对价值观的追寻，我觉得你现在不会这么坚定不移地去做这件事。这个过程或许能被缩短，但绝对不可能被忽略。

张朝阳： 所以我刚才说中国的小孩成长得慢，我在美国的一些同学，他们没有经历过极端考试的摧残，他们对物理特别感兴趣，很早就明确了这辈子要和物理打交道，后来好几个人成了大物理学家。他们没有耽误时间，他们的价值观很正。但我们就属于那种不知道自己要做什么的孩子，不过我们比现在的孩子们好一些，毕竟我们小时候不怎么上学，总在外面玩，我们上小学的时候，基本三四点钟上完课就出去玩了，因此我们的思考能力比较强，脑洞也特别大。所以家长和老师不要给孩子那么多的作业负担，多让他们在外面奔跑、玩耍，这样会提高他们对三维空间的思考能力。

俞敏洪： 你觉得那时候特别美好吗？

张朝阳： 当然。但那时的美好是一种作为小孩的美好，人对于自己的童年总是很怀念的。而且，我们小时候根本不知道大人所面对的挑战、焦虑和恐惧，所以我们这些"60后"对那个年代有一种浪漫主义的想法，但这是不对的，不应该这样。从教育的角度来讲，我觉得在外面奔跑对我的身体健康以及思考能力的提升有很大帮助，它教会了我独自思考，让我能够明辨是非而不是随大溜。但实际上，它对我们价值观的培育并没有起到太大的帮助，我们依旧是随便看一些报道

[①] BTA 是中国互联网公司百度公司（Baidu）、腾讯公司（Tencent）、阿里巴巴集团（Alibaba）三大互联网公司名称首字母的缩写。

就说自己想要当科学家，这是非常肤浅的。

俞敏洪：进入清华以后，你的理想和价值观跟小时候有什么不同？

张朝阳：小学的时候，我拉过二胡，练过武术，因为未来几年可能要上山下乡，所以我就想着多锻炼锻炼身体。对于未来要干什么，当时我完全没概念。恢复高考后，我又开始念书了，在学得特别好的时候，我马上树立了一个理想，我长大以后要当一名物理学家，我要以陈景润、张广厚这样的数学家为榜样，每天吃馒头、白菜，彻夜算题。

后来我考上了清华，在清华学习的那段时间，我在学习上还是很牛的，当然也会有考试的压力，总之那会儿我比较一根筋。大学毕业后我马上去了美国，说难听点我是被扔在了美国，当身处一个陌生国度而且什么都不懂的时候，真的会十分痛苦。在成长的过程中，**我浪费了太多时间**，所以我觉得年轻人要尽早树立**正确的人生观和价值观**。

俞敏洪：你认为正确的价值观应该是什么？人的一生不就是寻找价值观的过程吗？如果在没有成熟的时候就确立了自己的价值观，这种价值观难道不是被外界灌输的一种价值观吗？

张朝阳：不是。正确的价值观是人类最基本的文化之一，比如你要做一个什么样的人，是做一个好人，一个负责任的人，还是做一个有贡献的人，这些都是你的价值观。在确立了价值观之后，你就可以在价值观的基础之上去探索自己想去探索的事情了。

俞敏洪：做一个好人难道不是父母从小教给我们的吗？

张朝阳：不一定，有的父母没有这么教。

俞敏洪：你为什么会产生这样一种思考？

张朝阳：因为我在美国的很多同学，他们在中学的时候就知道自己要追求什么了，所以那一刻我发现，比起他们，我耽误了太多时间。现在我才真正地想明白，原来背后的原理是这样的。

俞敏洪：我觉得我底层的价值逻辑从来没有改变过，小时候父母就教导我，做人要善良、真诚，要对别人好。当然，像公正、公平这些，我是长大以后才知道的，独立精神、自由思想是进了北大才知道的。张朝阳的父母都是知识分子，他从小接受的思想比我广，我从小接受的思想非常单纯，所以我在北大受到了极大的震撼，一方面是我的同学说一些我听不懂的话，另一方面是他们会表达一些我完全不曾想象过的观点，而且这些观点居然可以被公开讨论。我当时想，怎么会这样呢？

张朝阳：所以我觉得你的人生很苦，我在你面前说自己的苦难有点不好意思。

俞敏洪：大学毕业的时候，我已经比较理解陈寅恪说"独立之精神，自由之思想"时的那种感觉了。北大对我最大的一个影响是让我能够融合并且吸纳身边不同的观点，我觉得这不能算是价值观的改变，应该是某种观念的改变，我的底层价值观不像你那样变化得那么强烈，尽管我可能是同学里最没出息的那个，但我一直保持着农村朴素的价值观。

张朝阳：虽然你成长于社会动荡时期，但你继承了很多优秀的品质。

俞敏洪：农村人嘛，受乡绅文化影响比较大。虽然我们也受到过"文革"的冲击，但并不是那么严重，我妈当时也被批斗过，但那会儿大家都知道你离不开我，我离不开你，所以邻里关系一直比较友好。

有位网友提问，你是不是去了美国之后才产生了关于价值观的疑问？

张朝阳：确实是去了美国以后才产生的，但必须明确一点，**价值观的塑造和出不出国没有关系，不过多了解一些世界上的价值观对我们确实有所帮助**。我现在读的东西有三分之一，甚至一半都是英文的，里边的一些内容对我产生了一定的影响。

俞敏洪：你比我厉害，我现在连十分之一的英文都不读了。

张一甲：俞老师刚才吃得过瘾吗？

俞敏洪：挺好。我特别喜欢美食，今天的美食铺张而不浪费，美好而不奢侈，我挺开心的。我比较喜欢广交天下朋友，无论是文科生还是理科生，我都能与其很好地交往。张朝阳是典型的理科生，我一直对理科生钦佩有加。

前两天我和漫画家蔡志忠对谈，他连初中都没上完，但他的智商非常高，他说自己有一年突发奇想，想要研究物理，于是用十年的时间把所有的物理问题都了解了七七八八。后来我就想，我要是用十年时间去研究物理，是不是也能学会一点，但转念一想，也许我的使命就不是研究这个，就算学十年物理，我也比不上张朝阳，那我还去学它干什么？还不如继续走我既定的人生道路。

张一甲：我觉得您如果肯花时间学，肯定学得会。

俞敏洪：我觉得我至少可以达到高中毕业生的水平。但到了现在这个年龄，我应该把时间用在自己认为更加重要的事情上。学物理当然很重要，但对我来说可能不那么重要，我只要知道物理对这个世界很重要并且对它表示足够的尊重就够了。

张一甲：在所有的科学领域里，有没有哪个是您特别想了解的？

俞敏洪：生物学。我想弄懂生命的本体究竟是什么，我觉得宇宙太浩瀚了，我很敬佩像马斯克这样去探索宇宙的人，我跟很多中国航天员是好朋友。如果一定要在科学领域寻找一个学科进行学习，我会选择生物学。我一直觉得生命是一种奇迹，我们不可能只从一个角度就对它做出全面的解释和预测，所以我很想了解生物学。

4.用行动应对焦虑、重塑自我

张一甲：篝火燃烧的时候，火苗附近空气的密度会发生改变，所以火是能让人产生幻觉的一种东西，Charles对火有什么了解吗？

张朝阳：因为掌握了火，人才与动物区别开来。人在自然界中本来是一个很弱势的群体，不仅速度不够快，力量也不够大，但当人能控制火的时候，人就具有了强大的威力，一个动作就可以影响一整片森林。而且有了火，人类可以把各种难以消化的食物煮得特别软烂，如此一来，很多不能消化的东西就可以被消化掉，人的食品也因此逐渐变得复杂起来，人逐渐变成了杂食动物，人的小肠相对于许多食草动物而言比较短，人的牙齿也不再那么锋利，所以火是非常重要的。刚才我讲的这些是我从《人类简史》上看到的。

张一甲：火赋予了人类很强大的能量。面对篝火和星空，此时此刻，两位老师脑海中的想法是什么？

俞敏洪：现在的孩子很少能够看到浩瀚的星空，他们大多靠想象，大部分城市的孩子都是这样。有一次我带新东方的团队去草原团建，大家晚上根本不睡觉，因为那天晴空万里，四野没有一盏人间灯火，照亮我们的完全是天上的星空，很多人第一次看到银河，高兴得不得了。我觉得让孩子们时常能够看到浩瀚的星空是非常重要的，现在城市的灯光太浓密了。

张朝阳：城市的灯光污染和大气污染太严重。有一次我登雪山，在西藏大本营看到了银河，特别壮观，但这对环境的要求非常高，不仅要空气稀薄，而且要没有污染。

俞敏洪：我特别希望城市的父母们能够多带孩子到没有灯光污染的地方走一走，看看浩瀚的星空，这对孩子的成长一定会有特别大的好处。

张一甲：您小时候看星空吗？

俞敏洪：天天看，当时我们农村是没有电的，用的都是煤油灯，而且还只能用一个细细的灯绳，因为如果灯绳太粗，烧油会烧得太厉害，我的近视眼就是因为在没有灯的情况下熬夜看书形成的。小时候，我每天晚上都会看星空，只要是晴天就一定有浩瀚星空。那会儿父母带我去走亲戚，吃完晚饭回来的时候，我们一起走在月光下，银色的月光照在一望无际的田野上，那种感觉非常好。我们小时候如果在没有月光的晚上出去，完全是伸手不见五指。

张一甲：那您小时候没有想过长大以后要当一个天文学家吗？

俞敏洪：我对星座什么的完全不了解，只知道牛郎星和织女星，因为小时候老人会指着牛郎星和织女星给我们讲牛郎织女的故事，而且我们小时候没有什么娱乐活动，所以总是缠着老人来来回回地讲同一个故事。

而且就算喜欢星空，也不一定非要学天文学。**虽然我不知道天上星星的名字，但星空的美丽依然能够感染我。所以，并不是知道它背后的科学知识才能欣赏它的美丽。**也许恰恰因为不知道天上的星星究竟属于哪个星座，才能真正感受到它们的朦胧美，正如你不可能在知道了每朵花的名字后再去欣赏花。

张一甲：Charles 会经常看星空吗？

张朝阳：我不常来这边，所以看的不多。我觉得不要过度开发城市，我特别希望地球是原生态的。地球真的挺不容易的，形成地球的过程也不容易，这么好的温度、这么好的空气、这么好的水，真的特别适合人类居住。我的生活是理性有余，感性不足，比较理智，所以搞物理的人确实没什么浪漫，一看到星空想的都是物理，比如一百多年前，物理学家们意识到太阳上发生着核聚变，所以我们知道了所有的星星都是一样的，它们都在进行着轻核聚变[①]。

俞敏洪：我觉得 Charles 十分感性，正是因为太感性了，所以他后来遇到了一些心理上的问题，当然现在没事了。我也是因为不够理性，太感性，所以遇到了一些心理上的问题。每个人对世界的感受是不一样的，我觉得这完全没问题，只要不越过那个边界就行。所以当我和 Charles 看着同一颗星星的时候，他想的

---

① 轻核聚变是两个较轻的原子核聚合成一个较重的原子核的核反应过程，同时释放出大量能量。

是轻核聚变，我想的是："哇，这颗星星是不是我上辈子的命运啊。"

张一甲： 你相信星座吗？

俞敏洪： 我不相信。

张朝阳： 我更不相信。不过星座作为一种时尚文化还是可以的，如果非要说星座和人有一点关系，可能是星座和气候有关。我们小时候气候差异特别大，如果是11月出生的人，那他出生之后面临的会是寒冷的冬天，那时候没有空调也没有暖气，所以他会觉得这个世界是"龟缩"的。但如果是4月或者5月出生的，出生之后他面临的会是灿烂的夏天，会感到很舒展，在心理上也不怎么设防。所以气候对人们感知世界是有影响的，星座和人最多也就这点关系。我觉得不可过度相信星座，如果工作、招人、找对象都要看星座的话，就有点过分放大星座的作用了。

俞敏洪： 我觉得Charles说得有道理。第一，**人的性格与季节有关**。春夏出生和秋冬出生的人性格上会略有不同，但这也不是绝对的。第二，**人的性格与地域有关**。出生在山里、海边、平原、高原的人一定存在性格上的不同，因为他们面对的自然环境不同，尽管自然环境不能改变人的基因，但它是影响人的情绪和性格的重要因素。第三，**人的性格与家庭环境有关**。父母乐观还是悲观，对世界充满了抱怨还是希望，是经常鼓励孩子还是打压孩子，这些都会对孩子产生直接的影响。虽然基因在一定程度上决定了人的寿命且决定了人的性格，但它无法决定孩子的品德，更无法决定孩子的知识领域和对未来的追求，因为这些都受到后天因素的影响。

张朝阳： 我有时候想，人是不是可以重塑自己。以前我认为这是不可以的，因为人各方面的形成与从小长大的环境、家庭教育很有关系，这也是弗洛伊德心理学的主张，但后来心理学界质疑甚至否定了弗洛伊德，所以现在以个人经历为基础再来谈心理学，**我认为人是可以被彻底改变的，但这是一把双刃剑**。曾经有一个诺贝尔奖级别的研究提出了"大脑可塑性原理"，这项研究认为人的大脑是可塑的，如果人的行为不正确，它就会加强负向影响；如果行为正确，人就可以彻底改变自己。所以从科学的角度看，不要抱怨自己的成长环境，因为那只是我们的小时候，而我们原本是可以彻底改变自己的。

俞敏洪： 在自我意识不够强大或者生存环境被父母控制的情况之下，孩子改变自己的能力是比较弱的。

张朝阳：但孩子肯定会独立，在离开父母的很多年里，他们完全有机会改变自己。所以不要抱怨，去改变自己，但改变自己的行为必须是正确的。

每个人离抑郁症和焦虑症都只有一步之遥，所以不要总觉得自己挺好的，每个人都在半山坡待着，只要稍微一不小心，就会从山坡上滚落。从进化的角度来讲，人类作为一种动物实际上是在贪婪和恐惧中长大的，后来人类在动物脑之上构建了前额叶和海马区，产生了认知和理性推理，但我们的动物脑依旧存在，所以恐惧和焦虑是不可避免的。比如，一个社恐人士去参加一个聚会，聚会上所有的人都不认可他，虽然表面上看起来这只是一件很小的事情，但这对他来说却是一种骨子里的"死亡"。因为面对群体排斥的时候，一个人是没办法"活"下来的，在去聚会之前他可能会感觉十分焦虑和恐惧，这受到人类思想的影响。

焦虑可以被放大或者缩小。有人自杀了，别人可能觉得他一定是碰到了什么特别糟糕的事情，但也许不是，他很可能只是遇到一件很小的事情，由于后来的行为不正确，才慢慢把这件小事放大了。人天生就具有钻牛角尖的能力，我们需要一种正确的行为心理学来指导自己如何不钻牛角尖，但这是一个悖论，特别矛盾，很多人认为缓解焦虑的最好方法是解决焦虑，但实际上在解决焦虑的过程中我们可能会放大焦虑。比如，我们明天要坐飞机，但是害怕飞机会掉下来，本来这只是一个焦虑的想法，但当我们为了缓解焦虑开始在网上搜索飞行员是谁、这架飞机是什么机型的时候，就会变得更担心，然后劝说自己"那个城市的事也不是特别重要，那就不去了吧"，最后把这次的出行取消，这种"取消"就是你解决焦虑的一种方式，但实际上，在此之后你的恐飞症可能会更严重，焦虑反而被放大了。

因此，**面对生活中的焦虑，不要总想着去解决它，而要学着无视它。**但这种无视很诡异，表面上我们似乎无视了它，但实际上还是"有视"的，因为在无视的时候，我们依旧会按照价值观的指引去做一些事情。举个例子，我有疑病症，总担心自己得了这个病那个病，每天把自己折磨得不行，根本没办法干活儿，一天到晚都在担心。于是我下定决心要振作，我要在价值观的引导之下去做自己该做的事情。我的价值观告诉我要做一个健康的人，于是我每天早上跑10千米。表面上看我振作了，但每天跑10千米其实是一个问题行为，因为我跑步是为了让自己远离疾病，归根结底还是为了减轻对疾病的恐惧。所以不要认为我跑10千米是一个正面行为，实际上它是一个负面行为。

张一甲： 这件事情使得你的动作"变形"了。

张朝阳： 对。所以解决焦虑的同时可能会放大焦虑，我们以为自己在无视焦虑，但实际上还是在解决焦虑，这是最大的问题。**所以人要对自己彻底诚实，当焦虑、恐惧、难受的时候，我们要忍着**，因为人生中还有更重要的事在等着自己去做。做完那些重要的事情后，我们会突然发现焦虑消失了。别人再询问是不是得了什么病的时候，不妨告诉他："谁告诉你的，没有这回事。"这是经典的行为心理学治疗的一段话，大家都记住好吗？

俞敏洪： 用通俗易懂的话来说就是转移注意力。

张朝阳： 但主动转移注意力也是一个解决焦虑的行为。比如一个人失恋了，特别痛苦，本来应该继续上班，毕竟工作是人生中非常重要的事，但他为了转移注意力要给自己放两天假，想出去旅游、散心。可能到新的城市散心时，他见到了很多新东西，转移了一点注意力，但这个行为本身是一个问题行为，他还是在解决自己的难受。

所以焦虑、难受的时候，不妨忍着痛苦和难受，咬咬牙起床，像平常一样该干什么干什么，哪怕还在想另外一件事，但因为眼前的事很重要，自己依旧得去做。上了一天班以后，我们会突然发现，明明早上还那么难受，现在却不那么难受了，那件事似乎已经离自己很遥远了。这时候再回头去看，焦虑的时候，我们的出发点不是去解决焦虑，而是无视它。心理疗法就是这样，某个行为究竟属于治疗行为还是问题行为，我们要非常谨慎。

张一甲： 您觉得学物理有助于缓解焦虑吗？

张朝阳： 我觉得无论是学物理、做公司，还是其他任何事情，它们的本质都是做事情，跟缓解焦虑没有任何关系。如果我教物理是为了缓解焦虑、解决焦虑，那这就是一个问题行为。所以，**缓解焦虑的最好方法是放任焦虑**。要知道，焦虑是不能被解决的，焦虑是要被忍受的。当我们忍受焦虑的时候，它在大脑中经历着怎样的过程呢？

行为心理学和脑科学是一座雪山的两面。行为心理学从人的感受方面建立理论，认为焦虑是人行为的一种反映；脑科学则研究人大脑的结构，研究人的下层脑和上层脑。我们发现，当一个人焦虑的时候，在他的恐惧中心，也就是海马区和前额叶这部分建立了一个回路，这个回路本来是可以自行消失的，但如果不断给予它营养，它就会疯狂生长，而这种营养实际上来自人对它的关注。但倘若为了不害怕被车撞而站在马路中间，那就太疯狂了，我们要站在合理的位置，别极端。

张一甲：现在很多年轻人都很焦虑，他们觉得工作没有意义，所以选择了"躺平"。两位老师年轻的时候有经历过这样的阶段吗？

张朝阳：之所以会过得不愉快，肯定是因为担心发生某个具体的事情，**所以要尽早确立自己的价值观，然后在价值观的指引下坚定地、主动地、积极地去生活和工作。无论什么情绪来了都要继续坚持做事，这对心理健康是非常重要的。**

俞敏洪：人不能沉浸在恐惧和害怕之中，因为有时会无法自拔。

张朝阳：这跟举重运动员举不起来自己一样。如果一直沉浸在恐惧和害怕之中，人就会越陷越深，但如果确立了价值观，它会从泥沼之中把自己拉上来。

价值观不一定要多么伟大，它可以是很小的一个方面。比如，你今天早晨觉得自己的情绪特别低落，感到特别扎心、特别难受，但你的价值观是"我是一个勤快的人"，今天是新的一天，所以必须振作，我看到了垃圾，那就把垃圾桶倒了，而且我是一个健康的人，我可以弄点西红柿、黄瓜、芹菜榨汁喝。所以，哪怕一直想着另外一件事，该做的事也必须要做，当你把垃圾桶倒了，把蔬菜榨汁以后，价值观会继续引导你做接下来的事，慢慢你会发现刚才那个想法弱化了一点。

张一甲：俞老师如何看待现在年轻人焦虑的现象？

俞敏洪：每个人都有自己的焦虑，现在小学生也有焦虑，只不过大家焦虑的方向不一样。上小学时我们焦虑的是成绩不好怎么办，读大学时我们焦虑的是找不着工作怎么办，而且大学生还面临着青春期的面子问题，所以他们还会焦虑自己是不是会被同学看不起……

焦虑是不可避免的，面对焦虑，我们要先静下心来，因为焦虑解决不了问题，缓解焦虑的关键在于自己的态度。如果直面焦虑的结果是变得更加焦虑，则说明问题没有被解决，反而强化了。**焦虑就像一团乱麻，我们要找到线头，然后慢慢把它解开，这才是解决问题的方法。**每个人都有焦虑，但有些焦虑是没有必要的，所以要先审视一下自己的焦虑是否必要。如果仅因为朋友买了一个大房子而感到焦虑，那这非常没有必要。把焦虑建立在世俗名利之上其实是自寻烦恼。

当然，适当追求一些物质层面的东西也非常必要，因为这是人生存的动力，但如果因此而焦虑，事情就麻烦了。现代社会中，大部分人都处在吃饱穿暖的状态，在这样的前提之下，如何为自己设计一个长远的发展道路，尽可能以不焦虑的心态来应对现实问题，是每个人都应该思考的事。对于现代人来说，把心静下来确实是一件非常困难的事情，但只要做到了，人生很可能会变得不一样。

我有段时间非常狂躁。有一次我到渥太华出差，打开20层楼的窗户之后，一心一意想跳下去，而且那会儿并没有任何外部力量压迫我。当时我已经有了孩子，我知道肯定不能跳，于是穿上羽绒服，在渥太华零下30摄氏度的大街上走了四个小时，第二天早上坐六点钟的飞机到了朋友家里。一进门我就跟他说我不行了，他一把抱住我，陪伴了我十八个小时。后来我的孩子来到了我身边，我才感觉回到了现实。

许多人有这样的经历，克服以后，我们就会意识到，面对人生困境的时候，态度有多么重要。当然，有些困境可能是病理层面的，到了病理状态想要克服的话，难度非常大，但倘若自己能够想明白也没关系。我觉得我当时想从20层楼跳下去的时候，已经处于一种病理状态了，所以后来我吃了很长一段时间的药。我现在很乐观，因为想通了。

张朝阳：我认为只有一些特别严重的精神分裂患者才需要药物治疗，所以我建议一般性的焦虑症和抑郁症患者谨慎吃药，因为药解决不了所有问题。我们之所以会焦虑部分是因为神经元之间传递钙离子的神经递质消耗太多，药物只能帮我们补足缺失的这部分神经递质，并不能从根本上解决问题。如果思维模式还处在那个焦虑的循环状态之下，它的消耗依旧是巨大的。倘若焦虑的回路越来越重，就会消耗掉非常多的5-羟色胺，吃药确实能够使它得到一定程度的补充，但药一停很快就又不够了。所以一定要改变思维，努力不让自己关注焦虑的事。所以药物是解决不了所有问题的，行为心理学可以帮我们彻底治愈自己，但如果已经严重到精神分裂的地步，那确实需要去看医生。

我觉得行为心理学真的很重要。它可以帮助人们缓解轻度的焦虑和抑郁，此外，它还是非常有利的精神武器。当可怕的想法像野兽一样袭来的时候，我们可以用行为心理学这把"猎枪"把它打死。我们的大脑就像电网，我们的想法就像蚊子，蚊子撞到电网时会产生大量火花，一触碰就会燃烧起来，但如果我们不理它，它自然就会灭掉。佛陀通过念经来减少杂念，这个方法不错，但我觉得行为心理学用价值观引导人们主动做事比佛陀这个方法更强大。

俞敏洪：佛陀很早的时候就说了"恒河沙数三千大千世界"，而现在物理学已经证明，天上的星星真如恒河沙数一般。你觉得他对世界是真的参透了，还是这只是他的一种猜测？

张朝阳：我不相信有人在那么早的时候就认识到了两千多年后的物理学。不过我认为佛陀是伟大的心理学家，他对大脑太了解了，因为如果不掌握心理学，轮回会非常痛苦。佛陀能告诉人们如何不痛苦，他让人们去打坐或者去关注其他的事，这其实就是我们前面说的要有一个价值观。

除此之外，说话对于缓解焦虑也非常重要，很多密宗的修炼方法就是"念"。尤其对于很多独居的人而言，每天一定要说够一定量的话。这不是说我们非得去讨论有趣的东西，只要发出声音就行。因为当我们对一些东西感到兴奋的时候，就像在沼泽里构建起某种与外界的连接，使得我们不会一下陷入沼泽。所以无论是每天早上念经，还是跟别人说话，一定要兴奋起来，兴奋起来以后，我们就会对一些事情产生兴趣，而这些事情会让我们觉得生活很有意义。如果没人可以说话，不妨去朗读或者自言自语。总之，说话非常重要。

俞敏洪：我每天早上都会朗读一些古诗文或者英文。

张朝阳：现在做直播的人，一播就是五六个小时，他们直播完以后肯定晚上睡得特别香，因为说的话太多了。

俞敏洪：我不行。直播时间长了我会睡不着，因为大脑过度兴奋。

张朝阳：说话多一定能睡好觉，治疗失眠非常好的一种方法就是白天说足够多的话。如果四十八个小时里一句话不说，人的情绪真的会很低落。

5. 人生是用来追求意义的

张一甲：两位老师未来还会把钱作为目标去追求吗？

张朝阳：工作很重要，所以我要把工作做好或者做得成功。我未来是一定要好好办搜狐的。衡量一个企业是否成功的关键指标是盈利规模以及企业家的个人财富，但个人财富的增长并不是我关心的内容，我只是想把自己的工作做好。我是一个做企业的人，我的企业如果能够很成功，我会有很大的满足感，我会觉得很有意义。所以成功和赚钱在某种程度上是一致的，只不过赚钱并不是我的目标，它只是一个副产品。

卫然：对于企业来说，赚钱活着就是第一目标。

张朝阳：对。如果想做好一个企业，必然要赚很多的钱。钱是衡量企业是否

成功的关键指标。

俞敏洪： 我同意这点。如果一家企业不能有收入，不能缴纳税收，不能为老百姓提供服务，那么这家企业就没有存在的必要了。所以对于企业来说，赚钱是生存发展之道，也是促进社会繁荣的重要标志。

从我个人的角度来说，未来赚不赚钱已经不那么重要了。当然我还是希望能赚钱，因为赚钱以后，我能去做更多事情，我心中的一些理想还是需要依靠物质实现的。当然，这些理想并非买游艇或者豪华汽车，我特别想为乡村的小学建立图书馆，每年送 100 本最新出版的少儿图书过去，但这都需要钱。我不可能让出版社把这些书送给我，出版社也没那么多钱。而且，我现在在做农业，农业公司都很需要资金，可能有了投资后，它们就能把业务做起来，而后能跟东方甄选对接，这样能带动很多农民发展，所以钱再多也是不多的。

而我自己的爱好都不太需要花钱。比如读书，现在拥有的书足够我读了；比如吃饭，我对饮食不是那么挑剔；再如旅游，尽管我也喜欢住五星级宾馆，喜欢看各种美景，但这方面的钱我还是有的；再如写作，这就更不需要钱了，只要一台电脑就可以。我的两个孩子现在该上大学的已经上了大学，该毕业的也毕业了，所以未来钱多钱少已经不会影响到我的生活质量了。

张朝阳： 延伸一下。第一，**赚更多的钱是我们做企业的参数指标。** 第二，个人财富可以让我们生存得更好，住更好的房子，开更好的车，但人不是物质动物而是精神动物，物质生活得到一定满足之后，人一定会去追求精神上的满足。积攒的财富能够让我们按照自己的想法去做一些事情，就像俞兄说的，钱多了之后可以在乡村小学建图书馆，可以去做慈善。

明确这两点之后，我想说的是，我坚决反对"人不为己，天诛地灭"这种说法，因为人是一种精神动物而不是物质动物。我们谈了关于墓志铭的问题，墓碑上描述的从来不是我们这辈子享受过的山珍海味，因为这样的人生太没意义了。只有完成了一些责任，创造了一些东西之后，我们才会获得满足感和意义感，这才是生而为人的本质。做慈善也是如此，现在美国很多非常好的大学，比如麻省理工学院、斯坦福大学、耶鲁大学、哈佛大学等，这些学校都是私立的，但实际上它们并不盈利。为什么既私立又不盈利呢？因为一些企业家在自己的物质需求得到满足之后选择去做慈善，去捐钱办学校，所以才产生了很多非常好的学校。教育真的得靠慈善捐献。

俞敏洪：我觉得"人不为己，天诛地灭"这句话并没有错。因为对于人来说，有生存线之上和生存线之下两个概念。在生存线之下的时候，"人不为己，天诛地灭"也许很正常。举个例子，比如现在只有一个馒头，只要吃了这个馒头就能活下去，但现在有两个人，为了活下去，他们一定会去抢这个馒头，这是一件非常正常的事情。

每个人的生存线是不一样的，比如武训宁可自己要饭也要让大家去学习，这是一种很高的境界。除此之外，我们常常看到一些报道，比如一位老人捡了二十年的垃圾，却在临终之时把攒了一辈子的钱都捐出去了，这绝对是人类灵魂的最高境界，但大部分人不一定能做到。在保证自己生活正常的情况下，只要不做伤天害理的事就已经非常好了。

张朝阳：其实履行责任和做慈善都是人生观的体现，对每个人而言都非常重要。父母养育孩子其实就是一种慈善，这是对社会的一种贡献，同时也是一种责任，但动物不会意识到这些，人跟动物的区别就在这。我们的大脑经过两百万年的进化后扩大了3倍，它的超级运算能力、联想能力和期待能力造就了今天的我们，我们必须要通过某种东西对它进行管理，这种东西可能是宗教，可能是责任，也可能是价值观，否则人就会陷入无尽的痛苦深渊。所以即使是从享受人生的角度来讲，我们也要尽早确立价值观，按照使命和责任生存，这是一种更健康的生存方式。

俞敏洪：在保证基本生存条件的前提下去关注和帮助别人是拓宽自己生存环境的最好手段。

张一甲：利己和利他并不矛盾，甚至能互相成就。

张朝阳：人生不是追求快乐的，而是追求意义的，快乐是追求意义的副产品。

张一甲：有网友说："我工作五六年了，感觉卷不动了，想退休有错吗？"二位老师如何看待年轻人想退休的问题？

张朝阳：首先要看怎么理解退休，我觉得人不应该退休，人应该活到老干到老。我们当初是为了养家糊口才来干这份工作的，如果现在卷不动了，可以换一个能够继续养家糊口的工作。人必须劳作，因为人要对自己和家庭负责。

俞敏洪：如果之前赚到的钱能够支撑自己思考三五年，那么不工作没关系，你可以先想清楚自己到底想干什么，毕竟佛陀也坐在菩提树下想了很久。但如果你没有钱，要靠父母的钱来生活，那这是不应该的，这是在吸父母的血。所以，如果你不喜欢现在的工作，可以换一份工作；如果你觉得现在的挑战不够，可以换一个挑战；如果你觉得现在的挑战很难，可以换简单一点的挑战……这都没关系，但你必须要先养活自己。

张朝阳：对工作的不喜欢可以变成喜欢。工作是人的一种基本责任，所以敬业精神非常重要。既然我们生活于此，就必然要通过劳动换取一些生产资料，这样我们才能生存。所以，工作实际上是一件非常严肃的事情，当我们特别严肃地对待工作的时候，就会认真把它做好。而且，做好自己工作的时候，我们会有成就感，会感受到乐趣，会发现工作很有意思。

我常听有些人说"我不喜欢这个工作"，这句话的意思不一定是这个工作令人讨厌，有可能是他没有认真做，所以才感受到一种挫败感，使得自己不喜欢这份工作。

俞敏洪：这事得两说。不喜欢某个工作或许是因为不了解这份工作的内涵和它未来能够释放的潜力，这时候我们就要去努力。因为有很多人是深入工作以后才喜欢上了那份工作，所以坚持做下去了并取得了成就。如果是这种情况，那就坚持一下，看看这份工作到底能给自己带来什么。比如当初做培训的时候，我最初的目标是做一两年以后出国，之所以后来坚持做培训是因为我发现尽管自己出不了国，但却能帮助很多像张朝阳这样想出国的人提高英语水平，帮助他们出国。我突然就找到了意义。

张朝阳：所以人活着就要工作，而且必须认真工作。当然，我们可以换工作，不一定非要在一棵树上吊死。

俞敏洪：对，所以我坚持下来了。到今天为止，我依然很喜欢培训行业，尽管培训不能改变所有人，但只要有十分之一、百分之一的人因我而改变了，那也是好的。不过有些时候，我们确实会遇到做不下去的事情。我的一个北大学妹高中的时候喜欢文科，但父母想让她读理工科，最终她进入了北大的计算机系。每次看到计算机房，她都想把它砸了。后来，她说如果再学习计算机她会疯掉，她向我寻求帮助，我说："你把父母找来，我们聊一聊。"我跟她的父母聊了三个小时，勉强说服了他们。她在大三的时候转到了中文系，心理状态才逐渐好转。

张朝阳：在此奉劝天下父母，不要替小孩作主，要顾及小孩的兴趣，不要给孩子太大压力。

俞敏洪：心理健康最重要，就像一甲本来是学数学的，如果她毕业了还接着搞数学，估计也会疯掉。

张一甲：当时我已经有自知之明了，所以没有继续学。

俞敏洪：你毕业于北大数学科学学院，父母、学校花那么多钱和时间培养你去做一个数学家，结果你现在搞传媒了。对社会来说这确实是一种浪费，但对个人来讲则不是浪费，因为朝着自己的志向前行才是最重要的。

张一甲：我特别感谢我的老师们。毕业的时候，老师告诉我们："你们年级有一百五六十人，但我们不需要那么多数学家，你们可以选择做自己。"

卫然：老师们的这番话会减轻学生的负罪感，否则，学生们会觉得自己的决定辜负了母校的培养，这样的话，哪怕有很多梦想，他们也不敢追寻。

6. 给年轻人：世界是你们的，也是我们的

张一甲：两位老师认为，大学里最不能错过的是什么？

俞敏洪：大学里最不能错过的是谈恋爱，但我错过了。

张朝阳：我也错过了。学校是一个小社会，除了上课、做作业、完成考试，大家应该多参加一些社团活动。这个年龄段是人格成长最关键的时期，所以要外向一点，不要整天读书，要多跟别人交往。

张一甲：两位老师现在都是很有成就的人，请问两位现在还有什么害怕的事情吗？

张朝阳：每个人都有害怕的事情，但只要不把它放大，它自然而然就会消失。比如偶尔会有一个电网上的火星子产生，但如果你不接招，它自己就走了。虽然我会对某件事感到害怕，但我可以用行为心理学让它在一个礼拜之内消失掉。

俞敏洪：我害怕脑子变笨，害怕大家觉得我太老。

张朝阳：大家普遍都有年龄压力，我也不例外。社会认定了我们是"60后"，所以我们面临的是社会压力。不过，我现在做事情是不跟别人比的，而且我觉得我的体能状态跟二十年前没什么区别。

俞敏洪：我现在明显感觉自己老了。

张一甲：两位老师觉得跟年轻人沟通有障碍吗？你们觉得当代年轻人最大的优点和缺点分别是什么？

张朝阳：我关注到一些年轻人，可能是受我们教育体系的影响，他们总想寻求统一的答案，但实际上是可以有不同答案的。无论是考试还是做产品，大家不一定要互相模仿，可以有自己独立的想法。我们"60后"有些优点，比如见多识广，思想不单一，因为我们是在"奔跑"中认识世界的，我们在三维空间里看石子、泥巴，玩弹弓、烟盒，但现在的小孩是在二维的平面空间玩电子游戏，所以他们的三维思考能力和互相学习能力很差。在这一点上，"90后""80后""70后"都不如我们"60后"。

俞敏洪：我觉得跟年轻人沟通时有没有障碍不重要，重要的是能不能包容新一代，就像我能不能包容我女儿、儿子的各种古怪行为以及他们与我不一致的观点。所以要包容他人，能不能理解是另一回事。我现在基本能做到既包容又理解，因为我的职业需要跟年轻人打交道。但对于年轻人的一些行为，我不一定非要发自内心地感到愉悦，否则对于一个60岁的老人来说，那样活着太累了。

就像面对一个八九十岁的老人，对我们来说，他是上一代，他不可能对我们的一言一行感到完全愉悦，这肯定不现实。所以年轻人对我们有意见是正常的，我们对年轻人有意见也是正常的，二者之间互相包容才是最重要的。至于理解不理解，我认为隔了四十年左右的人生，彼此之间理不理解不重要，重要的是认识到世界是我们的也是你们的，且世界归根结底是你们的，因为你们像早上八九点钟的太阳，而我们已经是夕阳了。

张一甲：你们觉得现在的年轻人和你们那会儿有什么区别？

俞敏洪：原则上没太大区别，不过现在的年轻人比我们更加艰苦，毕竟现在找工作比我们那时难。

张朝阳：当时的大学毕业生，尤其是名校毕业生，工作方面肯定是有保证的，不像现在。但现在的年轻人脑子特别灵活，不像我们那时候一根筋。

张一甲：两位老师比较喜欢什么样的年轻人？

俞敏洪：只要是年轻人我都喜欢，我现在对年轻充满了向往。

张一甲：假如两位老师是今年的毕业生，你们会选择创业吗？可以给现在创业的年轻人一些建议吗？

张朝阳：刚毕业就去成立公司还是太早了，毕竟人生阅历不够，很容易负债亏损，创业失败。现在的就业前景确实比较艰难，但互联网很发达，所以刚毕业的大学生做个体职业者还是可以的，更何况年轻人特别了解互联网。但如果想要有组织地去融资创业，除非有特别好的专利或者特别好的技术，否则我不建议刚毕业的大学生去创业。

俞敏洪： 张朝阳是博士毕业以后创业的，我是当了六年半北大老师后创业的。**创业是没有保底的，你可能会赚得盆满钵满，也可能会输得精光，而且输得精光的可能性更大。** 不过我觉得年轻人一定要经历一次创业，可以参与创业，不一定做主导，但一定要经历一次不计后果的冒险。当然冒险是有底线的，最起码不能要了自己的命。

自己存的钱怎么花掉都没事，赔光了再重来就行了。但如果花父母的血汗钱去创业，或者借高利贷去创业，则容易产生问题，因为你把自己逼到了一种输不起的状态，这是不行的。**所以只要输得起，只要创业能够让自己感到激动，那就应该去创业。** 失败了，回到体制内也好，继续找工作也好，都不丢脸。如果一辈子循规蹈矩，变成一个唯唯诺诺、唯上司指令马首是瞻、没有任何主见的人，这样委屈的人生不划算。

刚才张朝阳讲到了偶然性，倘若他的父母早一分钟或者晚一分钟在一起，都不会有张朝阳，所以人来到这个世界是超级偶然的一件事情。我不相信宗教所谓的上辈子和下辈子，**我认为人只有一辈子，这就意味着这一生非常珍贵。在这非常珍贵的一生中，如果始终没有勇气去突破自己，你将会有巨大的遗憾。**

我觉得人最好不要留下遗憾，无论是为了爱情，还是为了事业，都要拼死一搏，只要不把自己的命输掉，不影响他人就可以。我觉得项羽乌江自刎的时候绝对没有遗憾，因为他努力过了，尽管他对刘邦不服气。虽然他最终败给了刘邦，但他的死是英雄之死。**人不能以成败论英雄，要以有没有全力以赴论英雄。** 无论成功与否，只要你能不后悔地大喊一句"老子值了"，这就可以了。

张朝阳： 我主张大学毕业后不要去创业，这一生也不一定要创业，还是要看机会。

俞敏洪： 虽然我们现在差不多60岁了，但我们还在创业。并不是说一定要从零做起才叫创业，能够不断推陈出新，不断突破自己的局限也叫创业。比如，曾经有一段时间，张朝阳的情绪非常低落，但从他现在讲物理课的样子来看，他已经重新振作了。

张朝阳： 对。但我不是一做公司就萎靡不振，一讲物理课就精神焕发，我2018年、2019年前后就振作起来了，已经振作好几年了，彻底重振了价值观。

俞敏洪：这是你的自我重塑，坦率地讲跟工作没关系。**人有多大的高潮就会有多大的低谷**。张朝阳的高潮在于赞助奥运会，因为高潮太高了，所以必然要面临低谷。

张朝阳：我们的成长经历太复杂了。我在"文革"中长大，经历了最极端的考试竞争，考上了顶级的学校，去异国他乡孤独地流浪了那么多年，回国之后又开始创业，在冰与火的打击下发展互联网……我的人生经历太密集、太烧脑了，所以我当时的消沉跟公司没关系，是个人问题积攒到一定程度后自然而然地爆发了。

7. 尾声：从量子力学到外太空

张一甲：Charles，你能从物理学的角度给我们解释一下减肥吗？

张朝阳：人体90%左右的散热是靠辐射，跟空气交换散热只占到10%，甚至更少，而且只要有温度就会有辐射，这个辐射指的不是可见光。所以如果想要减肥，只需要脱光了往那儿待一个小时就减肥了。

张一甲：衣服会阻碍辐射是吗？

俞敏洪：那把衣服脱光了就不胖了吗？

张朝阳：是的。

俞敏洪：那只能关上房门在家里减肥。

张朝阳：温度需要低点，要有温差。

张一甲：宇宙中有各式各样的星体，我们怎么知道哪个温度更高，哪个温度更低？

张朝阳：这就像宇宙密码似的，所有的辐射都是由星体表层的温度引起的。对于温度造成的黑体辐射我们有非常好的数学公式，只要知道黑体辐射峰值，我们就可以算出它的表面温度。太阳表面的有效温度（辐射等效温度）大约是5800开尔文，对应的可见光区间大约是400~700纳米。

我们首先要明确，先有的太阳，后有的地球，然后才有的人类。所以根据进化论，人类的眼睛一定是面对太阳的时候看得更清楚，而且人一定是在有太阳光的情况下才能够活得更好，所以我们眼睛能看到的一定是可见光，那么对于刚才的问题，我们就能得出结论，人眼可见的光一定对应黑体辐射峰值的光，也就是400~700纳米这个区间。任何一个星体，只要看它的光谱，我们就能知道它最大的峰值，而只需要知道黑体辐射的峰值，我们就可以算出它的表面温度。

俞敏洪：能不能说凡是人类能够看到和听到的东西，实际上都是人类生存所必需的。比如蝙蝠听到的声音频率跟我们完全不一样，所以有一句话说，如果让蝙蝠成立一个交响乐队的话，它们演奏出来的音乐人类是听不见的。

张朝阳：是。我们要跟灵长类动物比。

俞敏洪：如果局限在灵长类，范围就比较窄了。

张朝阳：我们要讲大多数情况。假设另一个星体的温度不是5800开尔文，而是2000开尔文，其可见光的峰值就会在另一个区间。如果这个星体上真的有外星人，那么他们到了地球上就变成盲人了，因为他们只能看见红外波段，白天这段他们是看不见的。

张一甲：这难道就是人类和外星人迟迟发现不了对方的原因吗？

张朝阳：可以测量电磁波。

张一甲：量子力学是目前科学体系中最让人觉得神秘又玄而未定的学科，Charles对量子物理是怎么理解的？

张朝阳：量子在宏观世界里看起来会显得不可理喻，但实际上它是非常根本的一个概念。如果没有量子世界，我们每个人都会是一堆灰，因为量子决定了结构。比如今天的俞敏洪和明天的俞敏洪都是俞敏洪，今天的我和明天的我都是我。我们之所以能够在今天和明天保持自己的特征，是因为我们的微观是有结构的，我们身体里的氢原子、氧原子非常稳定。你身上的氢原子和我身上的氢原子是完全一样的肽。但在宇宙间运动的星体不属于量子力学的范畴，因为它们的尺度太大了。所以当地球受到撞击的时候，它的运行轨道自然就会变小一点。

俞敏洪：你计算出来月球什么时候会撞上地球了吗？

张朝阳：月球不会撞上地球，它正在以每年大约3.8厘米的速度离开我们，十亿年前月球看起来特别大，但现在已经很小了，再过十亿年，它看上去会更小，因为它离我们越来越远。宏观世界是连续的，所以当地球受到外界冲击的时候，它的运行轨道自然就会缩小，这不属于量子力学的范畴。但微观世界不一样，我们身体上的氢原子在受到干扰之后依旧能够变回原来的肽，这就是量子力学。我们所有的结构都是固定的，所以才能形成水，才能形成甲烷，才能形成氨基酸，才能形成各种蛋白质。量子力学向我们传达的是，这个世界是由结构构成的，因此我们才能有特征，才不是一堆灰，否则我们就没有特征了。

俞敏洪：你觉得量子计算会变成一种普遍的计算方式吗？

张朝阳：这不是我所熟悉的领域，但我觉得应该有某种计算的方式，它的模糊计算会产生一些并行的或者模糊的判断逻辑的不同，在某些特别复杂的问题上应该很有优势。

张一甲：问俞老师一个简单的问题，您相信外星人的存在吗？

俞敏洪：我觉得一定有，但我们不一定能碰上。因为到现在为止，我们所知道的距离地球最近的系外恒星是比邻星，它与地球的距离大约是 4.2 光年，而且它的周围没有任何生命迹象。以我现有的认知来说，我认为有生命就不能永生，没有生命就可以永生，所以如果有生命的东西想要穿越这么长的距离抵达地球，至少现在是很难做到的。但我相信一定有外星人存在，因为宇宙是如此的浩瀚无边，光是银河系就有几千亿颗恒星，所以人类不能片面地以为整个宇宙只有一个地球。地球是偶然的，它是太阳内部爆炸而被"抛"出来的一部分，但我相信这个偶然不会是唯一的偶然。不过我们跟另外一个"地球"相交的可能性不大，所以我们依然是孤独的。

张朝阳：我们现在之所以能有这么多种复杂的元素，不是现在的太阳创造的，而是它的"前世"。现在的太阳是由一团炽热的气体所形成的球体，这个球体的核心层会发生核聚变，也就是氢原子核形成氦原子核的过程，其核心层的温度大约有 1500 万摄氏度，尽管这个温度已经很高了，但它有的也只是把四个氢捏成一个氦的能力。所以，要想把氦变成碳核，甚至变成更高的铁核，这个温度是远远不够的，需要 1 亿度～6 亿度才能实现。

地球原本是太阳形成时甩出来的一小部分，冷却之后形成了地球。但实际上，太阳核心是制造不出地球上众多元素的，那这些元素是哪儿来的呢？一定是在太阳形成之前超行星爆发的结果。通常情况下，质量越大的恒星寿命越短，太阳大约是一百亿年，超大型的恒星在早期的时候寿命可能只有一亿年，甚至几千万年。所以在形成太阳之前，一定有一个巨大的超行星正在经历红巨星的阶段，当它的引力收不住的时候就爆发了出来，它的爆发不仅形成了氦核，还形成了其他很多元素，并且产生了大量的星云，这些星云慢慢收缩，最后形成了太阳。我们身上有很多元素，这些元素的制造仅凭太阳核心层的 1500 万摄氏度是做不到的，所以我们一定是太阳的"前世"，即某一颗超行星爆发所产生的。

张一甲：俞老师看过《三体》吗？

俞敏洪：看过，《流浪地球》我也看过。中国难得出现一个被全世界认可的科幻小说作家。刘慈欣是基于一定的宇宙学、物理学的原理写的小说，他写的不是那种天马行空的小说，所以我觉得这是很了不起的。

张一甲：刘慈欣的《三体》影响了一代人，尤其是互联网创业者，小说里提到的"降维打击"给我们留下了深刻的印象。《三体》里包含了对宇宙最基本的价值观设定，以及对黑暗森林体系的构建，所以很多朋友看完《三体》以后会说再看星空的时候觉得很可怕。而《流浪地球》反映了东方的科幻观，跟西方不太一样。

张朝阳：我们已经聊了六个小时了，实在尽兴，我光忙着自己说话，俞敏洪一直在跟大家互动，谢谢！下次叫上刘慈欣，咱们一起聊聊《三体》，你一定要来。

俞敏洪：特别感谢Charles在这么美好的夜晚邀请我对谈，尽管我是客串，但今天收获颇多。今天的对谈让我知道了虽然每个人的大脑不一样，但对美好人间的向往是一样的，我们同样享用美食，同样过着美好的生活，同样在为自己的事业努力。希望我和Charles不会很快变老，也希望即使变老我们也依然有一颗青春的心。谢谢大家！

张朝阳：谢谢大家，再见！

对话周鸿祎

莫以成败论英雄
对谈于 2022 年 8 月 5 日

周鸿祎

中国著名企业家，360集团创始人、董事长兼CEO。1970年出生于河南省驻马店市，1995年毕业于西安交通大学，先后在北大方正集团、雅虎等公司任职，2005年创立360公司并带领公司在互联网安全领域取得显著成果。著有《超越好奇：周鸿祎创业实践》《数字安全网络战》《极致产品：国民简明爆品实践指南》等。

俞敏洪：大家好，今天我对谈的是周鸿祎。

周鸿祎：大家好，我记得老俞原来做了个节目叫《酌见》，还找了王小川，现在改直播了？

俞敏洪：直播好玩，大家喜欢现场感。

周鸿祎：他们看直播到底希望得到什么呢？

俞敏洪：第一，网友希望看到真实的地方，比如看到我们两个人在这儿攀岩或者讲话，他们会感兴趣。第二，我们的聊天有时会产生一定的火花，这种火花会带来一定的思考或者感知，也包括一些幽默的内容。

周鸿祎：我特别喜欢你的风格。我觉得我对人评价的最高标准就是"不装、不端、有点二"，要有点"二"的精神。

——对谈开始——

1. 千里寻根

俞敏洪：我读你的传记《颠覆者：周鸿祎自传》（以下简称《颠覆者》），发现你从小到大总打架。

周鸿祎：没有，就是老闯祸，经常犯错误。

俞敏洪：相比之下我是一个乖乖男。在我们村里，我从小到大一直被认为是好孩子。

周鸿祎：不会吧，虽然你在农村长大，但绝对是调皮捣蛋的孩子。

俞敏洪：对，但我的调皮捣蛋是不会惹别人生气的。比如我会一个人去游泳，一个人去爬树，我会带小朋友到野地玩，但那些小朋友不会跟我打架，因为我性格比较柔和，但柔和的背面，就像你说的，内心一定有一种不买账的精神。我母亲比较强势，所以虽然我外表看起来是一个乖乖的男孩，但内心一直有种不愿屈服的精神。

小时候我们村庄旁有一条大河，我是第一个游过河对岸的小孩。那时候我才四五岁。我们那是江南水乡，每年农村游野泳出事的小孩很多，所以我母亲坚决禁止我下河，她认为这样就安全了，但我父亲觉得孩子只有学会了游泳才安全。我在学游泳这件事上特别有方法，我先在我们家后面的小河沟里来回游，发现游过小河沟没问题了，我就沿小河沟往前游，如果游不动了或者出问题了，就往河边靠一下。后来我发现自己可以游二三百米了，而我们村庄旁的那条大河也就六七十米宽，所以我就成了第一个游过去的小孩。

周鸿祎：我把自己小时候的故事都写在《颠覆者》里了。就像老俞说的，我从小学习很好，但确实让老师很头疼。我记得初中的时候，我经常被老师赶出学校。我初中和大学时都被警察问过话，虽然都是误会，不过人家说的也有道理，"这么多人为什么就找你呢？你也不反思一下自己有什么毛病"。

俞敏洪：我能想象你小时候是一个特别调皮捣蛋的人，我们村庄上也有像你一样调皮捣蛋、上房揭瓦的孩子。但一般情况下，调皮捣蛋的孩子学习成绩不会那么好，而你的学习成绩很好，你很聪慧却又调皮捣蛋。

周鸿祎：说个有意思的事，这两天我带父母回了趟湖北，去寻根，我昨天还发了微博。之前网上有一个关于我是哪里人的争论，有好心的网友替我编了一段历史，说我是湖北蕲春的，因为蕲春有一个地方出了很多教授、学者，当然这是给我脸上贴金了，实际上父母告诉我，我是黄冈的。

我父母是武汉测绘学院毕业的，都是工程师，理工男和理工女。搞测绘工作的人跟地质工作者一样，全国各地到处跑，所以我出生在河南驻马店。我父亲从小在武汉长大，不过他没有回过家乡，只知道家在黄冈。我爷爷去世得很早，他1920年前后就离开家乡出去发展了，从那以后就没回过家乡，所以在他一九七几年去世之后，其他家里的老人对于家乡的记忆都很模糊，只知道老家在黄冈，但不知道具体在什么地方，唯一的印象是村口有一棵非常大的树，那棵树方圆几十里都能看得见。

我父亲今年 80 岁了，他一直有个心愿，想知道我们的原籍到底在哪里。今年很凑巧，他回北京看病的时候碰见一个姓周的医生，一聊之下得知对方是黄冈老乡，就说起来到底家乡在哪儿。那个姓周的医生说他的家乡有可能就是我们那个村，但现在已经不属于黄冈了，被划到武汉了，是新洲区一个叫阳逻街金台村的村子。这个村子快被拆迁完了，已经被城市包围了，所以我赶紧带父亲去看了看。

俞敏洪：去做一个基因检测不就知道了？

周鸿祎：我怎么没想到这个呢！我用的是另外一种方法，在中国古代大家族中，通常长辈会给后人起本名之外的字。比如俞敏洪，你可能是"敏"字辈，我叫周鸿祎，我用了"鸿"字，但我的很多堂兄弟、堂姐妹没有用这个字。我父亲那一辈是"齐"字辈，我爷爷那辈的字我父亲也知道，所以如果这个村里的人也有这三个字，重合的概率就很大了。我们到村子里看了一下，果然有"鸿"字辈、"齐"字辈。后来他们又拿出了一个族谱，里面居然有我爷爷、太爷爷的名字（我爸还记得他爷爷的名字）。最后基本确定了，我们应该就是这个村的。

俞敏洪：应该回去祭祖。

周鸿祎：现在这个村被拆得差不多了，已经变成武汉的一个地区了。所以我有些感慨，中国的一些传统是不能被丢弃的，特别是族谱。美国有一种方法，就像你说的，大家把自己的基因测序上传到一个专门从事 DNA 检测和血统服务的网站 FamilyTreeDNA，通过基因关系、大数据计算等科学的方法能找出谁跟谁是近亲，谁跟谁是一辈的人。其实，大多数中国人想知道自己的上辈是从哪儿来的。

俞敏洪：现在的一些科学方法比族谱更靠谱，比如基因检测。

周鸿祎：有机会可以跟华大基因的人聊一聊。我最近在看一些历史书，几百年前元末明初战乱的时候，陈友谅跟朱元璋在江西打仗，很多人从江西去到了湖北、湖南。看了历史书后，我发现中国古代历史挺悲惨的，每一次大换代几乎都是人口的大灭绝，不仅仅是生产被破坏了。所以从我们的祖先能够传到我们这一代，简直是极小概率的事情。

俞敏洪：中国的历史是从乱到治再到乱的过程，治乱循环。

周鸿祎：你现在在看什么书？

俞敏洪：我看的书比较杂、比较乱。我现在被人"牵着鼻子走"，很多作家会把书寄过来让我推荐，我会自己翻一翻，觉得哪本书挺好的就先看，看完我会与作家聊一聊，推荐一下。

周鸿祎：你没有当过知青吗？

俞敏洪：我本身就是农村的，还当知青啊！当时有上海的知青来到我们大队，他们占据着最好的住的地方，有自己的圈子，跟农村孩子格格不入。我们村上的漂亮女孩都被这些知青吸引了。

周鸿祎：你是哪一年上北大的？

俞敏洪：我1980年上的北大，读了两年得了肺结核，到医院住了一年，出来以后已经是1983年了。我在北大上了两年大学，休学一年，然后又上了两年大学才毕业，前后一共五年，后来又在北大当了六年半的老师，所以我在北大一共待了十一年半。

2.个性是把双刃剑

俞敏洪：我跟你认识很久了。你是难得一见的将企业风格和个人性格、脾气融到一起的人，从来没有因为做企业而变得曲意逢迎，你就是你。到现在为止，你的个性跟初中那会儿和小孩打架时的个性没什么区别。

周鸿祎：没有吧，你这么说就太贬低我了。这些年我的个性有了很大的改变和调整，毕竟我年龄大了。**年轻人总觉得有个性是好事，年轻也确实应该有个性，但保留的应该是一些有益的个性。**如果你是吕布、项羽，你可以很有个性，有万夫不当之勇，但管理公司、创业，仅是吕布、项羽是不够的，还要想办法变成刘备、刘邦或者曹操，因为你不仅要有领导力，还要有一定的宽容度和亲和力，不能仅靠目标把大家凝聚起来。我看过《中国合伙人》，没有做过公司的人会用专业技能来衡量，他们说你的英语不是最好的，你的销售能力也不是最棒的，但他们忽略了一点，作为带头大哥，你是最能把大家团结在一起的人，让大家共创、共建，这对个性的要求很高。

这么多年我总结过，**我的个性是把双刃剑，当然没有好坏之分，就看自己怎么用。**有时它可以让我锐意进取、披荆斩棘，助我攻破一切难关，克服一切困难，但有时也会让我得罪一些不该得罪的人，让我跟商业伙伴发生一些矛盾，或者让我在团队处理方面做得不合适，等等，所以有时候我觉得自己吃了很多亏。

性格决定命运，这些年我在努力做出一些改变。我 50 岁了，最大的担心就是怕自己变成一个故步自封、刚愎自用的人，所以我经常问我们团队的人："我是不是还能够听得进去不同建议？我是不是还能不总是将过去的经验奉为圭臬？"我觉得人需要不断变化。

俞敏洪： 你先自己创业，然后到大公司工作，后来又创业并成功创办 360 公司，现在又推动 360 转型。你的个性一开始与项羽、吕布这样勇往直前、孤军奋战的枭雄的个性有点像，慢慢又转变成刘邦、刘备的那种雄才大略的性格。360 现在是一个比较成功的公司，所以我觉得你的转型是比较成功的。你觉得自己的个性有这种转变吗？

周鸿祎： 我觉得有这种改变，当然这还取决于别人怎么看，比如大家可能觉得我谁都敢挑战。确实，原来很多时候我都喜欢挑战巨头。那时候只要我跟巨头发生冲突，无论出于何种原因，似乎大家都觉得挺爽的。

俞敏洪： 你当时是不是有种堂吉诃德扛着大矛冲向风车的感觉？

周鸿祎： 没有堂吉诃德那么傻吧，但也差不多。坦白来说，当时的冲突在所难免，但当我得罪巨头之后，巨头有很多方法让我难受，毕竟人家财大气粗，合作伙伴也多，特别是将互联网几大巨头都得罪之后，人家合起来对付我们，所以我们有段日子挺难过的。

后来想想，何必总是公开批评别人呢？这几年我有了一些改变，我会多反省自己，通过研究别人的案例来提高自己。原来大家叫我"红衣（鸿祎）大炮"，意思是我爱抨击别人、爱怼别人。我现在努力做到不怼别人，不公开批评对手，不公开批评同行，尽可能与人为善，给公司创造一个和平发展的环境。经过这几年的努力，我觉得我们跟行业里的很多公司，包括原来闹过别扭的公司，都建立了很好的合作关系。

过去业务一冲突，大家似乎就觉得不共戴天，有你没我。实际上，这么多年过后，大家发现这个市场大得很，彼此之间是可以互补的。而且，如果真把对手消灭了，自己不就变成垄断者了吗？我是全国政协委员，我会花比较多的时间去仔细理解党和国家的很多文件精神，**我理解的未来国家战略里谈的最主要的不是互联网公司如何做大做强，而是互联网公司如何当好配角。**比如在数字产业化方面，不要觉得自己数字化能力很强就什么生意都做，而应该至少在核心技术上想办法帮助国家解决一点"急难卡慢"的问题，要对国家和社会做出贡献，东西方都是如此。为什么美国出台了反垄断法，有的公司还是能够做到大而不倒？

　　国家现在比较看重的不是互联网公司的一枝独秀，更多看重在未来复杂的环境下，互联网公司如何帮助传统产业数字化，帮助政府数字化，所以这叫数字产业化，互联网企业要在这一过程中当好配角，用技术为其赋能。我跟一些政府部门开会时提到要扶持中小微企业，因为中小微企业数目众多，占中国企业总数的80%、90%。这些中小企业能解决很多就业问题，但它们在数字化方面存在短板，我总结为"三无"：没人、没钱、没技术。中小微企业的数字化进程比较落后，但它们在数字化战略中绝对不能掉队，因为它们往往是供应链中很重要的环节。

　　我把我们最近给大企业做的一个软件服务叫"企业安全云"，并试着给中小企业免费使用，为其提供电脑管理、资产管理、软件管理、数据管理、文档管理等服务，为每家企业一年补贴两三万块钱，才试验了几个月就有五十万个企业客户使用。所以我觉得中小企业并非不喜欢数字化，因为数字化的东西做好了，如果使用起来很容易，企业不仅不需要投入巨大的财力，还可以免费使用很多基本功能，它们的使用其实是很广泛的。

　　俞敏洪： 中小企业走独立的数字化路径是非常难的，无论是从资金实力、资金成本，还是从人才体系上来说，都是不可能的。新东方这样的企业做独立的数字化都很困难，所以像360这样的大公司不带有任何偏见，不以利益为核心，而是以帮助为核心地为中小企业建立数字化平台，对中小企业来说应该是一个福音。因为有大量平台表面上声称为中小企业服务，但实际上给到的帮助并不充分，中小企业产生的数据反而被大平台利用。某种意义上来说，信息是不对称的，这是我的个人感觉。

3. 大众对 360 的误解

　　俞敏洪： 有网友问"怎么用360卸载360？"，这句话是什么意思？是不是装了360就没办法卸载了？

　　周鸿祎： 不是，这是一个误解，360提供了完整的卸载过程。有的小朋友总是试图用Windows的删除功能去删除360的目录，这样是删不掉的，所以大家会有一个错误的印象，认为360似乎删不掉。360在电脑上是起保护作用的，最恨360的是什么？是各种黑产、黑客。由于360现在被安装得太广了，无论是国外的网军，还是国内的勒索软件，其进行攻击时很重要的一个任务就是让360失效，要不然360一报警对方就出问题了，甚至现在很多国外攻击软件会试图调动360自己删自己的过程，因为360提供了自己卸载自己的能力。所以随便用Windows做一个拖拽，把360移垃圾箱里肯定是不行的。

因此在用户卸载的时候，我们会区分是用户真的在卸载，还是系统被攻击了在模拟用户进行卸载，因为很多软件可以模拟用户的操作。**我们为了做自我保护，有一个比较烦琐的提示过程，于是以讹传讹，就出现了360不能卸载的说法**，这是一个谣言。你回去可以试试。

俞敏洪：我不需要卸载，我用360至少十几年了。大家还说360广告比较多，这是事实吗？

周鸿祎：主要是因为360的商业模式比较奇特。大家可能不知道，数字安全、网络安全行业非常不挣钱。正如很多人会花几千万买一个房子，却把安全看成买把锁，买锁的钱和买房子的钱是完全不匹配的。安全行业挣钱很难，所以就变成了信息化、数字化的附庸。360最早是做安全的，如果我们真变成一个卖安全产品的公司，可能也做不到今天的规模，我们做的是免费安全，在得到用户的支持之后通过互联网广告的模式来盈利。这个模式有点奇特，当年国际上有很多人质疑我，说我们是安全公司，做的是杀毒软件，但却没有一分钱来自杀毒软件。其实我们是免费杀毒，收入则依靠互联网广告。

我们每年用互联网广告收入反哺安全，我们是中国安全公司里对安全投入最多的公司，每年投入二三十亿来打造安全团队、安全产品。**大家看到360广告的时候，其实在无意间支持了360替国家打造的一套安全大脑，这个安全大脑可以被看作数字空间的预警机或者雷达，解决了中国被"卡脖子"的问题。**

这就好比以某西方大国为首的国家对我们的网络进行攻击，他们在我们的网络里肆意妄为，潜伏很久，但我们可能发现不了，这就跟真实打仗一样，即便有再多的火炮、坦克，但倘若没有雷达，看不到敌人的隐形飞机，我们就只能挨打。所以我们用广告收入建立了全国最大规模的网络安全大数据，构造了一个360全网数字安全大脑体系，帮助国家解决了这个问题。

这十年来，我们一共帮国家发现了五十个境外国家级黑客组织，这些黑客组织对中国发动了几千次网络攻击，勒索攻击、民间攻击更是不计其数。所以我再次感谢大家的支持，没有大家对360的支持，我们不可能有实力帮助国家做这样一件事。

最近我们也在转型，不仅是国家需要360的服务能力，现在很多城市、企业也需要。我们希望能够分解一下我们感知风险、看见威胁的能力，逐渐把我们过去十年打造的这种能力给到中国的企业和城市，当然也包括以免费的方式提供给中小企业。当我们的商业模式转到以安全服务为核心的模式上，我们对互联网广告的依赖可能会降低，所以这两年来我们的广告减少了很多。有一段时间我们的广告确实有点多，希望大家理解一下。

俞敏洪：360是中国第一个免费杀毒软件，它的安全防护网现在仍然被免费使用，且确实提供了高质量的服务，新东方就在用360安全网络系统。作为使用了便捷、高质量服务的回报，广告就成了保证网络安全持续运营的主要来源，这点我相信大家是比较容易理解的。当然，在能够维持网络运营安全持续发展的前提之下，减少广告肯定也是大家的呼声，所以现在360的广告较之前相对减少了。

4.愿景：打造国家网络安全大脑

俞敏洪：你觉得现在国内的网络安全系统有比较接近360的吗？能够跟你们构成竞争关系的那种。

周鸿祎：我觉得没有。**我做事情坚信一条：不走寻常路，一定要跟别人有差异，形成自己的核心竞争力**。中国网络安全市场比较多的是卖盒子，以及做各种防火墙、设备的模式，我对这种模式不看好，我觉得它不代表未来。打个比方，我们不能只给客户推销B型超声诊断仪、X光机，还要给客户配医生才行，客户买再多的医疗设备也解决不了问题。

网络安全不像电视一样，我们买回家就能用。每一个木马病毒的背后都是一群高智商黑客，安全的本质是人和人的对抗，千万不要幻想买一个神奇的盒子往家里或者单位一放，别人就攻击不了了，如果真有这样的盒子，那发明者应该得诺贝尔和平奖。网络安全需要大量的数据分析服务，所以它有点像医疗，归根结底取决于高水平的专家服务。我们现在聚焦于360看得见的能力优势，并把这个能力通过数据服务、专家服务的方式提供给国家、城市、企业，所以我们避开了跟大家的竞争。安全行业的市场本来就很小，冲进去跟大家竞争一个固定的份额对我来说没有意义。

我一直强调网络安全行业有一个特殊性，这也是这几年来我心态的改变，那就是明确谁是朋友,谁是敌人。很多人认为同行是敌人,并亲切地称同行为友商,如果谁把你定义为友商,意味着你对上了别人的"瞄准器"。**我认为安全行业里大家不应该互相视为友商,因为我们共同的敌人是各种黑产、各种国外的网军和各种网络攻击者。假如我们互相竞争却看不见国外的攻击,数据被偷走了都不知道,追求市场第一还有什么意义?所以我觉得网络安全应该百花齐放,有人可能做硬件,有人可能做软件,我们做大数据分析和专家运营服务……我们最终的目的是当其他国家对我们的基础设施、重要的大数据发起攻击的时候,我们能够发现并抵御得住。**

随着数字化的发展,如今新东方用 360 的意义也跟原来不一样了,原来员工装 360 可能只是为了在电脑上防病毒、查病毒,随着数字化的发展,将来新东方也会是一个大数据公司,比如东方甄选。你们的核心价值是对用户需求判断的大数据分析,也就是你们的客户服务系统。你们能卖多少货意味着背后有多少用户,每个用户会产生一个 UP 值,这是你们最大的资产。你想没想过将来黑客可能会入侵你们的网络,入侵之后他别的都不用干,只要把你们的数据加密了,你的业务就开展不了了,还会胁迫你交百万、千万的赎金。

俞敏洪: 我不能让公安局把他抓起来吗?

周鸿祎: 你们不知道他是怎么进来的,也不知道他是谁,他可能让你们用比特币交赎金,警察也很难追踪比特币,因为比特币是匿名的,你们只能乖乖交赎金。现在在全世界,网络勒索已经成为对企业最大的攻击行为,我觉得未来新东方的 IT 系统会逐渐大数据化,你们未来可能会使用很多人工智能新技术,但围绕新技术的攻击也会层出不穷,最终要看我们如何帮助新东方建立一套防御体系。

俞敏洪: 你担不担心有人把 360 黑了?

周鸿祎: 这不是担心,这样的事每天都在发生。讲一个我没讲过的故事,我们这两年最大的成绩是发现了某超级大国两个情报机构,CIA(美国中央情报局)和 NSA(美国国家安全局)。在我们发现他们对中国两起长达八年、十年的渗透攻击之后,大概是为了报复,他们选择入侵中国所有网络安全公司,唯一一家没有入侵成功的就是 360,因为我们这些年通过做免费安全在全世界有超过 10 亿用户,360 虽然是免费产品,但每天的服务一点都不少,用户遇到的很多问题我们都得去解决,这逼着我们建立了一支实战攻防队伍。我们公司为什么雇着东半球最多的"黑客"团队?别的公司卖东西不需要那么多黑客,有一两个充门面就够了，而我们为了给十几亿用户做实时服务雇了大量的"白帽子"黑客。所以团队的大数据能力加之团队本身的能力，使得外界对我们的任何攻击都能在我们的雷达上被看见。

我们已经帮助国家解决了"看见"的问题，现在很多城市在跟我们合作，我们下一步是用市场化的方法帮助每个城市把雷达建立起来，这样中国就有了一个分布式雷达网，当这个雷达网被连接起来的时候，相当于在数字化空间建构了一个反导网络。美国的萨德反导系统、宙斯盾战斗系统很厉害，建立起了全球反导网络，可以抵御远程导弹对美国国土的攻击。虽然现实世界我们很难涉足，但我们在网络空间做了十几年，我们的终端在全球的使用数量是最多的，在积累了全球最大规模的安全大数据之后，**我们的一个梦想是帮助国家建立一套数字空间的反导系统。**

俞敏洪：太棒了！听了之后真让人振奋。用户不知不觉丰富了360安全网络系统的数据，不光为个人安全做出了贡献，也为国家安全做出了贡献。因为用户使用得越多，数据就越多，系统也就越安全，是不是？

周鸿祎：是。每个360用户都参与了这件事，都做出了贡献。**但有时大家可能只看到360免费杀毒的表象，没有看到360通过免费杀毒为中国打造了一个安全体系。**

我觉得新东方也是如此。我的英文很差，只比会讲"Are you ok？"的水平高一点，虽然我没有上过新东方的课，但我认识的很多人是在新东方学习之后出去留学的，他们中的很多人在海外学习了先进的科技，又回来为国效力。今天国家的很多重大科研项目，比如生物基因、芯片、操作系统，以及我们现在做的人工智能、大数据等，对人们英语水平的要求都很高，我们对开源软件的依赖性是很大的，如果没有好的英文基础，怎么参与这些开源软件的项目？所以，我认为这么多年来新东方表面上看起来只是做一个帮助人们学英语的生意，实际上为中国的改革开放、对外交流做了很多贡献。我很惭愧，要是多会两门外语，我就可以阅读更多资料。

俞敏洪：你要上了新东方的课，把时间都放在外语学习上然后出国留学了，360可能就做不起来了，对360来说，对国家来说，都是重大的损失。

周鸿祎：我跟大家讲一个学英语的技巧。我有一段时间把公司卖给了雅虎（Yahoo），还当过一段时间的雅虎公司中国区总裁。他们讨论问题都用英文，我英文不太好，所以就在家里疯狂看电影，看的都是各种好莱坞电影，我不爱看文艺片。我认为企业家分三种：普通企业家、中二企业家、文艺企业家。老俞属于文艺企业家，我属于中二企业家，我喜欢看警匪片、战争片，因为里面的对白、台词比较简单。我从这些影片里学了一些俚语，所以去美国路演的时候，很多人以为我在纽约布鲁克林长大，因为我说的都是"Hi, Buddy"（嗨，伙计）。

有一次我去雅虎总部汇报工作，当时雅虎的总法律顾问是公司的第四号、第五号人物，我一直忘不了他长着一双蛇一样的眼睛，每天像毒蛇一样看着我，因为我当时想在雅虎做很多创新，他们总认为我打破了公司的统一政策。为什么雅虎后来被收购了？因为他们做什么事都怕出错。他们本来是创新起家，但有了社会地位以后就变得故步自封，于是就出问题了。雅虎的法务部门总是对我有很多抱怨，有一次我去雅虎总部汇报工作，那个总法律顾问问我："Hongyi, why do you make so many troubles with all lawyers?"（鸿祎，你为什么总给律师带来这么多麻烦？）

当时我不知该怎么回答，突然想到了《肖申克的救赎》，这部电影中有一个场景，所有刚进监狱的人都会被问及"你是怎么进来的"，其中有个人回答说"My fucking lawyer try to fuck me"（我那该死的律师总是坑我）。这部电影我看了很多遍，这句话给我留下了很深的印象，然后我就对他说，"Your fucking lawyer try to fuck me"（你们那该死的律师总是坑我）。他当时就崩溃了，生气地扭头走了，我也不知道自己说错了什么。

后来他将此事报告给了雅虎CEO，他们找我谈话，认为按照美国的文化，我犯了十恶不赦的错误，说我怎么能说"F-words"，于是让我写一个情况说明。我一脸委屈地说我看的所有好莱坞电影里大家满嘴都是"You give me shit"（你跟我胡扯），我看到的美国电影对白就是这样，在我记忆中美国人就是这样说话的，我说错了什么？抑或，我看的美国电影中描述的不是真正的美国生活？后来他们原谅了我，但还是给了我一个警告。

后来雅虎业绩不行了，雅虎换了很多CEO，其中有一个女CEO，她上任第一天给全体员工发电子邮件时就用到了"F-words"，不过她实际上用的是"S-words"，意思是说雅虎要变了。因为"Yahoo"一词本身有"野蛮人"之意，当年杨致远起这个公司名称时就表示"我们是野蛮人，我们不要穿西装，我们应该敢想敢干"，但他把这个创业精神丢掉了。

所以我觉得没赶上好时候，我要是碰上号召大家说"F-words"的那个CEO，我可能会成为他们最重要的员工。当时我觉得，在这个公司说话都没有自由，所以就离开了。离开雅虎以后，我用英文的机会少了，英文就退步了。我说英文最溜的时候是需要融资的时候和路演的时候，因为那时有巨大的推动力，此外，当身边没有懂英文的人的时候，我的英文就变得特别好，一旦身边有人懂英文，我就懒得讲了。所以在老俞面前谈英语，我觉得自己是班门弄斧。

俞敏洪：你的发音非常不错，胆量也非常不错。我的英文是"二把刀"，我没有留过学，没有在全英文环境中长期生活过，所以讲起英文来有时磕磕巴巴，但新东方有英语特别好的人，比如新东方的CEO周成刚，他当初是BBC的英文记者，带着一口流利的英伦腔，还有王强老师，当初操着一口流利的美国腔。我在新东方算是英语比较差的，但没关系，不影响我把这些优秀的人集中起来。

周鸿祎：对。正如游泳队的教练自己不会游泳，但是会教学员游泳，领导者不见得是最擅长销售的，也不见得是技术最牛的，也不一定是产品大师，但他能把团队凝聚起来，我觉得老俞是非常好的领导者。

5.莫以成败论英雄

周鸿祎：我记得有一次你和王小川做访谈，你们说我坏话来着。你的意思是老周太尖锐，一般人跟老周很难相处。我后来反思了一下，我还以为跟老俞处得挺好。后来我想，老俞比我宽容，跟个老大哥一样，容忍了很多。

俞敏洪：王小川在你手下做过吗？

周鸿祎：没有，他原来在张朝阳那边。

俞敏洪：你的"搜索梦"一开始就有，后来仍有，现在360搜索也占有很大的市场份额。

周鸿祎：但搜索已经是过去的故事了。我经常感慨，**颠覆搜索的不是第二个搜索，将来颠覆微信的，也绝不会是第二个微信**。我认为颠覆微信的有可能会是抖音，或者一个完全不同类的产品，它可以满足人们不同的需求。我不是故意挑拨关系，将来对拼多多、淘宝产生最大压力的可能不是第二个拼多多或者淘宝，将来大家的购物方式可能会转成直播购物，最大的电商平台则可能转移到快手和抖音。

俞敏洪：你觉得颠覆360的公司会出现吗？

周鸿祎：一定会出现，这是一个自然规律。但从目前来看，颠覆我们的不一定在安全行业里，因为安全行业里大家做得比我们历史悠久，已经是"老司机"了，按照老套路做事。我认为颠覆我们的一定是"乱拳打死老师傅"的新来者，或者来自另外的行业。大家有时总着眼于行业内的竞争对手，却忽略了真正的对手，所以不被颠覆是不可能的，新东方的做法也是一种自我颠覆。

要想不被颠覆，只有两条路，一是自我颠覆，二是不断转型。有段时间微软（Microsoft）的股价非常低迷，当时史蒂夫·鲍尔默（Steve Ballmer）做 CEO，大家都觉得微软完了，微软做手机也不太成功，office 也几乎没人用了，后来萨提亚·纳德拉（Satya Nadella）担任 CEO 之后把微软转成了一个 To B 公司，勇敢地放弃了之前的业务，所以现在微软又重新变成了一家价值上万亿美元、全球企业市值排名前三的公司，有时甚至能位列第一。这其实就是一种转型。我觉得没有什么业务是永垂不朽的，也没有什么业务是万年常青的，即便有时候企业家并没做错什么。马化腾讲过一句话："即使你什么错都没有，就错在你太老了。"我认为这句话很对，一代人有一代人的产品，一代人有一代人的业务。

俞敏洪：有人问我："如果没有这次的变故，新东方会不会越来越好？"我说："不一定。"如果没有这次变故，新东方可能如同温水煮青蛙，在自以为做得很好的过程中慢慢丧失创新能力和变革能力，而这次新东方摇身一变，从一个领域跳到了另一个领域。

周鸿祎：你可能忘了，那次做变革的时候，正是你过 60 岁生日之时，你邀请了一帮人跟你喝酒，我印象很深。回来之后我就在团队内部讲："我很感动，老俞原来给我的印象是一个好人、一个大哥型的人物，为人很柔和，60 岁时突然遇到了这么大的变故，但是他没有选择躺平或者退休。"其实你退休也挺好，你对中国做过巨大贡献了，可以急流勇退，功成身退，但你还是决定转向一个自己从来没有从事过的领域做直播带货。

俞敏洪：我觉得那次吃饭的时候，大部分大哥们都不太相信我能做成。

周鸿祎：我是相信的。敢于抛弃原来自我的东西进入一个全新的领域，这本身就是一种成功，剩下的不过是时间问题。我觉得你这次最大的成功不是自己直播，而是培养了一个团队。

我觉得大家要树立多元化的价值观。比如新东方遇到了一些困难，其原来的市场不存在了，老俞非常尊重国家的选择，进入了一个新的领域，他在这个新的领域可能成功也可能失败，收入规模也可能跟原来不一样，或者被市场给予不同的估值。虽然《福布斯》排行榜或者《财富》世界五百强的排名确实有其指标，但我觉得那不能成为衡量企业的唯一标准。

国家的经济要发展一定要有一个健康的生态，生态就意味着多样化，既要有大树、大象、犀牛，也要有灌木丛和其他小动物，如果都是大象或者大树，那不叫生态。**所以很多公司转型的时候不能只用市值或者短期内的收入作为唯一的衡量指标**，否则中国股市上只有茅台是最棒的选择了。

俞敏洪：公司真正的内在价值和社会价值跟它的市值、收入和利润其实没有必然关系。

周鸿祎：国家的形势在发生巨大变化，企业家要跟上国家的脚步。过去很多企业家觉得市值越大越好，收入越多越好，于是盲目进入很多领域，实际上时代变了，比如明天某个特别能挣钱的公司没有了，老百姓不会觉得生命中少了什么，国家也不会觉得少了什么，大家都不痛不痒，因为很快会有新公司填补它的存在。所以这样的公司并没有真正赢得国家、社会或者人民的支持，它的企业价值其实并没有那么大。

我觉得大家还要树立正确的成败观。很多人太在意成败，总以成败论英雄。为什么很多企业家装？因为成功之后各种美誉之词席卷而来，他们就忘乎所以了，然后把自己的创业描绘得像武侠小说一样神奇，说自己天赋异禀、骨骼清奇，说自己注定要成功，误导了很多年轻创业者，而一旦失败了，他们做的所有东西就都被否定了。我一直觉得大家要有一个正确的成败观，因为很多失败可能才积累一个成功，况且成功的人也有失败的时候，所以不要盲目地歧视失败，要允许企业家把自己失败的经历分享给年轻创业者，这对创业者避开一些暗礁、浅滩才真正有帮助。

很多成功都是偶然的，倘若把很多成功企业家的生意清零，再给他们1亿美元让他们重新去做，他们是否还能成功？我觉得很多人对此是有疑问的，因为成功的偶然因素很大。所以不管新东方转型是成是败，我认为这个案例本身就值得很多学者和创业者去研究、学习。乔布斯也曾败得一塌糊涂，被苹果公司解雇后，他创办了NeXT，那会儿没什么人关注NeXT，所以有一段时间在硅谷，他觉得很寂寞，很多人开会时都不理他，但如果没有这些失败的沉淀以及对失败的反思和总结，就不会有苹果公司后来的辉煌。所以我觉得老俞以后跟年轻企业家聊的时候，不应该更多地聊成功的故事，虽然这很有趣，但很多人学不到，也学不会。相反，你可以多谈谈失败的教训，多谈谈踩过的坑、摔过的坎儿，这或许对年轻人更有帮助。

俞敏洪： 我觉得成功和失败的故事都不可复制，但在成功和失败之间产生的一些感悟或可参考，有时候也许能起到一定的启示作用，让创业者走向成功的路径更短一点，或者让他们不那么迷茫。

6.创造价值，寻找意义

俞敏洪： 所谓基业常青或许只是一个鼓励而已，大部分企业不可能基业常青，有时候做着做着就没了，但很多企业都有辉煌的时候。我想说的是，就像人肯定会去世一样，哪怕自己的企业和事业没了，你也要思考在这个过程中自己留下了什么，小到给家庭、企业留下了什么，大到给社会的进步、祖国的繁荣留下了什么。我觉得这是比较重要的。

人们既可能仰慕你的成功，也可能讽刺你的失败。不管成功还是失败，回想起自己做过的事情或者企业做过的事情，如果有一点值得被肯定，我觉得就足够了。这些事情老百姓认或不认，说与不说，我认为都不重要，重要的是自己问心无愧。人们可以在网络上对你做出很多负面评价，我一直认为这没关系，因为不论网络上的评价是褒是贬，你要做的事情和这些没关系，你不能因为评价好就强化这些事，也不能因为评价不好就否认或者不做这些事。原因很简单，你知道自己在做什么。

周鸿祎： 做企业的人要懂得做企业的目的何在，是为了个人的财富，还是为了股东、客户或者员工。彼得·德鲁克（Peter Drucker）讲过一个最基本的概念，每个企业的存在都是因为其创造了一些产品或者服务，这些产品和服务要么给国家创造了价值，要么给社会创造了价值，要么给某些人或者其他企业创造了价值。只有先给别人创造价值，自己才能得到回报，**我觉得这是所有做企业的人都应该明白的一个道理**。我跟年轻创业者交流的时候，我并不听什么To B、To C的模式，那都是马后炮的总结，我就问"你干了一件什么事""这件事给谁创造了价值"，**只要能给别人带来价值，自己就一定有价值**。

俞敏洪： 对，我也是这样认为的。没必要一上来就把自己拔得那么高，以创业为例，选择创业首先是为了拓展自己生存和发展的空间，所以没有必要一上来就说自己要为祖国和人民做贡献。但我认为有几点是非常重要的：

第一，所做之事是大是小都没有关系，但一定要为别人提供服务，绝不能做恶事。不能通过坑蒙拐骗的手段谋求发展，有一些创业者有投机取巧的心态，但抱着这样的心态就算成功了也不一定能长远发展，因为人们终会翻他的旧账。所以事业大小真的不重要，无论是做一个面店，每天为老百姓提供热腾腾的面，还是做软件，为老百姓提供免费的杀毒功能，抑或像新东方这样教人们英语，为老百姓提供一个走向世界的机会……这些都一样，没有高低之分。

第二，必须寻找适合自己的商业模式，它决定着企业未来的发展。比如360的商业模式是广告，这意味着老百姓在享受免费服务的同时也要接受广告。原因很简单，这就是企业的商业模式，否则企业就活不下去了。无论企业的商业模式什么样，一定要在现有的商业模型中跑通，因为跑不通就不可持续。

第三，商业模式的跑通必须在合理的前提下展开。在老百姓能够接受的前提之下，在人们愿意不断消费的前提之下来考虑这件事情是不是能为社会的进步、国家的繁荣提供帮助和支持。

第四，企业没了之后，人们回顾这个企业的时候依然能够对其给予肯定，我觉得这是做企业的最高境界。一个企业不可能永远存在，永远繁荣，永远蜕变成功，有太多的企业烟消云散了。李白、杜甫也烟消云散了，但他们留下了众多诗篇。

周鸿祎：有一句话说得很好，"尔曹身与名俱灭，不废江河万古流"。

俞敏洪：对，"不废江河万古流"。**江河万古流是必然的，个人万古留是设计不出来的。**多少帝王将相希望自己万古留存，但大多身败名裂。也有很多人自以为做了一些好事，比如秦桧活着的时候可能觉得自己为南宋的和平与安全做出了巨大的贡献，但历史对他的评价却是一个卖国奸臣。所以，从历史的角度衡量自己正在做的事情是否真正有意义是很重要的。

周鸿祎：我给大家推荐两本书。我觉得大家要养成读书的习惯，现在网上有很多小说阅读器，我比较喜欢看历史类的书，我发现将历史与现实结合起来可以思考很多东西，我推荐下《迷失在一六二九》。曾经有人问我愿意穿越到中国哪个朝代，其实无论穿越到哪个朝代都是比较悲惨的，因为都是封建王朝。

俞敏洪：很多人想穿越到宋代，但宋代真正富有的老百姓并不多，尤其是北宋末年遇上战乱，金兵入侵，说不定早上人还活着，晚上就没了。

周鸿祎： 在时代变化面前，任何人都只是一粒灰尘。我经常思考一个问题，人类近一百年创造了很多技术文明，有些东西我们已经习以为常，比如抗生素。在没有抗生素的年代，一场痢疾、一次感冒、一次发烧或者一个伤口等都可能要了人的命。所以我常常想，如果哪天互联网、手机和电脑等都没有了，我们还能不能把蒸汽机造出来，能不能把无线电通信恢复，能不能把抗生素重新发明出来。《迷失在一六二九》就讲述了一群人穿越到明朝末年去打造一棵新的科技树，我觉得这算是一个科幻小说。

第二本书推荐下《崇祯十五年》，这也是一本穿越小说，它混合了历史、幻想等元素，也很有意思，对大家或许有借鉴意义。比如，读了这本书后，我发现明朝的灭亡是必然的，因为他们太注重面子而不注重时效。我之所以说企业家要有一种不装、不端的精神，是因为很多时候面子不重要，重要的是干成一件能带来价值的事。很多人都活在别人的评价里，比如崇祯皇帝要做一件事的时候，既要考虑老祖宗的规定，又要考虑大臣们的反应，所以他做出了很多错误的决定。

我们对历史的认识有时不一定准确。我们总是把东林党人塑造得地位很高，说他们跟阉党作对，但《崇祯十五年》里写的东林党人都喜欢清谈，很少能拿出切实有效的战略去实施，他们有点像原教旨主义者。所以，在公司里要防止下属像东林党的大臣一样每天高谈阔论，发出各种"何不食肉糜"的正确言论而不解决实际问题。

俞敏洪： 企业家确实应该脚踏实地。不要被面子左右，真正左右自己的应该是以下两点：一是企业的发展，你要评估企业能不能活下去，哪怕只有一丝希望，也应该努力让企业活下去，活下去就能有机会。二是确保企业的价值体系比较正向，不要为了活下去而扭曲了价值观，倘若价值观扭曲了，就算当时活下来了，以后也很难继续生存下去。

7.尾声：未来的人生要为自己而活

俞敏洪： 下面聊点我们这个年龄的话题。你比我年轻 8 岁，后面十年打算干什么？我现在只有一个想法，我要退休。当然，我也可以和朋友们喝酒、聊天、直播，这些都没问题，因为不会给我带来压力。但现在做新东方和东方甄选给我带来了巨大的压力，我觉得自己的时间不够用了，再这么下去，我想做的事情都来不及做了。

周鸿祎： 最近我跟陈东升大哥聊天，他给了我很多智慧的建议。他写了一本书《长寿时代：从长寿、健康、财富的角度透视人类未来》，书里说人类现在已经进入了长寿时代，不谈 120 岁那么高的目标，人类现在的平均年龄已经接近百岁了，我们这代人活到那个岁数应该没有问题。

所以我们可以把人生分成四个阶段：第一个阶段是求学，前二十五年学习，比如读本科，读研究生；第二个阶段是职业发展和成家，也就是 25~50 岁这个阶段；第三个阶段是 50~75 岁，过去人们常说"人生七十古来稀"，75 岁以后才真正进入老年，所以我们现在还属于壮年和中年。**我建议大家过自己想过的生活，做可能不挣钱但自己感兴趣的事。**所以过了 50 岁后，我觉得要做好 360 的转型，要让它变成一家对国家很重要的公司，就要把数字化安全搞好，至于这件事能挣多少钱，我不在乎。

俞敏洪： 从个人角度来说，你未来打算做点什么？

周鸿祎： 我有很多爱好，音乐、钓鱼、网球和攀岩我都喜欢。我很爱看书，我买了很多书，但没时间看。我也很喜欢看电影，一个 4T[①] 的硬盘差不多能拷 100 部蓝光原片，我有差不多二百个这样的硬盘，虽然很多我都没看完，但是 IMDB[②] 排行榜前 20 名的影片我都看完了，我还给自己建了一个顶级的电影院。我还喜欢射击，并且参加过国际射击比赛。有段时间大家问我喜不喜欢小动物，我特别喜欢小动物，喜欢到什么程度呢？顿顿都有。现在有很多人邀请我玩飞盘，我研究了下，发现飞盘实际上和足球差不多，可以说是简单的足球运动。足球对踢球的人要求太高了，我已经很多年不踢球了。原来我踢球的时候通常是思想已经到位，但身体还没到位，我想的是往左一晃、向右一变就把对手给过了，但实际上脚还放在球上，于是我就摔倒了。

我给你一个建议，为了让最后的二十五年过得更开心、更有质量，现在要开始锻炼身体。老年人最容易出现的问题有两个：**第一个是肌肉消解**，老了以后容易摔倒，所以像攀岩、蹬车、举重、负重深蹲等能够让身体充满肌肉。这就像现在开始往银行存钱一样，存到 75 岁，你在银行就有钱可以用，锻炼肌肉也是一

---

① T 是 TB 的缩写，TB 又称太字节（Terabyte），是计算机存储容量单位，1T 等于 1024GB。

② IMDB，全称 Internet Movie Database，即互联网电影数据库，是一个关于电影、电视剧和演员等影视相关内容的在线数据库。

样的道理。**第二个是患阿尔茨海默病**，我觉得人最可怕的是失去兴趣，很多人退休以后就没有目标了，所以一定要给自己设定目标，保持好奇心，持续学习，比如学一门新课程，你可以去学编程，我可以教你。

我很想学生物方面的东西，将来想造纳米机器人。我认为把人变成半人半机器人是有可能的。我觉得将来或许可以把很多纳米基因注入人体来取代白细胞、红细胞，从而以更高的效率传递养分。所以我觉得要不断学习，保持好奇心，保持吸收新东西的能力。生命在于运动，大脑经常运转能降低患阿尔茨海默病的风险。

俞敏洪：张朝阳有一段时间心情比较郁闷，后来我总结出了关键原因：**一个人如果干什么事都太容易实现，就会觉得生活没有意思，所以人要不断给自己设定目标**。比如你今天设定了一个比较难的攀登目标，攀了几十次都没成功，那么你每天睡觉的时候就会想下一次要怎么攀上去。目标可以是一个公司，也可以是一个产品，人生有很多事可以去做，就像你说的，你将来可以去做创业导师，半投资、半公益，你可以辅导很多年轻人。很多大儒、大学者活到了百岁以上，为什么他们可以活这么久？因为好为人师。给人当老师是一件很快乐的事。

我讲一个故事。我问王石为什么要攀岩，他说他的目标是保持身体锻炼的强度，他要在81岁时再次攀登珠峰。我问他为什么要在81岁的时候攀登珠峰，他说登顶珠峰的人中，最年长者的年龄是80岁，是一个日本老头，他要超越他。我问他认不认识这个日本老头，他说认识，而且跟他一起攀登过。然后王石讲了一个故事，有一天早上在大本营，那个日本老头接了一个电话后忽然哭了起来。他问这个日本老头："你哭什么？"老头说："我爸爸滑雪摔伤了。"王石说："你爸爸多大年纪了？"日本老头说："我爸爸一百多岁了。"这多凡尔赛啊！他一想起日本老头的故事就激励自己。王石今年才71岁，我觉得他是有可能的。

我觉得你比我醒悟得早，我现在60岁了，又一头扎进另外一个行业，而且才刚刚起步，所以我接下来还会在这上面花比较多的时间。你刚才讲你有那么多的爱好，比如攀岩、读书等。**我给自己定了一个规矩，不管多么忙，我只能把最多一半的时间放在新东方的工作和发展上，剩下50%的时间无论如何要留给自己**。不过像今天这样的对话，我认为是留给自己的时间，即使不直播，我也很愿意和你吃饭、喝酒、聊天。

周鸿祎：大家总觉得我们这些企业家天天觥筹交错、尔虞我诈，其实企业家每天都在做很庸俗的事情，比如不断开会，解决各种烂事，做人的思想工作……其实我们的生活质量很低，所以才通过锻炼来解决。我给你几个建议：

第一，我觉得老俞你要有自信，你已经很成功了。 你的成功跟你赚了多少钱没关系，不管新东方未来怎么样，它给国家和社会做出过贡献，所以你已经成功了，接下来的事都是多出来的。所以要有平常心，以后的事顺其自然。

第二，把时间延长。 杰夫·贝佐斯（Jeff Bezos）认为，如果只用一年的时间来做一件事，那么做任何事都是难的，但如果用五年、十年的时间来做一件事，那什么事都不难。所以新东方的转型按一个十年的维度来看，未来还有太多的想象空间。

第三，要为自己活着。 我们前面提到，第一个二十五年是求学，第二个二十五年不得不为很多世俗目标做很多事情，第三个二十五年要知天命，我们要为自己活着。没必要看别人眼色，人生有太多事等着我们去体验，做一些让自己开心的事，比如旅游、看书。

我希望你花点时间攀岩，英语里有一个词叫"flow"，是"心流"的意思，在做一些运动的时候，如果能进入一种心流状态，人就会心无旁骛。滑雪便是如此，在高速冲下山坡的时候，人是心无旁骛的。所以，我觉得你现在应该放宽心，享受生活，享受奋斗。攀岩有一个很好的寓意，那就是不断攀登，你可能会掉下来，但可以从头再爬。

俞敏洪： 我要来，因为攀岩的时候我体会到了一种没有体会过的感觉，我很少做这种挑战性的运动，我做的运动一般是散步，最多游个泳，刚好你有这样的设备和设施，我争取一两个礼拜来一次。

周鸿祎： 我认为所有运动最终都是挑战自我。我原来喜欢射击，射击便是一种自我挑战，在射击中我会和自己对抗，质问自己为什么打偏了。曾经有一个运动员，如果最后一枪打七环，他就成功了，结果他一枪打到别人那儿去了。我觉得这样自我对抗、自我提升的过程是人不老的一种象征。有的人可能真真正正活了一百年，而有的人虽然活了一百年，但其实只活了二十年，不过是重复了五遍，这样没有意义。

俞敏洪： 有的人活了一百年，不只是重复了五遍，而是每一天都在重复。**我觉得最可怕的不是日常工作的重复，而是心灵上、精神上、思想上和观念上的重复。** 只有这些东西不重复了，身体才不会重复，人生路径才不会重复。所以日常工作的重复，比如为了高考考高分每天重复学习各种资料，这是没关系的。但如果没有高考的目标，重复就变得没有意义。所以我觉得像你现在攀岩的那种重复是没有问题的，因为在重复的过程中，攀岩给你带来的人生体会和身体健康远远超过了重复的维度。

周鸿祎： 现在各地的攀岩馆很多，如果大家有机会到攀岩馆，在注意安全的前提下可以体会一下。我觉得生命就是不断攀登、不断向上的过程。

俞敏洪： 好，时间差不多了。今天就这样，下次再见！

周鸿祎： 谢谢大家，再见！

对话周鸿祎

好奇心驱动人生热爱

对谈于 2023 年 5 月 7 日

周鸿祎

中国著名企业家，360集团创始人、董事长兼CEO。1970年出生于河南省驻马店市，1995年毕业于西安交通大学，先后在北大方正集团、雅虎等公司任职，2005年创立360公司并带领公司在互联网安全领域取得显著成果。著有《超越好奇：周鸿祎创业实践》《数字安全网络战》《极致产品：国民简明爆品实践指南》等。

俞敏洪： 大家好，今天我对谈的是大家熟悉的 360 公司创始人周鸿祎，之前我们也对谈过一次。他带了两本书，《超越好奇：周鸿祎创业实践》以及《数字安全网络战》，一本是老周的个性自传和创业自传，一本则记录了近二三十年中国网络安全的发展历程，作为数字安全方面的网络大咖，老周在书中讲述了中国网络安全的成长历程、360 公司在这一过程中起到的作用，以及他在这方面的努力探索。

——对谈开始——

1. 数字安全网络战：网络安全新战线

俞敏洪：《数字安全网络战》主要讲什么内容？

周鸿祎： 大家对我的印象可能还停留在做免费杀毒。这些年，我们利用免费杀毒积累的大数据技术在帮助国家抵御来自其他国家的网络攻击方面做了很多工作，我把这些工作写成了这本《数字安全网络战》。给大家提个醒，表面上现在岁月静好，实际上国与国之间的网络安全较量每时每刻都在发生，而且这种挑战和杀毒时代的小病毒、小木马完全不一样，我们面临的不是专业的黑客团队，而是国家队。

俞敏洪： 国家与国家之间的，甚至是阵线与阵线之间的安全较量。

周鸿祎： 手段非常独特，技术也非常高明，对我们国家的威胁非常大。另一方面，产业数字化是如今中国的一大战略，很多企业，比如新东方等都在做数字化转型，但企业数字化之后会不可避免地把数字化的脆弱性暴露出来。核心软件定义一切，万物均要互联，数据成为核心资产，这就导致对网络的攻击可以顺着网络的连接传导到企业的各个部分。

俞敏洪：在和世界连接的同时把自己的脆弱暴露在了世界面前吗？

周鸿祎：对。过去网络攻击只发生在虚拟世界，但现在有了物联网、车联网、工业互联网，虚拟世界的攻击也会对物理世界造成伤害。比如，像新东方这样数字化转型做得比较好的企业，其未来最大的资产一定是核心大数据，但现在有一种专业犯罪团伙盯着这些数据，虽然他们不一定能偷到你们的数据，但他们会损毁、加密你们的数据，就像我可能带不走你家的保险箱，但可以把你家的保险箱锁起来，你要交赎金我才会给你钥匙。这已经变成了一种模式。所以，**对国家、政府和城市基础设施来说，来自其他国家的网络攻击是非常大的威胁，一般企业面临的网络威胁是勒索黑客的攻击，我们把这些定义为"网络战"。**

进入数字化时代，我们意识到了网络战的威胁与风险，就得讨论清楚如何看待网络战的本质。《数字安全网络战》讲了我们这么多年来的成果。360做免费杀毒，我们也不卖安全系统，但全世界十几亿用户都在使用我们的软件。我们会进行云分析、云查杀，当大家的电脑碰到黑客攻击、潜伏的数据攻击时，我们会第一时间得到通知并去应对、处理。这几年来，我们帮助国家累计发现了全球五十一个其他国家的"网络战团队"，这个数字在全世界都是遥遥领先的，我们为国家解决了一个非常大的"卡脖子"问题。过去别人攻击我们的网络，潜伏在我们的网络里偷窃情报或者数据，我们可能并不会知道，如今很多人对网络安全的认知可能依然停留在病毒防火墙的时代，所以这本书算是对我们这几年工作的一个总结和汇报。

俞敏洪：当时病毒防火墙是对个人信息最原始的一种保护，现在任何一个系统、企业和国家政府机构的数字化，以及以数据、网络为核心的系统运营，在提高效率的同时也把自身安全暴露在全世界范围内。你是从大学开始卖杀毒软件碟片的吗？

周鸿祎：我研究生时做了一个反病毒卡，那时候软件卖不动，只能做成硬件卖。

俞敏洪：你从硬件卡开始做起，让360成为国家网络安全的核心力量。你认为这是一个从量变到质变的过程，还是一个从量变到量变的过程？

周鸿祎：量变到质变。

俞敏洪：转折点是什么？

周鸿祎：可能有几个关键点。第一，对手变了。这是最大的转变，我们的对手从业余选手变成了专业团队。专业团队有两种，一种是以勒索为核心的黑产，很多生产型、制造型企业，比如造汽车、家电的企业，一旦被勒索，生产线就会停好几天，每天都有上亿的损失。国外勒索的赎金平均是1000万美元，国内大概是1000万人民币，这些做勒索的人很赚钱，他们能招募到高水平的黑客，买到很好的"武器"。

俞敏洪：这算违法行为吗？

周鸿祎：当然算，但很难抓到他们，因为他们要的赎金是数字货币，比如比特币，无法追踪。前年美国东海岸一家油料运输公司被俄罗斯黑客勒索后，整个东海岸输送油料的业务全部停止，美国东海岸差点进入紧急状态，所以不能小瞧勒索攻击。

另一种专业团队是国家队，很多国家组织了相应的网络战部队，对我国的很多关键基础设施发起攻击。比如西北工业大学遭遇的网络攻击事件，在我们的配合下，某西方大国潜伏了很久的间谍软件被挖了出来。所以对手的改变是一个很大的转折点。

俞敏洪：现在中国网络安全保护方面是不是可以用"道高一尺，魔高一丈"来形容？在网络安全保护方面，你觉得得心应手还是勉为其难？

周鸿祎：在没有深入这方面之前，我觉得比较勉为其难。我们花了十年时间，基本解决了其中的很多核心问题，最重要的是解决了"看不见"的难题。网络安全最重要的问题是首先能"看见"，"看见"了才能应对。在这之前，像国家级对手、高水平的黑客攻击，来无影，去无踪，被攻击了我们可能都不知道，我们用十年时间解决了这个问题。

当然，这不是一劳永逸的，网络安全不是静态的，而是动态的，是人与人之间的对抗，确实如你所说，"道高一尺，魔高一丈"，对手还在研究更多新的方法。我们最大的贡献是比较创新地使用大数据采集、分析，并辅以人工智能的处理，我称之为"中国方案"。这相当于给国家做了一套框架，这套框架可以帮助我们很容易地解决未知的攻击并发现新的攻击。

第二，手法变了。在"病毒"时代，只要不乱运行软件就能自保，但网络运行的游戏规则变了，现在一切皆软件，汽车、工厂等都用软件，更不用说数字化系统了，未来城市、政府的运行可能都架构在软件之上。软件必然有漏洞，有漏洞就会被人利用，而漏洞又很难规避。比如，我不需要知道A公司的密码和口令，只要利用一个我知道但对方不知道的漏洞就可能给A公司的某台电脑发一个邮件或者一个安装包，甚至把U盘插在他们的电脑上……利用种种漏洞控制对方的电脑。

这相当于改变了作战的游戏规则。过去很多安全公司希望有一个御敌于国门之外的方案，我们觉得这是不现实的。针对漏洞的情况，我们提出"没有攻不破的网络"这个概念。国家重要的网络都有可能被攻破，我们要接受这个现实，但在被攻破后，我们要能迅速发现、迅速反应，做到秒级或者分级的应对。这是第二个转折点。

第三，攻击目标变了。万物互联，最重要的是物联网，把物理世界和虚拟世界联结在一起。过去大家对攻击不太在意，别人的攻击似乎只会伤害个人电脑，让自己无法发送邮件，无法使用电脑而已，但现在，这种攻击可以对物理世界造成巨大的伤害，比如楼里的灯光、空调可以被关掉，未来整个国家的基础设施，比如交通、能源、通信等，可能会在一夜之间被影响。

攻击的手法变了，造成的危害也发生了巨大的变化，这对传统安全提出了巨大的挑战，继续卖产品的传统模式不能解决问题了。传统安全缺乏系统性思维，哪儿出问题就在哪儿打补丁，就像一个大楼里有一百个门，每个门装一把锁，每把锁保护自己的一亩三分地，这些锁之间互不通信，倘若有高水平的黑客侵入，大家可能察觉不到。前面提到的"中国方案"就借助了360这些年的成果，我们在系统里放很多探针，把发生的各种安全事件放在一个大平台上进行统一分析和集中研判，哪里有问题我们可以快速看到、快速感知、快速应对。

第四，人越来越重要。网络安全越来越像疾病治疗，即使买了世界上最好的医疗设备，如果没有有经验的医生，还是不能治病。过去网络安全行业可能更热衷于向客户卖东西，但我觉得未来要改变这种想法，卖不卖东西不重要，重要的是提供服务，如何帮助客户发现各种报警并进行分析以及跟踪溯源很重要。网络安全是可以通过运营服务发现问题的，人工智能、大数据都可以产生作用，但最重要的还是人，人的因素可能会越来越重要。

俞敏洪：网络安全从原来的"治疗"，比如看到病毒就杀掉，变成了如今的"预防"，要是等到发现整个系统被破坏了再去治疗，成本就太大了。是这个意思吗？

周鸿祎：差不多。

俞敏洪：现在某些国家对中国"卡脖子"卡得很厉害。在网络安全方面，如果对方"卡脖子"，会给我们网络安全的升级带来技术上的困难吗？

周鸿祎：按照我的理解，"卡脖子"是指某些国家形成单向透明的优势。国家之间搞情报战时会发动网络攻击，但我们会发现，比如某西方大国对其他国家有单向透明优势，别人在其网络里干什么能被它发现，但这个国家在别人的网络里干什么，别人是看不见的，这是最重要的"卡脖子"问题。

俞敏洪：这个问题跟技术有关吗？还是跟其他什么有关？

周鸿祎：跟解决问题的思路、策略、技术都有关。我们用了超过十年的时间，基本解决了这个问题。我们的商业模式很庸俗，我们提供免费的安全服务，通过安全服务获得十几亿用户之后，再通过互联网广告赚钱。我们在互联网广告方面一年有上百亿收入，我们会拿出大概二三十亿反哺安全，所以每个装了我们软件的网民都在为国家网络安全做贡献。过去十几年里，我们一共拿出两三百亿来解决"卡脖子"的问题。

2. 人工智能带来的挑战与机遇

俞敏洪：OpenAI 的 ChatGPT 人工智能升级为中国的互联网发展带来了好处还是更大的挑战？或者说，人工智能会不会对安全产生更大的隐患？

周鸿祎：广义上讲，我觉得 ChatGPT 的出现对中国各个产业和公司来说是好事，因为它给了大家新的思路。在如何能够真正地做出通用的人工智能、超级人工智能方面，它给我们指明了方向。人工智能的出现是一场新的工业革命，我觉得它能够重塑每个行业，但肯定会带来安全上的挑战，但有这种挑战很正常，每个新技术的使用都会带来安全挑战，比如云计算、大数据、物联网等，人工智能也不例外。我想到以下几点。

第一，自身系统漏洞。第一个人工智能系统本身由软件构成，它也有漏洞。现在很多黑客每天在用 GPT 探索给它发什么样的语言、指令能够让它出错或者控制它，因为自然语言就是它要执行的指令，所以它会有漏洞。可能在别人输入一段话的组合之后，它就卡死了。

第二，它降低了黑客攻击的难度。这是比较可怕的，因为 ChatGPT 是一个很好的助手。比如你要给我写一封邀请我钓鱼的邮件，你可以请 ChatGPT 帮你写；你要攻击某个系统，可以向它询问这个系统有什么漏洞，它可能会一五一十地告诉你；你可能不太会写攻击代码，ChatGPT 可以帮你，它写的不能直接用，但会对你有很大启发。

我们也在做一些探索，除了打造通用的 360GPT，即 360 智脑[①]，我们还有全球最大的攻击知识库、攻击样本库，所以我知道好程序应该是什么样子的，潜在的攻击者是什么样子的。我们用攒了十几年的攻击大数据训练某个行业的智慧大脑，在黑客对人们的网络进行攻击之时，或者攻击到系统里之后，我们可以用 GPT 帮助没有经验的安全运营人员更快地发现蛛丝马迹。**GPT 既可以成为黑客的助手，也可以成为安全人员的好帮手。**

俞敏洪： 某种意义上它是中性的，被好人用了就是好事，被坏人用了就是坏事。

周鸿祎： 这跟学编程语言一样，人们学会了 C 语言和汇编语言编程之后，可以选择做黑客，也可以当安全专家，善恶就在一念之间。现在有一个更大的问题，人工智能成为超越人类智力的超级人工智能后，它会不会产生意识，会不会控制世界，会不会把自己变成一种新的生物。这个问题目前是无解的，但从 GPT 发展的势头来看，大有这种可能性。**所以它是一个超强的工具，如果被人类控制和掌握，它会变成人类有力的助手，而一旦失控，则有可能站在人类的对立面。**

俞敏洪： 面向未来，你觉得它失控的可能性大吗？随着人工智能不断发展，它可能在多方面远远超过人类，它开始有自我意识，不断升级，人类可能会没办法控制它。比如有人说可以断电，实际上它联网以后，我们没办法断电，因为它可以自己启动发电机。你觉得假如人工智能失控了，它会对人类做什么？

周鸿祎： 失控是有可能的。如果我们现在什么都不做，一味任它发展，它可能就会失控。我是一个做安全的专家，我觉得它离失控还有几年的时间。

俞敏洪： 你认为还有几年的时间？

周鸿祎： 人类进化的速度是线性的，甚至是很平的曲线，而它的进化速度非

---

① 360 智脑是 360 公司旗下的人工智能程序。

常快，是指数级的，只要给它加算力，它的算力是无穷无尽的，没有什么能够限制它，我认为唯一能够限制它的是能源供给，我们现在去找防止失控的答案是找不到的。

俞敏洪：能不能预先在程序中设计不让它失控？比如输入"请给我讲一讲周鸿祎有几个女朋友"，它会拒绝回答。这可不可以预先设计进去？

周鸿祎：这种想法特别简单，谁都会想到。比如当我输入"天王盖地虎"，它可能就关机了。这相当于在程序里做一个漏洞，如果被别人利用，在它没有失控的时候就可以把它关掉，这种情况也很可怕。这就是为什么360现在在开发GPT技术，一方面我们觉得这个技术很好，我们需要了解它，倘若我们不去了解和研究，它就是"黑盒子"，我们想安全是不可能的。所以我认为首先要了解它。

另一方面，GPT工具失控只是一种可能性，但目前百分之百确定的是，它是一个生产力工具，可以提升国家各个行业的生产力，可以变成大国竞争的利器。就像别的国家有了电，我们国家如果没有电就会错过工业革命的机会。所以现在不发展GPT技术是很不安全的。现在我们跟美国还存在差距，美国人工智能的发展可能快到拐点了，比如最近埃隆·马斯克等千名专家呼吁签署公开信，谷歌的"AI教父"也辞职了，他说这辈子最后悔的是做了人工智能。

俞敏洪：是因为内心产生了恐惧吗？

周鸿祎：对。美国白宫把几家公司的相关负责人叫过去，向他们了解人工智能未来对人类的影响。举个例子，计算机可以做出以假乱真的文字、声音和视频，大家可能会看到梅西在中国工厂工作，甚至我们看到的弹幕、留言等，今天可能还是真人生产的，以后可能就是无数GPT驱动的数字人生产的，未来互联网中的大部分内容可能都不是真人做的。这对一个国家的舆论环境、媒体秩序等会有很大的冲击。

俞敏洪：会对个人生活产生重大影响。

周鸿祎：这会带来很多安全问题，但它又很诱人。我们国家有一个策略，并重发展和安全。把发展和安全当成一体两翼，不能只谈安全不谈发展，也不能一味发展忽视安全。我们应该对很多数字化技术深入理解，理解其内在原理之后才知道怎么在安全上解决，否则只是头痛医头，脚痛医脚。

俞敏洪：不能因为对它产生恐惧就避开它，反而要去了解它，不入虎穴焉得虎子，或者像杨子荣智取威虎山一样打到座山雕的土匪窝里去。这样才能从内部攻破它、掌控它。是不是？

周鸿祎：对。很多科幻小说和电影中描述了人工智能跟人类之间的矛盾、危机。我认为如果人工智能失控，它们肯定是比人类更先进的生物，发展人工智能的过程中应引入一些道德伦理，不能任由科学狂人想怎么做就怎么做。

俞敏洪：的确有这样的问题。核武器是人类创造的具有极大毁灭能力的武器，核武器从诞生到现在已有八十年左右的时间，目前总算是控制住了，之前有过好几次核危机，甚至这一两年也出现过类似的情况。

周鸿祎：这跟核武器还不太一样。

俞敏洪：即使有威慑力量的存在，有些小国家也开始有核武器了，给人类带来了更深的恐惧。倘若人工智能失控，并且对人类产生坏的影响，人类有能力重新控制住人工智能或者消灭它吗？

周鸿祎：我没法给一个简单的"是"或者"否"。但我认为，如果我们要开启一个新的研究方向，那就是研究人工智能安全。

俞敏洪：这是不是已经提上日程了？

周鸿祎：对。在人工智能技术方面，大国之间可能并不会利用它来互相对抗，核武器可能有这样的用途。人类是命运共同体，就像外星人对人类而言一样，我们创造了一个新物种，但这个物种不一定认为它是某个国家的人。所以我觉得这个问题有一定的概率，但我不主张炒作这个问题，而应该开始研究它。

俞敏洪：有没有可能像电影里演的那样，人工智能被坏人掌握以后，坏人能够用人工智能对地球的生命或者发展产生影响？

周鸿祎：不会。只要人工智能是一个工具，它的危害就非常有限。

俞敏洪：所以人工智能的危险不在于坏人对其进行利用，因为即使被坏人利用，它也只是一种工具，人工智能失去控制才是真正的威胁。

周鸿祎：对。

3. 超越好奇：好奇心驱动人生热爱

俞敏洪：这本书原来叫《颠覆者：周鸿祎自传》，为什么改成了《超越好奇：周鸿祎创业实践》？

周鸿祎："颠覆者"太刺激了。我觉得这几年我的心态平和了很多，我已经不是"红衣大炮"，而是"红衣大叔"了。我一开始想写一本商业方面的书，比如关于当年的"3Q大战"[①]。但后来我发现，这本书真正的价值在于，它应该是一本写给年轻人看的书。我自认为写得比较精彩的是从高中到大学我和大家过得不一样的地方，比如我是如何适应职场并成功地把职场变成前进的基础。我初入职场的时候常常被公司开除，这可能是如今很多年轻人都会碰到的问题，我创业过很多次，把公司做得很大对我来说是一个挑战，我也投资过很多公司……所以我对这本书做了一些调整，把原来的一些东西换掉，突出年轻人如何在职场更好地发展，特别是我的经历对初期创业者有何经验教训。

现在给年轻人提建议是很冒风险的，我也不敢提太多建议。但我觉得无论是对"00后"而言还是对"90后"而言，这个世界总要往前走，这个世界总要有一些人不躺平。**不躺平不一定会获得巨大的成功，但躺平肯定不会获得成功。**这些年年轻人在工作、创业的时候常有一些迷惑，我试图给他们提供一些建议。

俞敏洪：书名改了以后，无论是书的结构，还是你讲述故事的口气或者心态，都有了一定的改变。就像你说的，写这本书不是为了炫耀自己，也不是为了给年轻人"灌鸡汤"。读完此书，大家会知道周鸿祎为什么成长为今天的周鸿祎。大家会在书中读到周鸿祎的成长经历；读到他对学习，尤其是物理、计算机的追求；读到他非常有个性的大学生活以及进入职场后的风风雨雨；读到他对创业的追求，比如不惧风雨，不惧艰难，几起几落做了3721后又将它卖给了雅虎，进入雅虎后经历的各种融合、冲突；读到360发展过程中和中国大厂之间的各种冲突，以及与它们达成和解或者互相共存的过程。

这些无不体现出周鸿祎独特的个性和创造性思维。对所看到的现象产生的想法，到底哪个是"是"，哪个是"非"，每个人都有自己的判断，人们可能更多基于利益进行判断，老周也不乏基于公司利益所做的判断。总体来说，今天中国这么多的互联网公司能够共存，并且为老百姓提供这么多好的服务，毫无疑问跟周鸿祎在这一领域的"搅局"有一定关系。

周鸿祎：这本书原来更多写行业故事以及和其他公司的恩怨，如今我把这些东西都淡化了，书名也改了，更多谈的是个人发展。比如，年轻人如何保持好奇心，在职场里如何踏踏实实、一步一个脚印地积累自己的资源，以及创业的时候，遇到激烈的公司竞争和大公司的挑战该怎么解决。

---

① 指奇虎360公司与腾讯之间的一场商业竞争和纠纷。

俞敏洪：这本书某种意义上是一部个人成长之书，是讲述成长和创业过程中如何逐步改变，并对一些问题有更多深入思考的一本书。

周鸿祎：现在网络上总说什么"躺平"。我现在每年会参与校招，跟新到公司的大学生交流，我觉得大家有个很大的问题是不清楚自己要干什么。没有目标就没有价值判断，所以他们的很多选择是稀里糊涂、随波逐流的。这有点像布朗运动①，缺乏方向感。真正躺平的人最大的问题是丧失了动力，虽然我们不得不承认财务自由是很重要的一个动力，但很多人在获得财务自由以后依然会丧失动力。**我觉得真正的动力之源是好奇心，**所以我把这本书改名为"超越好奇"。

俞敏洪：读了这本书后，我了解到你从小就有喜欢做的事情。你从中学起就对计算机非常感兴趣，被保送到大学时，非计算机系不去；到了大学以后，你也一直研究计算机，并下决心要成为最好的程序员；后来你创办了软件公司，变成中国互联网的领军人物……我觉得这跟你从小的热爱是有关系的。

你提到现在很多学生发现不了自己的热爱，或者不知道自己想做什么。我认为每个人都有热爱，那么他们的热爱是被打压下去了，还是因为从小被父母保护得太好而找不到自己的热爱了呢？对于建立自己的热爱，你对他们有什么建议？

周鸿祎：你说得非常对。我是一个缺点、优点很明显的人，我之所以能走到今天，除了幸运以外，最重要的是我很早就有了热爱的事情。**有了热爱的事情，人就有了目标，特别是年轻的时候，一定要找到一个长久的目标。**要不要上新东方？要不要出国？要不要考托福？要不要考 GRE？这些都不是目标，而是手段。对很多人来说，没有目标就确立不了自己的价值观，不知道该出国还是该找工作，不知道要去什么样的公司，将哪里给的钱多就去哪儿作为衡量工作的指标，开心就做不开心就不做。**所以目标很重要，但目标的建立要基于自己热爱的事情，所以这件事还是跟好奇心有关系。**

每个小孩都有自己的热爱，有些小孩在沙滩上玩泥巴玩得不亦乐乎，有些小孩学会看书以后喜欢看名人传记，热爱是自然形成的。我也不知道很多孩子为什么没有热爱了，我觉得最可能的原因是他们丧失了好奇心。如果热爱打麻将，你打三天三夜都不会觉得疲倦，但倘若学一门自己不喜欢的功课，可能学习 30 分钟你就哈欠连天了。如果是为了老师、父母、考试，或者是为了某种外在的东西

---

① 布朗运动是指微小粒子表现出的一种无规则的随机运动。

而学习，你很快会抹杀掉自己的热爱，热爱一定跟内心的好奇有关。

俞敏洪：你高中弄计算机的时候，你父亲不让你弄，在超出了课程体系的热爱之事上，你并没有真正得到父母的支持。在这种前提下，你依然坚守自己的热爱。到了大学以后，你想方设法进计算机房，后来差点产生刑事案件。一般人没有这样的个性，你有种不买账、坚持到底的精神。

周鸿祎：我认为这跟个性有一定关系，但我不想将其全归结于个性。我见过很多比我个性平和的人，一旦找到真正热爱的事情，他们也会有类似的表现。

俞敏洪：我认为一个人找到热爱以后，就像在茫茫人海中终于遇到了最爱的那个人，他会全力以赴地投入进去，不管最后有没有结果，都愿意纵身一跃投入其中。

周鸿祎：我觉得这个比喻不太恰当，因为人可以有很多热爱。对热爱一定要保持一定的好奇心，如果有好奇心，人就会有很多兴趣爱好，比如你喜欢骑马，我喜欢攀岩。这么多年来，我对很多事情一直保持好奇，比如想搞清楚人工智能到底怎么回事，自己能不能做。所以我认为好奇心是热爱的前提，如何找到热爱就成了如何保持好奇心。人不能碰上一件事就觉得热爱，应该是对很多东西产生兴趣后，在比较的过程中找到自己的热爱。所以，好奇心驱动人生热爱。

此外，人要读书，比如我热爱电脑、物理学，这跟我读名人传记有很大关系，我也推荐自己的孩子读名人传记。我当年特别喜欢看比尔·盖茨的书，或者是介绍乔布斯的书。当年对我影响最大的是大学的时候看的一本讲一些人早期在硅谷创业的书，他们的一些经历、言行成为我心里种下的种子，让我找到了自己热爱的事情和方向。

俞敏洪：如果找到榜样，力量就会变得无穷。

周鸿祎：对。

俞敏洪：你觉得人的好奇心是天生的吗？是否人人都有好奇心？有些人失去好奇心是不是因为父母不恰当的指导或者学校对孩子不恰当的教育？就像家里养的小狗、小鸡，如果把它们放在外面，它们就到处乱跑，要看外面的世界，而老狗往往在家里睡觉，不怎么乱跑了。从动物性来说，人类一定会对一些事物感到好奇，比如有一次我在飞机上听到一个3岁左右的小女孩问她的妈妈："飞机为什么会飞啊？"她的妈妈说："闭嘴。"立刻把小孩吓得什么都不敢说了。孩子之所以失去好奇心，是不是因为教育得不恰当？

周鸿祎：我觉得好奇心是人与生俱来的本性。父母教育得不恰当或者学校教育得不恰当很可能会抹杀孩子的好奇心。**我觉得好奇心是一种胡思乱想的能力，是一种童言无忌的能力。**我们应该总结什么样的教育能让孩子保持这种东西。乔布斯在斯坦福大学演讲时说："Stay Hungry, Stay Foolish（求知若饥，虚心若愚）。""Stay Hungry"的意思是保持饥渴，保持饥渴的背后是好奇，如果对什么东西都无动于衷，觉得事情不过如此，早在自己的预料之中，人就不会感到"饥渴"；很多人把"Foolish"翻译成大智若愚，我觉得这违背了乔布斯的本意，"Foolish"的意思是真把自己当个傻瓜，只有觉得自己是个傻瓜，人才会问很多天真、好奇的问题。

比如，老师在屏幕上画一个圆，问小朋友这个圆是什么，有人说是苹果，有人说是太阳，有人说是屁股。说是屁股的孩子可能会被老师骂一顿，最后大家的答案慢慢趋向统一：这就是一个苹果，这就是一个球体。寻找标准答案是孩子失去好奇心的重要原因。

俞敏洪：现在中国的孩子不是一两个失去好奇心，很多孩子越长大越失去好奇心。人类对于知识有天生的渴求，因为人类知道知识跟自己的生存密切相关，任何新知识出现的时候，不管是物理、生物、还是化学、地理，大家都应该欣喜若狂地去学习、探索，大家终究要靠兴趣驱动学习。**好奇心可能跟标准答案有关，跟老师的引导也有关。**就像你说的，如果孩子的答案不是标准答案，老师有时候会训斥孩子，这会带来比较严重的影响，甚至会让孩子感觉很羞愧，因为自己有不同于其他人的想法。

周鸿祎：我举一个例子，GPT出现后，有些人拼命证明GPT不能干什么，但也有一些人像我一样，拼命地证明它能干什么，这就是两种不同的思维模式。GPT有一个被人批评的"缺点"，那就是胡说八道。比如，你问它"俞敏洪三打白骨精"，或者"王石倒拔垂杨柳"，它可以编出段子。很多人觉得这很负面，觉得这东西胡说八道，哪天它说错话了不得出严重问题？但我的观点是，这是它与生俱来的特点。很多小孩牙牙学语的时候不也胡说八道吗？孩子问汽车能不能在天上飞，大人可能会训斥他，这是对创造力和热爱的一种抹杀。

《人类简史》里谈到人和大猩猩的区别，大猩猩可以学会识数，可以学会简单的单词，但永远不能理解没有发生的事情。在进化的过程中，人类进化出一种可以描绘不存在的事情的能力，也就是所谓的讲故事的能力。正是因为人有讲故事的能力，才有了人类社会，才有了团体，才有了宗教，所以我们应该把这种能力用好。

另外，很多人谈论创造力。创造力是什么？是在好奇心的驱动下把没有关系的事情联系到一起。比如新东方的转型，新东方原来是做教育的，教育和直播带货有很大不同，但你把这两个概念联系到了一起，这就是创新。

俞敏洪： ChatGPT 发展到一定程度会有这种连接两个完全不相干的事情的能力吗？倘若新东方遇到挫折了，ChatGPT 有提建议的能力吗？比如让我们卖农产品之类的。

周鸿祎： 有可能。你可以设定几个角色，在聊天群里跟它聊天。我觉得大家对创新、好奇心的打击心态可能与价值观有关系，我们有点成王败寇的心态。其实一百个创新中，有九十九个会失败，一万个创新中，可能九千九百九十九个会失败。

俞敏洪： 比如前些天马斯克的火箭在空中爆炸了。

周鸿祎： 他属于实践失败，这已经很领先了。当我们把很多概念连在一起，比如汽车跟飞机，汽车跟潜水艇，汽车跟船，等等，我们很可能不会成功，但坚持下去可能就会找到正确的方向。**我们要允许不断试错。**

俞敏洪： 这本书我读了两遍，我推荐所有年轻人阅读。周鸿祎以非常真诚的态度讲述了自己的职场经历、创业经历等，语言非常朴实。在这本书里，你不仅能读到故事，也能读到某种精气神，还能读到一位中国互联网大佬的成长历程。

4. 新工业革命：万物皆可 GPT

俞敏洪： 为什么 ChatGPT 出现之前，中国在人工智能方面没什么声音，至少在人工智能升级方面没什么声音，但 ChatGPT 出现以后，几乎所有大公司都号称有了自己的 ChatGPT？

周鸿祎： 我觉得这不能怨中国互联网公司，除了 OpenAI，谷歌、Facebook 和微软等在人工智能上都用错了技术。我觉得有以下原因：在 OpenAI 给大家蹚出一条路之前，人工智能的发展遇到了瓶颈。人工智能听起来很酷，但解决不同领域的问题时，每个领域用的方法不一样，用的模型不一样，用的数据不一样，训练的方法也不一样，这种不通用导致大家对它丧失了热情。

OpenAI 在"好奇心"上做得比较牛的一点是在解决了温饱问题以后，它确实投资了10亿美元设立了一个很宏伟的目标：走通用人工智能之路。在这之前，我相信在大多数公司，如果员工对老板说："我要做一个通用人工智能、一个超级人工智能。"估计都会被老板回绝掉，因为这是不可能的任务，这太疯狂了。所以我认为这是见识问题。

俞敏洪：中国的创业者和有钱的大厂为什么不能在科技研究方面有更加长远的眼光和愿意做更长线的，甚至是没有回报的投入？

周鸿祎：无论是中国的大厂还是创业公司，大家都比较现实，美国也一样，即使大厂有钱，它也是被"绑架"的。大家花了很多钱，如果没有效果，就会产生一些后果，比如马克·扎克伯格比较理想主义，想搞元宇宙，结果亏了100亿美元，公司股价狂跌，他也会觉得受不了。所以大家会比较现实地利用人工智能解决比较务实的问题，比如让广告点击率高一点，让推荐的图片好看一点……OpenAI真正厉害的是，它坚信通用人工智能能成功，它走了一条大家都不看好的路，没想到真的把这条路走出来了。**这里面有运气，也有坚持**。

俞敏洪：这跟下围棋是不是有相通性？通过无数棋谱的训练，训练出能下棋的大脑？

周鸿祎：这比下围棋伟大太多了。下围棋的AlphaGo是一种专用程序，人们围绕下围棋做了很多算法设定，虽然它能打败人类九段棋手，但干不了其他事。比如国内人脸识别的程序能识别出老俞，但做不了下围棋等事。ChatGPT第一次把人类所有的知识做了重新理解和重组，不光是对知识进行存储和检索，还实现了对知识的推理和规划。大家可能觉得自然语言处理跟图像处理是不同领域。其实自然语言处理是"人工智能皇冠上的明珠"，因为自然语言是非常复杂的。

有一位哲学家认为，语言不能描述的事情是人类无法理解的。所以语言很奇妙，语言是理解的边界，如果你能用自然语言描绘今天的人类世界，你就能真正理解这个世界。所以，在这方面，OpenAI的ChatGPT取得了从0到1的突破，ChatGPT可以完整地理解人类的语言，这意味着它对语言描绘的世界中的知识有较为完整的了解。在这个基础之上，它可以被用来去做各种垂直的应用，比如医疗、教育等。而且，不只是做自然语言处理，将来它也可以被用于图像处理、声音处理，甚至可以被应用到机器人控制和自动驾驶中。

为什么这些年自动驾驶没有突破，因为算法太碎片。在此之前，我们在车上装各种雷达、传感器、摄像头等，这些都是感知层的工作，我们能看到前面有一个障碍物，能感知到旁边有辆车，但真正开车的时候，我们是在用"认知"工作，看到旁边有一个司机超车，我们马上可以判断这个司机是不是开车很毛躁，是不是想拼命挤到自己前面，然后再决定给他让路还是不让路。所以，目前人工智能最大的突破不是在感知层面，而是认知层面，它模拟了人脑的工作原理，这是非常了不起的，因此被称为通用人工智能。未来，它甚至可以解决蛋白质分析、基因分析等方面的问题，而且并不局限于自然语言和计算机视觉方面，可能会成为科学家手里很重要的工具，被用来解决很多问题。

俞敏洪： 这么多中国公司做跟ChatGPT类似的人工智能，你们也做了360智脑，会有一家公司做得赶上ChatGPT吗，还是只能模仿ChatGPT？大家一起做这样的事情，现实意义是什么？

周鸿祎： 客观地讲，第一，最难的是从0到1。现在大家能做人工智能得感谢ChatGPT把方向探索出来了，把技术路线摸清了。第二，要感谢开源的生态、开放的论文、公开的讨论，很多算法和技术是在论文里被公开的，现在有很多开源的技术和模型，其他更多的是训练。这是大家都能做这件事的原因。

从差距来说，我同意王小川的观点。我认为我们做的东西和ChatGPT之间至少有两年的差距。毕竟ChatGPT七年磨一剑，而且是被世界上最聪明的一些人开发出来的。但我觉得大公司都应该去做这件事。虽然大家并不一定能做好，但就像中国的电动车一样，百家竞争的市场经济中终会有人杀出路来。如果只赌在一家公司上，只允许一家公司做，万一这家公司做不成呢？

俞敏洪： 当然，市场经济中大家都可以去做。

周鸿祎： 这个技术对中国很重要，这是一种工业革命的技术，不是公司之间竞争的利器，也不是个人玩的聊天机器人。我认为它能对各行各业带来工业革命级的推动。毫不讳言地说，我觉得现在的GPT技术都是互相模仿，就像电动车一样，最初大家模仿特斯拉，但是在做的过程中，我们会对它越来越了解，随着市场化、场景化以及用户的扩展，我们在未来是有可能弯道超车、后来居上的。倘若不经历这些年的模仿，上来就想超越别人是不可能的。

俞敏洪： 我们最初做人工智能的时候，大家说中国有数据优势，因为中国使用互联网的人特别多，所以我们的人工智能一定会超前。我们如今还有这方面的数据优势吗？

周鸿祎： 说实话，我们在数据上可能存在劣势，因为训练GPT并不需要所有数据，需要的是高质量、知识含量特别高的数据。现在网络上的很多内容质量很差，很多文章写得没什么逻辑，语言上也没有辗转起伏，用这种数据训练出来的GPT根本不能用。我们得承认，目前很多专业的书籍以及很多高质量的论文、图书、期刊等都是用英文发表的，在中文互联网上不一定容易获取，所以中国互联网上知识的质量是有待提升的。

此外，美国APP通常有一个APP版和一个网页版，GPT抓取的是网页的数据，这意味着美国APP的数据都可以被抓取，可以被第三方用到。相比之下，中国APP的数据是封闭式的，就像一个个数据孤岛，抖音有抖音的内容，小红书有小红书的内容，B站有B站的内容，这些内容都不存在于网页端。比如我们在浏览器里搜索信息，有的网页点击后会提示安装APP才能继续浏览，所以我们在网页层面拿不到大数据，这对我们来说是一种挑战。所以现在被用于训练ChatGPT的数据，95%是以英文为主的资料，中文资料仅占5%，即便如此，在中文方面，ChatGPT依然被训练得很强。这也进一步表明，无论是中文、英文、阿拉伯文、日文、德文，只要能选取高质量的数据进行训练，它的效果都不会太差。

俞敏洪：你觉得未来人工智能可以在多大程度上改变企业的命运，或者改变个人的命运？

周鸿祎：我觉得有几个方面。举个例子，新东方成立了这么多年，无论是直播带货还是在线教育、出国留学，它已经积累了很多自己的知识。我觉得新东方不一定需要一个通用的GPT，可以训练一个专用的GPT，使之成为供内部员工使用的知识专家系统。

俞敏洪：我能基于360智脑平台做新东方专用的GPT吗？

周鸿祎：可以。首先它可以解决员工办公问题，比如新东方员工做各种PPT、报告的时候，GPT可以提供很多知识支持，它会帮助员工工作得更方便。你是领导层，对你来说，它可以为你提供一些教育行业的情报分析、决策支持。但最重要的是，你要思考如何将它跟新东方的业务相结合，比如用GPT帮助英语老师提高自动化工作水平，提高工作效率。

我昨天看到一个例子：如何用GPT决定一个企业的命运。美国一家教育公司抱怨"有了GPT后，孩子们可以直接用它做作业，不用我们来评价了"，随后公司的股价就跌了百分之四五十。实际上，这是对GPT理解得不够深入，公司应该思考如何将这种先进的通用人工智能和自己的业务相结合。所以可汗学院有人提出了新的观点，比如在上网课的时候，对于同一篇文章，老师可能只会讲一遍，讲的也是标准内容，但每个同学会有不同的想法，如果让老师和每个同学一一讨论，现实上也有难度，但GPT可以支持复杂的聊天模式，老师可以对GPT说"假设你是一个老师，我现在发送给你一篇文章，请你读完这篇文章以后，给你的学生提出十个问题，并要求学生一个问题一个问题地回答，学生回答之后，你再根据答案对他们的回答打分"，GPT会为每个同学提供这样一个过程，这就实现了教育的充分个性化。

还有一个例子，微软把其产品都绑定了GPT。GPT有两种工作模式，一种是"副驾驶"，即提供一种智能帮助，还有一种是"主驾驶"，即与其业务系统融合在一起，去驱动业务系统。按这个思路讲，每个APP、网站、业务，甚至每个行业都可以用GPT重塑。最近美国的很多公司在GPT的基础之上对自己进行重新改造，但无论如何，首先要有一个自己的GPT，否则会把自己的数据暴露给第三方，产生数据泄露的问题。毕竟通用人工智能再聪明也不是为教育而生的，虽然它可以回答很多教育问题，但公司肯定有自己极具核心竞争力的数据，不可能用这些数据锻炼一个公用的GPT。所以，公司可以部署内部使用的GPT，或者部署自己的客户端，再把自己的数据放进去进行训练，进而与自己的业务相结合。

俞敏洪：所以GPT可以变成一个内部系统，而不只是公用系统？

周鸿祎：对，不光是内部系统，它还可以对客户、学生开放，算是半内部系统。所以现在很多做开源软件的人在研究如何把GPT的成本降下来，现在已经有专门做中医的GPT、专门做医疗的GPT和专门做算术教学的GPT，甚至将来每个人都可以有自己的GPT。现在最小的GPT可以在电脑上运行，未来甚至可以在手机上运行，比如大家在手机上就能跑一个自己的GPT模型。举个更直观的例子，比如大家想在汽车上使用GPT，但又不太可能依赖网络，毕竟网络反应太慢，未来每个汽车里可能都会有一个GPT大脑，这个"大脑"可以围绕汽车出行做很多知识强化、交互强化。

当然，做GPT这件事看似很着急，但如果用速证的观点去看，其实是很悲观的，大家可能觉得和GPT的差距太大，毕竟GPT-4跟ChatGPT的差距也很大，但我们仍然只用了不到三个月的时间训练出了一个及格的产品，做到了跟国内同行差不多的水平。而且，虽然现在美国的GPT暂时领先，赢得了一些用户，但从长期主义的视角来看，随着GPT技术的扩散以及各种垂直类GPT的成本降低，越来越多的企业都会依赖自己的 GPT，未来可能不存在谁垄断市场，也不存在谁输谁赢。这种技术的平民化、民主化，对社会和国家产业的发展是有好处的。**按这种趋势发展，未来五到十年，工业革命将会发生，GPT 将改变中国的方方面面，每个人、每个企业、每个行业、每个政府部门都可以拥有专有的 GPT，GPT 大脑不仅可以在云端部署，也可能在边缘、终端部署，其中可能会产生大的产业机会。**

俞敏洪：所以我们和国外的差距不是原始社会和现代社会的差距，而是早期现代社会和相对成熟的现代社会的差距，我们是能够追赶的？

周鸿祎：对，所以互联网公司应该拥有自己的 GPT 能力，否则就会掉队。有这个能力之后，大家会把场景和自己的业务相结合，比如腾讯有聊天的场景，阿里有高德、钉钉的场景，字节跳动有飞书的场景，百度有搜索的场景，360 有浏览器和搜索的场景。我更看好在互联网上训练出一个通用的 GPT 技术，我们的水平可能比不上 ChatGPT，现在的 ChatGPT 是一个哈佛大学毕业的博士后，我们或许可以训练出一个名牌大学毕业的本科生，然后再用新东方的专有数据训练这个本科生，让它成为非常懂教育的研究生，这可能会对新东方有巨大的帮助。

5.尾声

俞敏洪：现在你看问题更加成熟或者更加周到了，对人的态度也变得更加柔和了，你觉得跟年轻时候相比，你的个性有这样的变化吗？

周鸿祎：我认为我的一些特点，比如有好奇心、目标感非常强、对很多东西抱有热情、能够接受新东西……这些特质没有变。我在待人接物上摔了很多跟头，所以这几年对别人更谦和一些，不过我的性格还是很急的。

俞敏洪：我感觉你的性格缓和了一些。

周鸿祎：对。原来我做创业公司的时候，每天都觉得在生死存亡的边界，就会比较着急。

俞敏洪：我们从网络安全谈起，从杀毒讲到现在的全球网络安全问题，以及 360 公司和周鸿祎本人在网络安全方面经历的从量变到质变的过程。我们还谈论了网络安全对个人、公司、国家的重要意义，以及网络安全和 GPT 的关系。紧接着我们延伸到关于 ChatGPT 的讨论，ChatGPT 是一个大家熟悉的话题，老周谈了自己独到的观点，谈论了未来 GPT 对国家、公司和个人的影响。

我们也聊了老周的两本书，《超越好奇：周鸿祎创业实践》和《数字安全网络战》，前者是老周真心诚意的传记，我们可以从中窥见老周的成长经历、个性特点、学习特点，以及对某件事的热爱是如何推动他创业并走向成功的。《数字安全网络战》讲述了二三十年来中国网络安全从点到面的变化、网络安全的升级，以及网络安全与国家命运和公司命运的紧密关联。我们还讲到了如何建立自己的人生热爱，以及保持好奇心对成功的重要性。希望大家从我们的聊天中有所收获。

周鸿祎：今年的 5 月 4 日，北大举办了建校 125 周年纪念大会。北大有很多一个世纪之前的著名校友，其中有一个我很敬仰的老人，他是中国植物学的奠基人，他发现了植物学的活化石水杉。我觉得北大很多著名的老学者、老专家、老校友不应该被遗忘。我提议下次找个时间，咱们直播一次，介绍一下著名老校友。

俞敏洪：中国植物学的创始人之一胡先骕先生跟胡适生活在同一个时代，他跟胡适在有关文学改良、中国文字发展、文言文和白话文的实施，以及科学方面有不同的看法，两个人也是好朋友。胡先骕先生有关植物学的全集很快会出版，我们会做一个民国时期或者西南联大时期的老先生们治学态度方面的对谈。

由于时间关系，我们就聊到这里，谢谢大家！

对话张福锁

在广袤的中国大地上，总有一些人在奋斗

对谈于 2023 年 5 月 26 日

张福锁

　　植物营养专家。1960年出生于陕西省凤翔县，1982年毕业于西北农学院（今西北农林科技大学），1985毕业于北京农业大学土壤化学系，获硕士学位，1989年毕业于德国霍恩海姆大学，获博士学位，2017年当选为中国工程院院士，现为中国农业大学教授，主要从事土壤与植物营养、农业资源与环境和农业绿色发展研究。

俞敏洪：朋友们好！我现在面对苍山，后临洱海，身处中国被保护得非常好的、风景绝美的、大家非常熟悉的旅游文化厚重之地。山盟海誓这个词，在大理可以理解为"苍山为誓，洱海为盟"，所以很多人定亲或者结婚时会来到苍山洱海。大家如果有机会跟另外一个人终生相许，可以一起来苍山洱海。在这美好的洱海暮色之中，我虽然没有和别人"终生相许"，但邀请了中国著名农业专家、中国农业大学教授、中国工程院院士张福锁，我们会谈一谈农业，谈一谈科技小院，谈一谈中国农业的现状和未来。

张福锁院士有一个关于中国农业大学科技小院的故事，大家如果关注新闻会知道，今年5月份的时候，总书记给科技小院的青年们回了一封信。故事的缘起是一群学习农业的大学生深入农村创建了科技小院，专为农民朋友提供科技服务，帮助农民增产增收，帮助农业转型，后来他们给总书记写了一封信。总书记在回信里鼓励这些年轻的大学生深入农村，为振兴农业服务，为农业未来的科技化服务。科技小院的带头人就是张福锁院士。我之所以在山西文旅之行结束后立刻来到这里，便是为了参加张福锁院士在这里举办的农业发展论坛以及农业和教育结合的研讨会。

张福锁：大家好！我叫张福锁，是中国农业大学的老师。中国农业大学主要做农业科学研究、农业教育，为"三农"服务。我会带领学生们到农村，到生产一线，一方面为生产服务，为农民服务，另一方面也做学问和创新科技。

——对谈开始——

1.科技小院，与生产零距离

俞敏洪：张院士一直是我非常佩服的人，张院士为中国农业科技化做出了重大贡献，贡献的一个重要标志是张院士在中国首创了老师带领大学生直接深入农村生产一线的科技小院。我们现在就在张院士在大理洱海边所创的科技小院凉台上。

科技小院是由教授带着学生，将学到的知识直接用到农业一线的实践基地。张院士带领学生深入农村，手把手教农民如何用科技知识提升农业产量、改善土壤质量、保护农业环境、保障可持续的农业发展等，而不是让学生在学校学点理论知识，再把理论知识束之高阁。自2009年张教授创立第一个科技小院以来，到现在为止，全国由张教授领导的以及其他各个农业大学、相关学科小组设立的科技小院已达1048个，每一个科技小院都可以帮到几百个农民。

张福锁：一个科技小院至少能帮助一个村，如果该地产业化比较好，能覆盖一个产业，甚至可以帮到一整个县。

俞敏洪：张老师介绍一下科技小院吧，为什么取名为科技小院？

张福锁：2009年我们在河北省曲周县建了第一个科技小院。我们刚到那里时发现，如果不到农民中去，和农民有距离，他们就对我们不信任、不接受。后来我们住在村里，住在农家院里，农民们就来了。农民说："你们这个小院很好，你们把科技带来了，不就是科技小院吗？"我就觉得"科技小院"这个名称很好，很接地气，既有关"科技"，又能体现跟老百姓是一家人，就用了这一名称。

村里有了科技小院，农民随时可以找我们，零距离、零时差。比如，早上学生还在睡觉，他们就从地里拿来一个被虫咬的叶子，把同学从被窝叫起来问："你看看这是什么咬的？怎么回事？怎么防治？"农民们有问题就会来小院找我们，比如地里的问题、家里的问题，甚至包括孙子学习的问题。他们认为大学生特别有知识，特别能干。在农民眼里，科技小院是为他们提供帮助的平台。我们的科技小院主要为农民服务，农民有什么问题，能解决的我们就解决，解决不了的我们会找其他老师、专家，一起为他们服务。

我们发现，这个过程不仅能帮农民解决一些实际问题，也让我们的学生成长得更好。因为在学校，我们总是给学生讲这样那样的道理，但他们总觉得老师是在说教，到了农村，他们体会到了农民的不容易，而且学的东西真的可以帮农民解决问题，他们觉得自己是有用的，觉得自己学的东西也是有用的，于是每天充满激情地帮农民解决问题，不断得到农民的肯定。所以他们每天都在肯定中成长，这让他们对自己有更大的信心，对农业有更多的热情。到农村两个月以后，我们发现学生变了，在为农民服务的过程中，他们的知识、能力等各方面都有所成长。后来我们就商量，要好好把人才成长的模式研究一下。

俞敏洪： 中国的农业大学很多，这对中国农业大学人才的培养，对中国农业科技来说毫无疑问是一个创新。

张福锁： 因为我们的老师、学生做的都是科研、创新技术，所以我们最大的优势是不管农民种小麦、玉米、水稻、蔬菜、果树，还是养鸡、养鸭，我们都可以从中找到科技的问题，破解科技的问题，最终找到解决办法，让农民利用技术把产业做得更好。

如果是丰产的农户，我们就一对一帮助农户；如果有合作社、农业企业，那就可以覆盖更大的范围，扩大我们技术的应用。所以，我们的方法是深入一线，做到生产零距离。这方面最重要的就是零距离，比如如果我在北京，我就想北京的事，如果我在洱海农民的地里，我就想农民的事，帮助他们解决问题。

俞敏洪： 对农民来说，零距离的好处是什么？

张福锁： 最大的好处是能跟农民建立一种信任。

2. 共同学习、共同发展

俞敏洪： 原来有一些所谓的大学科技人员到农村指指点点，告诉农民应该这样那样，指点完以后，他们就离开农村了，有时候，他们还会通过行政命令要求农民做这个做那个。你们带大学生、教授深入农村一线，一年里可能有二百多天都在跟农民密切接触，这对农民的好处是什么？我们最担心的是脱离现实对农民指指点点，这不仅对农民没有好处，还会给他们带来很多困惑与麻烦，你们是怎样解决这方面的问题的？

张福锁： 我觉得我们最大的优势是住在农村，跟农民交得上朋友，他们对我们非常信任，这种信任是最宝贵的。如果我们到农村讲课或者说教，第一，农民会持怀疑态度；第二，如果不亲自实践，不掌握我们的技术，农民就会认为我们的技术是没用的。

我们跟经济政策研究专家一起做过这方面的研究。如果一个人到一个地方讲两个小时的课，农民对他的技术可能会理解10%、20%，但一个生产季节之后农民就忘掉了。如果他在地里跟农民干一个生产季节，五年以后他的技术可能依然在发挥作用，而且农民会把这五年出现的新技术与已有技术结合并不断改进。所以零距离非常重要，必须获得农民的信任，帮助农民把技术切实用到地里，发挥作用。这时候，不用别人再多说什么，农民就会想办法做得更好。

当然，这个过程中，不是我们单方面地教农民，而是我们和农民共同学习，共同发展。到生产一线以后，技能是农民的，我们要到地里跟农民一起干，大家会商量应该怎么干、问题怎么解决等。其间，农民有农民的主意，我们有我们的想法，最后大家商量出解决办法。所以零距离的最大优势是能真正解决实际生产问题，解决的办法不是空想的或者在文献里找到的，而是在生产实践中找到的。**而且在解决问题的过程中，我们把相应的能力、技术留给农民，农民的水平提高了，我们的水平也提高了**，大家共同进步。

俞敏洪：把真正的能力、技术留给农民后，因为农民已经养成了习惯，即使你们离开，他们也可以按照你们的指导继续种植农产品，更长久地发展。

张福锁：农民有自己的学习能力，如果别的农民干得好，他们就会向其学习。如果科技小院不在这里，他们会按照自己的方式种地，不注意新技术的利用；我们来了以后，会针对他们的问题在手机上找信息，找文献，甚至打电话请教专家，农民们会向我们学习，这让他们获得了另一种学习能力，对他们有实质性的帮助。

俞敏洪：我是农民出身，我知道农民对于上面来的人或者知识分子的指点有时候会非常怀疑。农民可能觉得自己种地种了几十年，种植技术是祖祖辈辈传下来的，自己比别人懂的更多，用不着别人来指手画脚。当然，科技一定会让农业进一步发展。中国农业之所以发展得这么好，跟袁隆平等农业专家献出自己的时间和精力研究农业发展有关系。作为一名工程院院士，你能带大学生深入农村，让大学生接触一线，并且让大学生爱上农业，我觉得值得赞扬。你们是怎样说服农民信任你们，进而跟农民融为一体、共同发展的？

张福锁：这是一个非常好的问题。老百姓一开始当然不认识我们，也不信任我们。到村里做科技小院的时候，我们跟农民说："我们想住在这儿。"他们问："你们干什么？卖化肥？卖农药？"我说："我们不卖。"他们说："你们不卖东西到我们这儿来做什么？"所以我们采取的办法是先去调研。当然，刚开始我们会被拒绝，于是就先找村里的干部或者容易接受我们的人调研，问他们家里是怎么种地的，每年收成怎么样，有什么问题等。通过调研我们跟农户建立起一定的信任。

俞敏洪：要先跟他们成为朋友？

张福锁：对，还要找到他们需要解决的问题。比如农药是有毒的，但他们打农药时不做防护，我们就帮他们把防护做得巧妙一点，把配药的效率提高一点，帮他们解决了问题，他们就觉得我们真的帮了他们，觉得我们有能力，于是对我们逐渐信任，还会请我们吃饭。而后他们有问题的话就会带我们去村里解决，如果过一段时间更有效果了，他们就完全信任我们了，我们就成了朋友。我们的同学经常说，花多长时间让农民第一次请我们吃饭可以体现出我们跟农民打交道的能力。一般来说，老百姓信任我们才会请我们吃饭。

俞敏洪：这就是军民鱼水一家亲。我们党之所以有超强的战斗力，就是因为军民鱼水一家亲。你们基本做到了这一点？

张福锁：对，这是我们的力量所在。一个学生能有多大力量，因为农民信任他，村里的干部支持他，老师作为后盾支撑他，所以显得学生的能力非常强，因为他汇集了各方面的力量。有问题可以用大家的方法，这就是我们经常说的"吃百家饭"。我们会把这家的好技术复制到另一家，另一家的人就认为是学生的水平高，实际上可能是那家的农民干得好，但农民不擅长总结，也不去传播自己的技术，我们的学生就做了这方面的工作。

俞敏洪：做农民经验的总结传播。

张福锁：对。在研究方法上，我们发明了"农民方法优选法"。比如我们对村里的农户进行分类，20%是特别能干的，20%是特别差的。我们比较20%特别能干的农民用的什么技术，他们是怎么做的，另外20%特别差的用的什么技术，最后比较出二者的技术差异，然后把好的技术推广给其他农民。在没有创新科技的时候可以先借鉴农民的经验。

3. 寻找农业的价值感

俞敏洪：现在很多大学生来自城市，并非农民出身。你是怎么说服他们跟你去偏僻的农村，一边帮助农民一边完成学业的？学生的心态是怎么改变的？

张福锁： 中国农业大学招的学生多数是城里的孩子，他们没在农村生活过，也不了解村里的情况，他们到农村后感觉很震撼。农村的条件跟城里差距很大，比如很多地方不能洗澡，饭要自己做，衣服要自己洗。我的一个女学生在农村待了二十天，有一次我和很多专家一起去那里，我说："你跟老师们讲讲这二十天的感受。"她说："哎呀，老师，我这二十天干了我二十年没干过的活，洗衣服、做饭、打扫卫生……都得自己干。"我问她："你感觉怎么样？"她说："我都没想到我能干得这么好。"这是孩子的回答，她没干过，但她有能力去做。

这就是现在年轻学者的可爱之处，他们一门心思想用自己的能力、知识为社会做贡献，只不过他们不知道该怎么做，那我们就给他们提供平台。我对他们说："如果去了农村，你就可以为农民做贡献了，你看师兄师姐们是怎么做的。"把榜样拿出来，他们就充满激情地去了。

俞敏洪： 有没有中途放弃的？

张福锁： 没有，从来没出现过。

俞敏洪： 他们是怕你不给他们学位吗？

张福锁： 学位是一个压力，但我想每个学者都不想变成没用的人，因为放弃了一次就会放弃第二次，他们会咬着牙想："师兄师姐都坚持下来了，我坚持一段时间试试。"所以他们可能会先坚持几天，等他们从农民那里得到肯定以后，就用不着我去鼓励他们了。

俞敏洪： 坚持以后，他们的价值体系就慢慢建立了？

张福锁： 对，就像我经常说的一个故事。我们的一个学生刚到农村时觉得自己没用，于是向老师抱怨："您让我来这儿干吗？我在这儿什么也干不了，也学不到知识。"后来这个同学看到一个小学没毕业的农民大叔天蒙蒙亮就开始读书，他感到很奇怪，问这个农民："大叔，你读什么书呢？"农民说："我家养了几只羊，我想买一本养羊的书，但找遍了村子只找到一本养鸡的书。"这件事让学生有所感悟，他是学动物科学的，本来他觉得自己没用，但其实农民有需求，只是他没发现而已。他跟农民说："我来买养羊的书，咱们一起学。"这个学生马上就有动力了，后来他在村里表现得非常好，学了很多技术。

俞敏洪： 当学生发现自己的存在对别人有用，发现自己学的东西有用，尤其是对农民有用时，虽然从城市来到农村自己的生活变得艰苦，但他会觉得自己更有价值了，而且这个价值会让他产生尊严感、荣誉感，促使他把自己的价值贡献出来，进而和农民融为一体，通过科技小院为农业发展做出贡献。

张福锁：对，就是这样的道理。他找到了自己被认可的价值，对自己更加肯定，就不怕困难了。他会觉得别人认为我能干，我绝对不能让人失望，即便有困难也可以克服。有些农民家里的电视机坏了会找他帮忙修，他没有告诉农民自己不会，而是想方设法把电视机修好；农民让他主持一个文艺活动，他之前从来没上过舞台，于是硬着头皮去了，结果发现自己还有这方面的能力，并且越来越感兴趣，下次还抢着去主持……这让他得到了很多锻炼，而这些锻炼是他在学校得不到的。

俞敏洪：这可能会改变学生的一生，让他们找到自己的价值定位并且为中国农业走向现代化、走向世界做出贡献，尽管这不一定能让他们赚大钱。现在学农业的毕业生赚钱吗？

张福锁：我们有的毕业生做了服务公司，他们服务公司做得很好，也能赚钱，但他们还是秉持了"小院精神"，首先为农民服务，在服务的过程中获得利润。所以我觉得这些对孩子们非常有用。

俞敏洪：2009年至今，科技小院已经发展到一千多家，为千百万农民提供了科技咨询服务，帮助很多农民改变了种植粮食、维护土地的传统方式，在农业产业化方面提供了很多建议。毫无疑问，如今科技小院已经成了必不可少的帮助农民进一步走向农业现代化的重要机制，但它属于民间机制，不是官方机制。到今天为止，为了使科技小院存在，为了实实在在为农民做点事情，张福锁院士和他的团队每年要花很多力气募集资金。同时，有成千上万的大学生，尤其是研究农业的大学生，因为科技小院的存在和中国农民紧密接触，真真切切地知道了中国农业到底需要什么、中国农民需要什么。

张福锁院士出身农村，二十年来脚踏实地地为中国农民做了非常多的事情，我从心底佩服他。我跟张福锁院士之前没有真正面对面交流过，今天是我们第一次深入交流，听张教授讲完以后，我觉得非常震撼。现在新东方通过东方甄选或多或少地在为农业服务，我们曾连续六天在山西直播，为山西销售出1亿多元的农产品，我们希望能跟张教授合作探讨中国农业一体化发展的路径和方法。

4.洱海经验的特殊性

俞敏洪：有网友提问："为什么在洱海边上设立科技小院，其意义何在？"其实苍山洱海不仅是旅游之地，洱海和苍山之间也有大片农田，如何将这些农田与旅游和环境保护结合起来恰好是张福锁院士进行的科技研究。

张福锁： 在这里设立科技小院是因为这里的农业具有非常典型的代表性。洱海需要保护，洱海的水污染是一个很大的问题。要减少水污染，农业生产、农民生活等方面就必须绿色化，减少污染物排放，不让污染物入海。保护洱海不受污染的最简单方法是关停那些污染严重的产业，但不做那些产业，老百姓的收入就会下降。所以矛盾的是既要保护洱海又不能让农民的收入下降，这很难，这也恰好是我们在这儿的工作。

俞敏洪： 在世界著名的苍山洱海风景区有二十万亩左右的土地，至少有十万农民依靠这片土地生活。

张福锁： 这里有几十万的农民。

俞敏洪： 这儿的农田在苍山洱海之间，苍山高，洱海低，农田里的污染物半小时就可以从苍山流入洱海。洱海现在是人们度假的地方，我们既要保护环境，让大家来这里欣赏秀美的风景，又不能让农业发展污染洱海。张福锁院士现在做的就是在帮助农民增产增收的同时不污染环境，对吧？

张福锁： 对，这里的工作挑战比其他地方更大，因为洱海的保护是红线，不能污染。要想减少污染、提高产值、提高农民收入等，就必须想办法用科学技术来提高效率、增加产量、增加收入、降低污染。因此我们在这里做的事情其实是把很多目标结合起来了，比如生产粮食、挣钱、保护环境等，任务非常艰巨。

我们采取的办法还是建立科技小院。我们一方面提高农业产量，提高经济价值，一方面降低污染。我们把科技小院建在村里，改善农民的生活习惯，比如帮助他们减少食物浪费，减少过度消费，这样能够减少废弃物的排放，保护洱海。我们通过"农田生产绿色化，农户生活绿色化"这两个"绿色化"来保护洱海，让农民生活得更好。

我们跟农民一起解决他们需要解决的问题。在农业生产方面，他们最大的问题是优化水稻、油菜的品种。比如我们选择了优质米、高品质油菜，让农业产量提高，让农民的收入增加，同时也能降低污染，这样就能实现刚才说的那些目标。我们也和农民一起想办法开辟新产业，甚至请专家给他们做培训，帮助他们打造网红，在网上售卖当地农产品。

俞敏洪： 不仅用科技让他们的粮食有更好的丰收，还帮助他们建立商业化思维?

张福锁：对。比如他们的扎染很好，他们的木雕是一种传统工艺，我们就帮助他们把这些东西做成工艺品卖出去，与他们一起把各个方面带动起来。这边有一个古生村，村里有 419 户人家，去年通过我们老师、学生的培训，以及带其他人来访问，我们给这个村带来了 550 万的收入。村民们都很高兴。

俞敏洪：现在苍山洱海之间的农田还用农药和化肥吗?

张福锁：化肥在这里是禁止使用的，农民用的是生物农药、有机肥、生物肥等，但生物肥的成本非常高。去年我们用有机肥种水稻，一亩地要花 1000 块钱，经过我们的优化，现在二三百块钱就可以。

俞敏洪：你们帮助农民降低了投入。

张福锁：我们让产量增加了，污染减少了。

俞敏洪：如果出现病虫害，不用农药怎么办?

张福锁：我们有生物防治方法，比如农产品混合，在这一片种一种作物，在那一片种另一种作物，这两种作物的虫子互食，这是一种生物防治的方法。当然，还可以用一些生物农药，但如果水分、养分适当，就不需要用那么多农药。人也是如此，营养好，得病少。

俞敏洪：洱海的科技小院设立多少年了?

张福锁：我们 2021 年 11 月份来的。12 月份小院建起来之后，老师、学生就住进去了，到现在大概一年半的时间。去年我们成功地把产量提了上去，把农民的收入提了上去。我们来的时候，农民一亩地一年的收入大概两三千块钱，刚开始的时候我们没有把握，想着能翻一番就很不错了，但不管是水稻、油菜的体系，还是烟草的体系，去年都超过了 1 万块钱，而且投入和污染都下降了很多。

俞敏洪：科技确实能提升老百姓的收入。

张福锁：收入增加，污染减少。兼顾洱海保护和农民增收，这也是我们在这里最有价值的研究工作，因为这对全国的农业发展是非常好的经验。

5. 从"吃饱饭"到农科研究

俞敏洪：像你这样全身心投入到中国农业研究中的教授，真的造福了中国的千家万户。你是怎么走上农业这条路的?你大学学的什么?后来有没有到国外留学?如果留学了，你为什么要回来?怎么想到要做科技小院?

张福锁：我从小就是农民，我们家在陕西农村，在黄土高原上。在我的记忆中，我是上了大学以后才开始吃饱饭的，小时候粮食不够吃，我很长时间吃不饱饭，所以生产更多粮食、让自己和家人吃饱饭是我从小的梦想。改革开放以后，我报考了农业大学，去了西北农学院。学农业以后，我发现农业非常有意思，对这个专业特别感兴趣，所以就去看文献、看书。我是农村长大的，我在农村干过很多年农活，家里每年砍柴、采药等都是我的任务，所以我对农村有发自内心的感情。现在不管去哪儿，我都要到农村走一走，跟农民聊聊天，这样我会觉得心里很舒服。

俞敏洪：你在农村怎么会考上大学呢？

张福锁：恢复高考以后我算是应届生，那时我哥已经当老师了。我在学校复习，我哥也在学校复习。1978年我们兄弟俩同时考上了大学。

俞敏洪：你有几个兄弟姊妹？

张福锁：我们兄弟姊妹五个。我们兄弟两个考上了大学，在方圆几十里引起了轰动，我在一篇文章里也回顾了此事。因为我们考上了大学，很多人到我们家问我妈："你怎么养孩子的，能培养他们考上大学？"我妈说："烙锅盔烙出来的。"我们家乡吃大锅盔。

能考上大学我很珍惜，对专业感兴趣以后，我就下决心学这个东西。我也很幸运，从西北农学院毕业以后，我考上了中国农业大学的研究生。到北京后，我发现中国农业大学跟西北农学院风格不一样，西北农学院的老师们很踏实，老老实实地做实验、教学，而中国农业大学的老师敢想敢干，比如当时一位老师把造纸的废液做成肥料，甚至有老师在部队上做无人驾驶飞机、侦察机。这对西北农学院的老师来说，有点跨界了，但这也教会了我要大胆去想。后来我在北京做了一个非常有意思的课题。当时我们国家肥料太少，磷肥特别缺，但磷肥施入土壤里就固定了，效率很低，所以，王震将军当时做了一个课题，用草炭中的腐植酸来提高肥料的利用率。我当时的硕士课题也研究了这个东西，于是学会了跟其他领域的结合。

到德国读博士也很偶然。当时我在温室里做实验，有人通知我说德国教授要见我，我穿着短袖、短裤和干活儿的鞋见了德国教授。半小时后被告知，我被录取了，要到德国去读博。我到语言学院学了半年德语就到德国读博士了。德国化学家李比希（Liebig）是植物营养学科的鼻祖，这个学科是他建立起来的，我导师也是国际有名的专家，我跟他学了很多理论上的东西。1990年回到中国以后，学校的老师们告诉我："你要解决中国问题，不能光做理论研究。"我就到生产里去看到底有什么问题。后来我在开封找到了我在德国研究的东西，那就是将花生跟玉米种在一起的体系。这个理论基础是我在德国做的，但生产体系在中国。

俞敏洪：为什么花生、玉米要种在一起？

张福锁：花生是一种固氮的作物，可以把大气里的氮气变成氮肥，玉米没有这种能力，但玉米需要很多氮。花生周围的氮不能太多，氮多了，它就不长了，玉米可以把氮吸走，二者正好互补，两种作物都可以长得很好。这是把理论跟实际结合起来的一个案例，这个例子鼓励了我。后来我到了甘肃，甘肃河西走廊的小米玉米、玉米豌豆间作的很多，都长得很好。实际上，我们老祖宗早就用了这个技术，只不过他们不知道这是什么原理，我把这些原理揭示了出来。在生产中，我们可以应用这些技术，优化这些技术，同时还可以发挥我们的作用。

做了很多研究以后，我发现光做研究不够，还要思考怎么让老百姓使用这些东西。2008年，我已经在国际上发了很有影响力的文章了，我在国际上也算是有影响力的教授了，我的团队里平均一个人发好几篇英文文章。我当时给团队提了一个问题："我们发这么多英文文章，老百姓会读吗？"我们辛苦很久，花了国家很多钱，最多给国家挣点名誉，老百姓却用不上这些研究。我说："我们能不能去试一下，看看我们做的东西有没有用。"那时老师们都不愿意去，因为2008年左右大家都往城里走。我师兄比我大，他觉得我说得有道理，他提出带年轻教师去农村生产一线并做了表率，我们就去了河北曲周。

我们原本想在实验站指导农民，结果发现有实验站这一墙之隔，我们的技术仍然到不了农民的地里。我们早上七点半吃饭，八点骑着车去上班，九点到农民地里的时候，地里已经没有农民了。我们问一个农民："你怎么不下地？"农民说："我早就回来了，天一亮我就去干活儿了，太阳出来热我就回家了。"后来我们在村里做了科技小院，还给科技小院下了定义：**科技小院是驻扎在农业生产第一线，与农民、政府和企业"零距离"开展科技创新、社会服务和人才培养的新模式**。做了科技小院以后我们发现，第一，我们的研究生变了，他们变得很有能力，而且很有自信；第二，我们有目标了，解决问题更高效，科研也做得很好；第三，我们在社会服务上更有能力了，我们本来不是做技术推广的，但老百姓很信任我们，比如我们同学说哪个东西好，老百姓就觉得这个东西好，就买了，原因是我们跟老百姓一起学习进步，彼此建立了信任感。所以，我们的老师、研究生必须做科研，有了科研我们可以做更好的社会服务。在这一过程中，老师、学生和农民都成才了，这是个三位一体的模式，把大学人才培养、科学研究、社会服务、文化传承等几个功能融入了小院的建设中。

俞敏洪：关键是把人才培养、科技创新和社会服务完整地结合起来了。

张福锁：而且能真正解决问题。

俞敏洪：这个了不起，我觉得你在这方面真的做出了很大的贡献。

6.中西差异及中国农业的未来

俞敏洪：你是在德国拿到的农业方面的博士学位，今天中国的农业跟西方的农业有什么差距吗？

张福锁：我们跟西方的农业方式有很大差别，我们90%以上是小农户。

俞敏洪：我们还是个体户，人家已经是集约化农场了？

张福锁：对，所以他们的机械化能力比我们强。但小农户是我们几千年的农耕文化，农村有很多经验、传统知识，我们的农业效率、每单位土地的产出实际上并不比他们低。他们的农业面积大，机械化以后人力投入少、其他资源投入少，相对而言单位面积效率高，但产出不一定比我们高。我们有很多地方一年两收、三收，西方可能只有一收，在产量上他们一亩地打八九吨，我们可能一季打五六吨，两季就有十几吨。我们一年的生产比他们多。

但和西方相比，我们很多方面还需要进步。比如机械化，我们的劳动力越来越短缺，如果不能机械化，技术就不能标准化，每户的差别就会很大。我们在农村时发现，每个村都有5%或者10%技术很好的农民，他们的产量在国内都算高的，甚至在国际上也是高的，但另外一部分农户的产量就比较低。所以要增产就要提高低产农户的产量，做到"均衡增产"。一个村如果均衡增产，其产量可能很快会提升20%。用一个新的设备、新的技术让产量提高20%可能是比较难的，但如果把农户均衡增产做好，增产幅度就会很大。如果我们能做到标准化，农业的产量可以提高，投入可以下降，老百姓的劳动强度也会降低，进而提高效率。所以，我觉得跟西方比，我们在机械化、自动化方面还有很大的潜力。另外，现在我们土地的利用率太高了，土地没有时间休息。

俞敏洪：就像一个人二十四小时工作一样？

张福锁：今年种这个，明年种那个，比如今年种豆科，明年种禾本科，这样可以少施肥、少打药，但倘若年年种同一种作物，庄稼就会有好多病、好多虫，就需要更多的投入，这对土壤健康也不好。所以，希望在走向规模化、机械化的前提下，我们能把农作物做好。

俞敏洪：这能让土壤休养生息。如同人一样，通过睡觉、休息，土地能恢复体力，恢复精力。

张福锁：这很重要，倘若不这样做，投入就要增加30%。就像一个人天天高强度劳动必须要靠营养支撑才行，如果能正常地生活，靠自然的循环就能解决这些问题。

俞敏洪：面向未来，你对中国农业有什么建议？

张福锁：新中国成立以后，尤其是改革开放以后，中国的粮食增产技术绝对是世界领先的，因为我们采用了很多技术、政策把农业产量提高了，这是需要一些国家学习的。未来，我们还要提高效率，减少资源投入，降低成本。我们现在的生产成本太高，竞争力比较低。

另外，中国的农业应该走向机械化、规模化，因为粮食本身的利润比较低，不能靠一家一户的小面积养活每个家庭。但经济作物完全可以是小面积的精品，满足老百姓对美好生活的需要，种个三五十亩，收入会很好，家庭农场可以做得很好。

农业将来可以向两个方向发展，一个是大面积、集约化的农业，降低成本、投入以保证粮食生产和粮食安全；另一个是做精品农业，让农产品的品质更好，营养更丰富，让消费者愿意多付钱，让农民成为一个更有尊严的职业。

俞敏洪：让农业部分产业化，这样中国从事农业生产的人就变成了农业工人，而不仅仅是农民。

张福锁：对，中国工程院做过一个咨询项目，我们研究的时候也讨论过，那是一个"二八定律"——要保证将来的粮食安全，20%的农民就够了，剩下80%的农民可以去做精品农业。比如想吃更健康、更有营养、更安全的东西，那消费者就要多付钱。粮食是大宗商品，只要产量、品质、安全有保障，面积相对大一点也有一定的收益。

俞敏洪：如果现在不从国外进口任何粮食，中国自己种的粮食够吗？

张福锁：我们的口粮是够的，饲料不够。我们进口最多的是大豆，另外就是蛋白饲料。所以如果不进口粮食，我们养殖业受到的影响是最大的。

俞敏洪：不进口粮食，动物就没饲料吃，我们养的动物就会少，人就会多吃粮食，陷入一个相对的恶性循环，慢慢就饿肚子了。

张福锁：对，而且动物在农业系统里是相对高端的，如果没有动物，农业总在低端运行，相对来讲农业发展的动力就小。举个简单的例子，印度有很多素食者，印度对农产品的需求相对没有中国这么高，农业的发展动力就没有中国这么大。在中国，因为大家的消费水平越来越高，对农业技术的要求越来越高，生产压力越来越大，农业发展的动力就越来越大。所以动物生产一方面保证了人类更好的生活，一方面也是农业产业或者社会系统里面很重要的动力。

俞敏洪：人是杂食动物，既需要素食也需要肉类。

张福锁：肉里面有很多微量元素，如果不吃肉，人体可能会缺乏微量元素。

俞敏洪：中国粮食的安全是基于跟世界的合作吗？

张福锁：对，一定要跟世界合作，大家都发挥自己的优势，比如跟巴西相比，我国现在种大豆的优势确实弱一些，因为他们面积很大，成本很低，我们的土地很金贵，这种情况下如果能进口，我们是合算的。如果因为各方面的原因进口不了，我们就必须有能力，如果没有能力，就会被别人"卡脖子"。

俞敏洪：相当于互利互惠的关系。粮食安全对中国太重要了，在粮食方面跟世界合作以及保持长久友好的粮食贸易关系对我们来说非常重要。

张福锁：对，大家都有利。

俞敏洪：自由贸易不会让农民吃完自己种的粮食后没有饲料养动物，能减轻中国农民的负担，多种经济作物能给农民带来更多的收入。

7.尾声

俞敏洪：最后一个问题，有大学生问农业专业学生的就业前景如何？

张福锁：第一，学农业出国的机会最多，因为农业是全球性职业，不是只有中国有农业，全世界的人都要吃饭，学农业的人在非洲肯定非常受欢迎。学农业是给全球人民做贡献，大家可以找到很好的工作，出国的机会也多。

第二，农业不会限制一个人。农业不属于什么高科技，所以农业方面跟各个国家科学家的合作会很顺畅。比如我原来跟一位欧洲科学家合作，这位科学家原来在非洲做农业，希望非洲农业改变以后能够证明他们的科技创新是有用的，但因为其他的社会原因，非洲的农业没有发生什么改变，他做了二三十年只是发了一些文章，没有成就感。我对他说："你可以到中国去，中国社会发展得这么快，你可以给中国农业做点贡献。"现在很多外国朋友到中国来做研究，比如澳大利亚科学院院士这几天就在洱海，他已经来了七八天了，过几天荷兰首席科学家、诺贝尔奖获得者欧意玛（Oene Oenema）教授也会到这里待一个月，他要来这里做种养结合——畜牧业跟种植业结合。所以学农业很好，学农业有更多的机会。

第三，很多与农业有关的机构都需要毕业生，你可以做营养师，可以到农业银行工作，这都是很好的职业。可能学农业之前，你对农业的印象是"面朝黄土背朝天"，但上了农业大学以后，你会觉得学农业有很多就业机会，所以学农业很好。我鼓励学生们学农业。一方面，学农业真的能为老百姓吃饱、吃好、吃得健康做出贡献。另一方面，现在的科学技术为农业提供了无限的可能性，比如过去盐碱地种不出庄稼，但现在用水肥一体化的技术，粮食产量可以翻一番，因为这个技术可以减少作物根系周围的盐分……这些技术可以帮助农民增产增收，你会为此感到光荣，认为自己做的东西非常有用。

俞敏洪： 由于时间关系，我们的对话差不多要告一段落了。今天在云南的苍山洱海之间，在张教授的科技小院里，我参加了张教授主持的中国农业科技研讨会和座谈会，张教授跟我算是在同一个组织里面的朋友，我非常感激并且敬佩张教授对中国农业做的贡献。张教授从德国留学回来后，选择继续为中国农业做贡献，还把一些国际顶级农业专家邀请到中国，研究中国农业和世界农业的发展。要知道，如果没有真正先进的科技作为指导，我们就没有能力保障中国农业的可持续发展，也很难去升级新技术以提升粮食产量，更难用自己的粮食养活中国14亿人民。未来农业的合作会是世界性的合作，无论是农产品贸易，还是农业技术方面的互相支持，我们都不能跟世界脱离。

由于机缘巧合，新东方、东方甄选现在或多或少跟农业相关，但我们还没有深入农业生产一线，目前只是通过东方甄选的售卖平台为那些农业公司售卖农产品，我觉得多卖一些农产品就可以多为农民带去一些收益。也感谢广大网友的支持，在大家的支持下，我们在山西六天卖出了1亿多山西农产品。当然，中国农业的可持续发展不是靠东方甄选，更不是靠我这样的人，而是靠像张福锁院士这样的人。但我觉得我们共同在为农业发展做贡献，你们在一线帮助农民增产增值，我们则帮助农民把他们的农产品变成商品销售到全国各地，这是一个互相增值的过程。

张福锁： 这个很关键。

俞敏洪： 晚霞满天、乱云飞渡之时，我们开始在苍山洱海之间对谈，现在天色已经完全黑下来了，我们在这里可以听到风吹过树的声音，以及浪涛拍打洱海岸边的声音，天空中半个月亮已经升起来了。**在广袤的中国大地上，在山海之间，总有一些人在奋斗，总有一些人在默默无闻地劳动，他们做出的贡献养活了他们自己，养活了中国人民，也推进了中国的现代化和中国的繁荣富强。** 我向张福锁院士这样优秀的、为中国农业发展服务的人表示感谢！谢谢张教授。

张福锁： 谢谢俞老师。感谢感谢！

俞敏洪： 张教授看起来比我年轻，但其实比我大两岁，我们都是 60 岁以上的人了。我们这些老头还在努力奋斗，想做出一点有价值的事情，希望这也能在一定程度上影响到屏幕前更加年轻的朋友们，希望大家都可以在自己的生活中努力奋斗。今天就到这里了，谢谢大家！再见！

张福锁： 再见！

后 记

一个人的转变，影响了一群人，甚至带火了一个产业，这是多么值得记录的一件事情。

得知"老俞闲话"系列直播中的部分内容马上要汇集成书，我鼓足勇气跟俞老师说："我想给这本书写个后记。"俞老师回复："哈哈哈，你先写过来吧。"

作为一个全程无死角的旁观者和受益者，我有一万个理由把这本书推荐给身边的朋友。

"老俞闲话"系列直播即将满两年，不知不觉间，老俞已经在屏幕前陪伴大家超过了 1.7 万分钟，超过 1 亿人走进过直播间，几百万人在直播间参与了讨论。在此期间，还带火了一个文化电商"东方甄选"，并带红了一些文化主播。

下面是这一年发生的真事：

一本书，两个小时卖出 10 万册，一口气完成了几乎"一辈子"才能完成的使命；

张朝阳、周鸿祎、冯唐、杨澜、余世存、史国良……各个领域的名人纷纷加入知识传播阵营；

用户们突然变得主动，喊着要为知识付费；

在直播间买书阅读正在成为一种文化风尚……

这些，多少都与老俞有关。

2021 年 3 月 28 日，"老俞闲话"系列直播首次开播，地点在其自家书房，设备只有一个支架、一台手机和几页自己写的提纲。

当时在抖音，知识内容方面的直播极少，数据也普遍不好。我清晰地记得，那天在书房外，眼看着在线人数从几千到 1 万，又涨到 3 万，后来超过了 7 万，直播仅一个半小时，进到直播间的人数（多次进出算 1 人）就超过了 160 万，反响出乎意料地好。

从那天开始，老俞每周日晚九点多都会打开手机，跟网友聊天。于是，他经常在车上看书，写提纲，出差时飞机刚落地就飞奔回家"履约"上线。

老俞很喜欢和用户互动，学会了上"福袋"；在网友要求上图书链接后，学会了自己上"小黄车"；看到有作者想交流，又学会了自己操作连线"PK"……如同少年一般求知若渴。

老俞曾表示他最喜欢的称呼是"洪哥"，我猜是因为"哥"这个字听着年轻。当直播间评论区刷屏喊着"老头，你好"时，老俞也欣然接受了。碰到"正义"网友打抱不平，老俞会主动介绍"老头"的来由：主播觉得老俞跟《老人与海》里的主人公精神一致，喊着喊着就变成了一个昵称。

陪伴老俞直播的团队小伙伴则给老俞起了另一个昵称"勤奋鱼鱼"。

一场两个小时的直播，他至少会准备两个小时。确认对谈后，了解嘉宾至少需要几十个小时，他还会看嘉宾写过的书、录制过的视频，然后写提纲，在直播结束后自己梳理文字，修改后发到公众号上。如果你是"老俞闲话"的忠粉，就会明白"东方甄选"为何能火。

数据时代，无须标榜。老俞已经成为抖音乃至全网的知识传播"顶流"，流量和好口碑经常不可双得，老俞却二者兼得。能得到网友们的如此厚爱，真诚加善意是他的必杀技。

2021年世界残疾人日，我们邀请老俞为励志青年作者刘大铭发条短视频推荐其书。看完刘大铭的书，老俞备受触动，主动联系他做对谈嘉宾，帮他卖书，后来还安排他上"东方甄选"。很多人因此认识了这个自出生起就饱受磨难却无比乐观的年轻人。刘大铭也因此开启了自己的直播之旅，在治愈自己和他人的道路上越走越远。

成功人士自然充满精神力量，老俞的对谈嘉宾不乏生活中的"微光者"，他们中有"矿工诗人"陈年喜，有备受争议的诗人余秀华，还有不少默默发光却鲜为人知的有才华的作家。

不管对谈嘉宾是谁，"老俞闲话"的直播都无比真实，没有预演，没有脚本。老俞与很多嘉宾都是首次见面，他们先聊聊家常，就正式开始直播了。

老俞很会提问，洞悉人性，张弛有度，他的问题看似简单，却大有学问。

在老俞的引领下，越来越多的名人加入知识直播的行列。后来，我们就名人知识直播专门做了一个项目，并取名为"大有学问"。

"从无字句处读书"是直播中嘉宾说的一句话，我一直记着。

可能是我们这代的独生子女比较寂寥，小时候不愿跟同龄人玩耍，却总喜欢听大人聊天。或许"求知"是一种本能，工作后，我很珍惜每一次听前辈们分享经验的机会，而老俞恰好给了我学习成长的机会。

"道可道，非常道"，当我们成长到某一阶段，可以大量"输出"的时候，反而会变得少言，因为我们开始明白，很多道理从嘴里说出来的瞬间可能便已失去其本真。而在闲谈中，作为旁观者，反而能学到更多。

一个在人间修行了六十多年的智者，叩开了一扇扇或睿智、或坚定、或从容的大门，在与门中人杯来盏去间，开启了一场场真诚的对话。

真的很开心，这一场场流动的盛宴，最后能落地成书。

我找出了十年前写的一篇稿子，其中是这么形容老俞的：

"个子不算高，帅得也不太明显，可只要一站那儿，一张嘴，总能吸引所有人的眼球，因为他会金刚拳，也会绵柔掌。"

"一路炮轰，拿捏到位，只有笑声，没有火药味。"

十年后，如果再让我概括一下自己对直播中老俞的印象，正如上面两句所描述的。

2023 年开春

张妍婷

特 别 鸣 谢 吴 月 整 理

图书在版编目（CIP）数据

创造之路 / 俞敏洪著. —— 北京：北京联合出版公司, 2025.2. —— ISBN 978-7-5596-7497-5

Ⅰ . K820.7

中国国家版本馆CIP数据核字第20242EM592号

创造之路

作　　者：俞敏洪
特约策划：爱学空间
出 品 人：赵红仕
责任编辑：周　杨
特约编辑：高继书　姬　巍
装帧设计：蔡小波

北京联合出版公司出版
（北京市西城区德外大街83号楼9层　100088）
北京联合天畅文化传播公司发行
北京美图印务有限公司印刷　新华书店经销
字数365千字　710毫米×1000毫米　1/16　21.75 印张
2025年2月第1版　2025年2月第1次印刷
ISBN 978-7-5596-7497-5
定价：68.00元

版权所有，侵权必究
未经书面许可，不得以任何方式转载、复制、翻印本书部分或全部内容。
本书若有质量问题，请与本公司图书销售中心联系调换。
电话：010-64258472-800